全国革命老区县发展史丛书·广东卷

# 郁南县革命老区发展史

郁南县革命老区发展史编委会 编

**SP** 南方出版传媒、广东人民出版社

·广州·

**图书在版编目（CIP）数据**

郁南县革命老区发展史 / 郁南县革命老区发展史编委会编. —广州：
广东人民出版社，2020.9

（全国革命老区县发展史丛书·广东卷）

ISBN 978-7-218-14063-6

Ⅰ.①郁…　Ⅱ.①郁…　Ⅲ.①郁南县—地方史　Ⅳ.①K296.54

中国版本图书馆CIP数据核字（2019）第264918号

YUNAN XIAN GEMING LAOQU FAZHANSHI

# 郁南县革命老区发展史

郁南县革命老区发展史编委会　编

出 版 人：肖风华

责任编辑：李丽珊
装帧设计：张力平等
责任技编：吴彦斌　周星奎

出版发行：广东人民出版社
地　　址：广州市海珠区新港西路 204 号 2 号楼（邮政编码：510300）
电　　话：（020）85716809（总编室）
传　　真：（020）85716872
网　　址：http://www.gdpph.com
印　　刷：广州市浩诚印刷有限公司
开　　本：715mm×995mm　1/16
印　　张：18.5　插　页：12　字　数：260 千
版　　次：2020 年 9 月第 1 版
印　　次：2020 年 9 月第 1 次印刷
定　　价：78.00 元

如发现印装质量问题，影响阅读，请与出版社（020-85716808）联系调换。
售书热线：（020）85716826

微信扫描二维码 ◀◀◀
您立即获得本书主要内容/
丛书介绍。

# 广东省编纂《革命老区县发展史》丛书
# 指导小组

组　　长：陈开枝（广东省老区建设促进会会长）

副组长：林华景（广东省老区建设促进会常务副会长）

宋宗约（广东省农业农村厅二级巡视员、广东省老区建设促进会副会长）

刘文炎（广东省老区建设促进会副会长）

郑木胜（广东省老区建设促进会副会长）

姚泽源（广东省老区建设促进会副会长兼秘书长）

谭世勋（广东省老区建设促进会副会长）

廖纪坤（广东省农业农村厅总经济师）

## 办公室

主　　任：姚泽源（兼）

副主任：韦　浩（广东省农业农村厅扶贫协作与老区建设处处长）

柯绍华（广东省老区建设促进会副秘书长）

伍依丽（广东省老区建设促进会副秘书长）

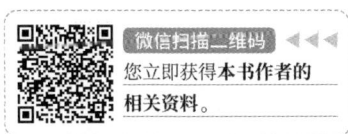

# 《郁南县革命老区发展史》编纂委员会

## 编纂委员会

主　　　任：梁子财

第一副主任：韩新锋

常务副主任：冯志刚

副　主　任：郑伟宪

　　　　　　孙志鹏

委　　　员：覃锦坚　刘达忠　黎永红　吴伟强

　　　　　　林国强　黄洁珍　林国强（党史）

　　　　　　黄黎明　梁　运　黄重阳　吴木生

　　　　　　傅炽成　叶长春　黎景棠　石志强

　　　　　　高志生　叶灿辉　叶泽华　杨　青

　　　　　　陈　开　邱永泉　何洁莲　莫永智

　　　　　　梁梅芳　罗荣南

## 编辑部

主　　　编：孙志鹏

副　主　编：梁梅芳　罗荣南　林国强（党史）

成　　　员：梁少芝　钟汉钊　孙艺珊　覃建南

　　　　　　徐作旺　李志恒　陈杰宇　何　劲

　　　　　　石永松　叶水燕　刘晓欣　邓朝诚

　　　　　　何映晖　彭土生　张伟健

（以上排名不分先后）

　　在举国欢庆新中国成立 70 周年前夕，中国老区建设促进会王健会长请我为《全国革命老区县发展史》丛书作序，作为一名在老区战斗过并得到老区人民生死相助的老兵，回首往事，心潮澎湃，感慨万千，深感义不容辞，欣然应允。

　　中国革命老区，是以毛泽东为代表的中国共产党人在领导人民推翻帝国主义、封建主义和官僚资本主义三座大山，争取民族独立和人民解放伟大斗争中建立的革命根据地，在这片红色的土地上，诞生了无数可歌可泣的革命英雄儿女，为后人树起了一座不朽的丰碑，她是新中国的摇篮，是党和军队的根。

　　在艰苦卓绝的战争年代，老区人民把自己的命运与中华民族的命运紧紧地联系在一起，与中国共产党和人民军队的命运紧紧地联系在一起，他们生死相依，患难与共。我曾亲历过战争年代，并得到过老区红哥红嫂的救助，切身感受到发生在身边的一幕幕撼天动地的革命故事，在那极其艰难的条件下，老区人民倾其所有、破家支前，不怕艰难困苦，不怕流血牺牲。"最后一碗米送去做军粮，最后一尺布送去做军装，最后一件老棉袄盖在担架上，最后一个亲骨肉送去上战场"，这是当时伟大的老区人民为建立新中国做出巨大牺牲的真实写照，它将永远镌刻在中国共产党、中国人民解放军、中华人民共和国的历史丰碑上。他们的光辉业绩永载史册，他们的革命精神必将影响一代又一代的革命新人，造就一代又一代的民族脊梁。

在社会主义革命和建设时期，革命老区和老区人民响应党的号召，面对落后的面貌、脆弱的经济、恶劣的生态环境，他们本色不变，精神不丢，自力更生，艰苦奋斗，干一行爱一行。始终坚持"革命理想高于天"，自觉做共产主义远大理想的坚定信仰者和忠实实践者，勇于向恶劣的自然环境和贫穷落后宣战，他们在各条战线上为国建功立业，用平凡的双手创造了一个又一个不平凡的奇迹，彰显了老区人的崇高精神和人格力量。

在改革开放的伟大进程中，老区人民解放思想，勇于创新，发奋图强，攻坚克难，老区的经济社会建设取得了辉煌成就。特别是在改变中国的面貌、中华民族的面貌、中国人民的面貌、中国共产党的面貌的伟大实践中发挥了至关重要的作用。老区人民既是改革开放的参与者，也是改革开放的推动者。

艰苦练意志，危难见精神。老区人民在近百年的革命战争、社会主义建设和改革开放的伟大实践中，孕育形成了伟大的老区精神：爱党信党、坚定不移的理想信念；舍生忘死、无私奉献的博大胸怀；不屈不挠、敢于胜利的英雄气概；自强不息、艰苦奋斗的顽强斗志；求真务实、开拓创新的科学态度；鱼水情深、生死相依的光荣传统。这是党和人民宝贵的精神财富、丰厚的政治资源，是凝心聚力、振奋民族精神的重要法宝，也是社会主义核心价值观的重要内容。

中国老区建设促进会怀着强烈的政治责任感和历史使命感，组织全国各地老促会人员克服困难，尽心竭力编纂《全国革命老区县发展史》丛书，记录老区的光辉历史和辉煌成就，传承红色基因，弘扬老区精神，是功在当代，利及千秋的一件大事。手捧这部丛书的部分书稿，读着书中的故事，倍感亲切，深感这部丛书具有资政、育人、存史的社会功能，有着重要的时代和历史价值。它是不忘初心、牢记使命的源头活水，是赞颂共产党、讴歌老区人民的一部精品力作，是弘扬老区精神、传承红色记忆的丰厚载体，是一项继承优秀传统文化、弘扬革命文化、发展社会主义先进文化，坚定"四个自信"的宏大文化工程。它必将成为一种文化品牌，为各界人士了解老区宣传老区支持老区提供一部有价值的研究史料。希望读者朋友们能从中了解并牢记这些为党和民族的利益不断奉献的老区人民，从中得到教益，汲取人生奋斗的精神动力。

新时代赋予新使命，新起点开启新征程。让我们更加紧密地团结在以习近平同志为核心的党中央周围，坚持以习近平新时代中国特色社会主义思想为指导，增强"四个意识"，坚定"四个自信"，做到"两个维护"，弘扬老区精神，铭记苦难辉煌。为实现"两个一百年"奋斗目标，实现中华民族伟大复兴的中国梦作出新的更大的贡献！

周泽田

2019 年 4 月 11 日

　　2017年6月，中国老区建设促进会组织全国各地老促会启动编纂《全国革命老区县发展史》丛书，按照"建立中国共产党、成立中华人民共和国、推进改革开放和中国特色社会主义事业"三大里程碑的历史脉络，系统书写革命老区百年历史，深入挖掘革命老区红色文化资源，这对于充实丰富中国革命史籍宝库、在新时代传承红色基因、弘扬革命精神、强固根本，对于激励人们在新的历史条件下夺取中国特色社会主义伟大胜利，实现中华民族伟大复兴的中国梦具有重要意义。

　　丛书编纂以习近平新时代中国特色社会主义思想为指导，以《中国共产党历史》《中国共产党的九十年》等重要文献为基本依据，以党的领导为核心，以老区人民为主体，以老区发展为主线，体现历史进程特征，突出时代发展特色，坚持辩证唯物主义和历史唯物主义相统一、历史真实性与内容可读性相统一的原则，书写革命老区从站起来、富起来到强起来的光辉革命史、不懈奋斗史、辉煌成就史，把老区人民的伟大贡献、伟大创造、伟大成就、伟大精神充分展示出来，形成一部具有厚重历史特征和鲜明时代特色的精品力作。这是一部培根铸魂、守正创新，既为历史立言，又为时代服务，字里行间流淌着红色血脉、催生着革命激情的传世之作。丛书的编纂出版将成为讴歌党讴歌人民讴歌时代、传播红色文化、为革命老区和老区人民树碑立传的重要载体。

丛书按照编年体与纪事本末体相结合、以编年体为主的编写体例确定框架结构；运用时经事纬、点面结合的方式记述史实；坚持人事结合、以事带人的原则处理人与事的关系；采取夹叙夹议、叙论结合以叙为主的方法展开内容。做到了史料与史论、历史与现实、政治与学术统一，文献性、学术性、知识性相兼容。

为编纂好《全国革命老区县发展史》丛书，打造红色文化品牌，中国老区建设促进会认真组织积极协调，提出政治立场鲜明、史料真实准确、思想论述深刻、历史维度厚重、时代特色突出、编写体例规范、篇目布局合理、审读把关严格、出版制作精良的编纂出版总要求，力求达到革命史籍精品的精神高度、思想深度、知识广度、语言力度，增强丛书的权威性和社会影响力。各省（区、市）、市（州、盟）、县（市、区、旗）老促会的同志，以强烈的使命感、责任感和紧迫感，勇于担当，积极作为，认真实施，组织由老促会成员、专家学者等参加的十余万人编纂队伍。编纂工作主体责任在县，省、市组织协调、有力指导、审读把关。各方面人员以高度负责的精神和科学严谨的态度，满腔热情地投入工作，为丛书编纂出版作出了重要贡献。丛书编纂工作还得到了党和国家有关部委、地方各级党委政府及有关部门的大力支持和积极参与，社会各界也给予了热情帮助。中共中央政治局原委员、中央军委原副主席、原国务委员兼国防部长迟浩田上将，对老区人民怀有深厚感情，对革命老区建设发展十分关注，欣然为《全国革命老区县发展史》丛书作总序。

丛书由总册和1599部分册（每个革命老区县编纂1部分册）组成，共1600册。鉴于丛书所记述的史实内容多、时间跨度长和编纂时间紧，不妥之处，敬请批评指正。

中国老区建设促进会

2018年5月6日，广东省老区建设促进会会长陈开枝一行，在云浮市及郁南县有关领导陪同下，深入到桂圩、宝珠、河口等老区镇、村调研（罗荣南摄）

2017年11月13日，中共郁南县委书记梁子财（前一），县委副书记、县长韩新锋（二排右四）率县委常委班子来到革命老区平台镇妙门村郁南杰出革命前辈事迹展览室，怀着无比崇敬的心情观看烈士生平事迹，重温入党誓词（郁南县摄影协会提供）

郁南县民众武力指挥部纪念馆（罗荣南摄）

三罗革命第一村——桂圩镇龙岗村村貌 （黎镇芳摄）

郁南"四一八"武装起义策源地——桂圩镇龙岗村村貌（邱活春摄）

桂圩镇新寨老区村新风貌（苏华康摄）

郁南磨刀山遗址（刘浪摄）

国家级文物保护单位大湾古民居
（黎镇芳摄）

被列入国家级非物质文化遗产代
表性项目名录的禾楼舞（罗荣
南摄）

都城镇集防洪、公园、商业、文化四位一体的大堤（罗荣南摄）

郁南高铁站（黎镇芳摄）

穿越郁南县境的高速铁路（郁南县摄影协会提供）

穿越郁南县境的高速公路（钟铭光摄）

生态之都，宜居之城——都城（黄叶坤摄）

都城镇九星湖（卢梓键摄）

都城大王山国家森林公园西宁湖一角（罗荣南摄）

郁南县大王山国家森林公园生态桃花园（邱小春摄）

建城镇罗旁村田野亮丽美景（黄叶坤摄）

连滩镇兰寨村油菜花基地（罗荣南摄）

平台镇大河国家湿地公园（邱活春摄）

永光集团（邱小春摄）

广东省火炬计划电池（机械）特色产业基地（邱活春摄）

河口镇河口寨金鸡蛋养殖基地（苏华康摄）

郁南县革命老区四季蜜芒种植培训班（郁南县摄影协会提供）

郁南兰寨南江文化创意基地（邱活春摄）

宝珠镇庞寨村黑叶荔枝（郁南县摄影协会提供）

庞寨村黑叶荔枝，种植面积达2500公顷，2016年庞寨村被农业部认定为"全国一村一品示范村"（罗荣南摄）

中华名果郁南无核黄皮果（罗荣南摄）

中国无核黄皮原种母树（罗荣南摄）

罗旁蜜枣，盛产于罗旁村西江沿岸一带，罗旁人种植、加工蜜枣已有500多年历史，驰名粤港澳地区（罗荣南摄）

东坝镇蚕桑（罗荣南摄）

郁南县金煌芒果，盛产于都城、大湾、河口、千官等镇，是近几年上述各镇"一村一品"的支柱产业（罗荣南摄）

郁南县石峡龙眼，盛产于千官、河口、大湾、宋桂等镇，是近几年盛产的水果产业，成为当地果农增收的新财源（罗荣南摄）

郁南县四季蜜芒种植示范基地（罗荣南摄）

郁南县扶贫攻坚项目见成效（苏华康摄）

郁南县桂圩镇黄岗村育苗基地（刘新焕摄）

2019年4月，郁南县举行"传承龙岗革命精神、推动郁南乡村振兴"大讲堂（罗荣南摄）

2019年10月，郁南县隆重举行"重走红色道路、传承老区精神"大型徒步活动（罗荣南摄）

郁南县红色旅游景点——桂圩镇龙岗村（罗荣南摄）

2019年4月，郁南县"四一八"武装起义纪念活动在桂圩镇龙岗村隆重举行（罗荣南摄）

郁南县平台镇农民丰收节活动场面（罗荣南摄）

2015年9月，云浮市、郁南县中共党史教育基地暨爱国主义教育基地揭牌仪式（罗荣南摄）

郁南县一年一度的南江文化艺术节盛况（罗荣南摄）

郁南县城——都城掠影（邱小春摄）

"不能忘记历史，不能忘记那些为新中国诞生而浴血奋战的烈士英雄，不能忘记为革命作出重大贡献的老区人民。"这是中共中央总书记、国家主席、中央军委主席习近平的谆谆教诲。

遍及大江南北的革命老区，是共和国大厦的坚强柱石。拥有15个镇、177个行政村、23个社区的郁南革命老区县，也是这些基石中独具魅力的一块。

在中国共产党领导的长期的中国革命斗争历程中，郁南人民自始至终参与其中，并有着显著的特点。早在20世纪20年代初，郁南第六区妙门村钟世强、河田村龙师侯和第十一区张屋村张礼冶三位进步青年到广州求学，他们结识了中共党员和进步知识分子，并于1924年（大革命初期）加入中国共产党，成为郁南籍最早的中共党员。他们利用假期回乡，向家乡人民宣传革命思想，使一些进步青年接受了共产主义思想，认识到反帝反封建斗争的重要性和必要性，为后来农民运动的开展打下了坚实的思想和理论基础。

1925年12月，中共郁南县支部诞生了，从此在中国共产党的领导下，郁南县各级农会组织、农民自卫军相继建立，农民运动蓬勃发展。1927年4月，蒋介石叛变革命，发动了"四一二"反革命政变，血腥屠杀共产党员及革命群众。郁南党组织对国民党反动派的倒行逆施，坚决奋起武装反击，先后举行了由郁南、封川、云浮三县党组织领导策划的威震三罗的都城"五一八"武装暴动，拉开了武装反抗国民党反动派血腥屠杀的序幕，其后进行了七堡义勇祠保卫战、河田反击战和妙门暴动，狠狠打击了国民党反动军队和反动民团的气焰。

抗日战争时期，恢复了中断十年的中共郁南党组织，成立了中共郁南县中心支部委员会，党员队伍逐步发展壮大，成为领导郁南人民反击日本帝国主义侵略的中坚力量，组织成立了中国共产党领导的地方抗日武装和民主政权，创建了有党领导、有抗日武装、有民主政权的桂河敌后根据地和通门游击区，立下了坚持抗战、打击日伪和国民党顽固派、掩护中共骨干力量、保护人民生命财产和光复都城等功绩。

解放战争时期，中国共产党领导的革命武装斗争如火如荼，发动了震惊粤中地区的郁南人民"四一八"武装起义，成立了中国人民解放军粤桂边三罗总队，灵活机动地开展了薄刀界、茅针坪、里龙顶三次战斗，粉碎了国民党军队组织的多次"大扫荡""大围剿"。"三打桂圩"胜利后，建成以罗定、云浮、郁南，罗定、郁南、岑溪为中心的大片游击区；1949年1月，三罗支队改编为中国人民解放军粤中第四支队。4月成立中共郁南县工作委员会和郁南县人民政府，8月成立中国人民解放军粤中纵队第四支队，广大军民团结奋战，先后组织举行了连城、智仁、铜东乡起义，参加了罗定连州歼灭战、蓄滨攻击战、连城夏收保卫战、保卫加益战斗等，11月配合南下解放军解放了郁南全境。郁南县的革命成功离不开陈均权、冯保葵、钟世强、龙师侯、钟炳枢、廖翔仪、聂应时、李保纯等一大批革命英烈抛头颅，洒热血，不怕牺牲，英勇奋斗，他们的功绩和英名将永远载入郁南人民革命斗争的光辉史册，他们的精神将永垂青史。

在长期的反帝反封建的革命斗争中，郁南革命老区人民提供了坚持长期斗争所需要的大量人力、物力和财力，为发展壮大革命力量，夺取人民民主革命的最后胜利付出了极大牺牲，作出了重大贡献。

中华人民共和国成立后，郁南老区人民在社会主义革命和建设以及改革开放过程中，特别是党的十八大以来，坚持中国共产党的领导，团结一致、自力更生、艰苦创业，以改变贫困面貌为己任，深化各行各业改革，使全县面貌发生了翻天覆地的变化，人民群众安居乐业。

由于历史条件和自然条件的局限，一些老区镇、村的经济尚欠发达，人民的生活尚未富裕。然而，老区人民却充满着蓬勃向上的活力，继续保持自力更生、艰苦奋斗的优良传统和作风，这种老区精神之美与生态郁南山水风景之美相互映衬，构成了郁南亮丽的美景。

《郁南县革命老区发展史》一书，全面、真实地记述了郁南县革命老区斗争历史和中华人民共和国成立后全县建设发展的历史，既是郁南人民宝贵的历史遗产和精神财富，又是一部教育后人、激人奋进的时代乐章。

该书的出版，旨在让人们更有力地推动郁南"红色文化""红色旅游"，激发广大人民群众继承革命传统，发扬老区精神，加快郁南绿色崛起。

当前，郁南人民正以党的十九大精神为指导，团结在以习近平同志为核心的党中央周围，把习近平新时代中国特色社会主义思想、习近平总书记系列重要讲话和对广东工作一系列重要指示精神，认真学习、深刻领会、整体贯彻落实，通过持续深入学习，进一步树牢"四个意识"，坚定"四个自信"，坚决做到"两个维护"，以强烈的使命感、责任感和紧迫感，为全力推进郁南经济社会又好又快发展，为实现中华民族的伟大复兴而努力奋斗！

是为序。

《郁南县革命老区发展史》编委会

2019年12月

# 1

## 第一章
### 区域和革命老区概况

# 第一节 区域基本情况

## 一、区域概况

郁南县位于广东省西部,西江中游南岸,西江傍县城而过,南江贯穿县境南部。总面积1966.2平方千米。东与云安区接壤,南与罗定市毗邻,西与广西梧州市的龙圩区、岑溪市交界,北与肇庆市的封开、德庆两县隔江相望。郁南县是"八分山地一分田,半分河流半分村"的山区县,至2018年,全县辖都城、平台、桂圩、通门、建城、宝珠、大方、千官、大湾、河口、宋桂、东坝、连滩、历洞、南江口15个镇,177个村民委员会,23个社区(居委会)。县政府驻地都城镇。全县总人口535657人。

郁南水陆交通十分便利,水上交通方面,有珠江干流西江流过,境内有深水港码头3个,全年可通航千吨级船舶。沿西江往上直达广西梧州、贵港、南宁,下航则达肇庆、广州、江门等珠三角重要城市以及港澳,运输便利。陆上交通方面,省道云苍线、水长线与国道321线、324线相连通。县通镇、镇通村公路全部实现硬底化。两广高速公路贯穿全县,并在都城、建城、连滩、宋桂、平台等镇设有高速公路出入口,是连通大西南,连接珠江三角洲的重要通道。横跨西江的有西江大桥、开南大桥,与广梧高速公路贯通。南广高速铁路贯穿县境,县内设有郁南、南江口两个高铁站。便利的水路、高速公路、高速铁路,使郁南融入了"珠三角一小时经济圈"。

## 二、历史沿革

郁南历史悠久，是粤西边陲山区县，又是沿江县份，因得江河之利，开拓较早。秦属桂林郡。汉属苍梧郡端溪县。西晋太康年间（280—289年），设都罗县（县治在今郁南县都城镇）。东晋永和五年（349年），属晋康郡。南朝宋元嘉年间（424—453年），撤销都罗、武城两县，合并为一县，各取一字称"都城县"（都城之名，由此而来）。南朝南齐（479—502年），从端溪县分出威城县（县治在今郁南县建城镇）。隋开皇九年（589年）改隶苍梧郡。开皇十二年（592年），晋化、威城两县并入都城县。唐朝推行州县制，都城县改隶康州。宋开宝五年（972年），都城、晋康两县并入端溪县，隶属广南东路德庆府。元朝沿用宋制。今郁南县境仍属端溪、泷水两县管辖。明朝，隶属肇庆府。万历四年（1576年），明朝在该地区设罗定直隶州，直隶广东布政使司。该直隶州除了以泷水县为州治外，还统辖东安县（今云浮市新区、云城区、云安区）和西宁县（今郁南县）。翌年，西宁县在今郁南县建城镇开始筑城以作县治，这就是建城之名的由来。民国3年（1914年），因西宁县与青海省西宁市同名，据该县位于古鬱水（今西江）南岸，于是改名为鬱南县。1950年4月，鬱南县治改在都城镇。1956年2月，国务院公布第一批《简化汉字表》将"鬱"字简化为"郁"，因此"鬱南"县便书写为"郁南"县。

1958年11月，郁南县、罗定县合并，取名罗南县，隶江门专员公署。1959年1月又改称为罗定县。1961年4月，恢复郁南县建制，属肇庆行署管辖。1994年4月5日，调整肇庆市行政区域，郁南县划归云浮市管辖。

### 三、历史文化

郁南蕴藏着深厚的人文积淀和历史悠久的文化古迹。

物质文化遗产有：连滩镇有建于明代的兰寨村古瑶墙及清代古建筑群，始建于明万历六年（1578年）的张公庙，纪念杨文广的文广庙，被喻为"清朝古堡"的光二大屋，始建于清顺治十八年（1661年）的天池庵等。大湾镇有建于清朝属国家级重点文物保护单位的大湾古建筑群，属广东省古村落的五星、替葛、兰寨村，其中替葛村入选"广东省最美古村落"30强。平台镇有建于清代的华玄寺（华玄古刹）。建城镇有龙蟠寺、龙井寺、药王庙、石门庵、西竺庵、文昌桥、盘古庙、天后庙等系列西宁古迹。宋桂镇有明朝初期由七个姓氏人士合建，共同居住、共同生活的和谐大家庭典范——七姓宅。

郁南县被列入"非物质文化遗产名录"的项目有：国家级的"禾楼舞"，省级的"连滩山歌""横经席制作技艺""张公庙会""连滩飘色""面塑艺术"，市级的"南江婚俗""手指画"等13个，县级的"粤曲曲艺""剪纸"等44个。至2018年，全县有76名非物质文化遗产代表性项目代表性传承人，其中省级7名，市级1名，县级68名。

### 四、自然特点和资源优势

郁南县地处北纬22°48′～23°19′，东经111°21′～111°54′之间。年均气温21.4摄氏度，年均降雨量1433毫米，属亚热带季风气候，夏长冬短，雨量充沛。农林土特产资源主要有松脂、桂皮、木薯、蚕茧、水果、笋竹、南药、茶叶等；名、优、稀水果有世界唯一的郁南无核黄皮、国家地理标志水果——郁南庞寨黑叶荔枝等。县境矿产资源主要有钛铁矿、钽铌矿、硅线石、白云石、花岗岩等。

全县水力资源丰富。至2017年，有水电发电装机容量3万多千瓦，建有11万伏输变电站5座，全县有水电站66座。农业以"三高"（高产量、高品质、高经济效益）农业为主攻方向，并已逐步向集约化、产业化发展。全县已形成肉桂、水果、笋竹、松脂、蚕茧、木薯、玉米、稻谷八大区域性农业商品基地。工业有电线、电池、机械、建材、药品、食品、饲料、塑料、服装加工和林产化工等行业。第三产业的金融保险业、交通通信业、商业物资业、信息咨询业、房地产业等迅速发展。名胜古迹有明朝张公庙、天池庵及已有200多年历史的光二大屋等旅游景点。

## 五、郁南名片

中国无核黄皮之乡

中国无核黄皮发源地——建城镇

全国绿化模范县

中国生态旅游大县

全国十佳最具发展潜力的旅游大县

全国体育先进县

全国农村生活污水治理示范县

全国第一批农村电网建设与改造工作先进县

全国农村水电初级电气化县

中国沙糖橘第一县

中国优质果品基地重点县

中国柑桔产业龙头县

全国绿色食品原料（沙糖橘）标准化生产基地

全国农业行政综合执法示范县

中国金融生态县

全国农村信用体系建设示范区

全国农村承包土地经营权抵押试点县

全国农村集体"三资"管理示范县

国家义务教育发展基本均衡县

全国"平安农机"示范县

中国最美休闲乡村——兰寨古村落

2014年度全国十大考古新发现——广东郁南磨刀山遗址与南江旧石器地点群

国家级重点文物保护单位——大湾古建筑群

全国文明村——东坝镇龙塘村

国家级非物质文化遗产代表性项目名录——禾楼舞

# 革命老区评划

## 一、广东省革命老区镇、老区村评划概况

根据《广东省革命老区村庄名册》，中华人民共和国成立后，广东省根据中共中央和国务院的部署，并结合广东省的实际情况在全省范围内开展评划革命老区的工作。第一次是在1957年，评划第二次国内革命战争和抗日战争时期的老区村庄；第二次是在1989—1990年，补评划第二次国内革命战争和抗日战争时期的老区村庄；第三次是在1991—1993年，评划解放战争时期的老区村庄。广东评划老区基本是以自然村为单位，老区村庄或人口达到半数以上的镇为老区镇。

## 二、郁南县革命老区镇、老区行政村、老区村概况

### （一）郁南县革命老区镇、老区行政村、老区村庄评划

根据广东省民政厅《广东省革命老区村庄名册》、肇庆市人民政府《关于同意桂圩、通门、建城、宝珠4个乡（镇）的32个村补划为抗日根据地的批复》、肇庆市革命老区建设委员会《通知》、《关于平全等38个管理区和大角等34个自然村评划为解放战争时期游击根据地的批复》，以及云浮市革命老区建设办公室《云浮市革命老区基本情况》（1995年7月），郁南县评划为有老区分布的镇有17个，评划为老区镇的有8个，包括都城镇、平

台镇、桂圩镇、罗顺镇（现并入桂圩镇）、通门镇、宝珠镇、大方镇、河口镇，评划为革命老区行政村的有67个，评划为革命老区村庄的有488个。其中，评定为二战时期老区村庄的有79个，抗日战争时期老区村庄的有98个，解放战争时期老区村庄的有311个。

**（二）存在的困难和问题**

郁南革命老区县，有光荣的革命斗争历史，平台妙门村的钟世强、河田村的龙师侯在1924年就加入中国共产党，并回乡开展革命活动。1925年底，郁南县就建立了中共郁南党组织，并组建各级农民协会（简称"农会"）和农民自卫军（简称"农军"），还带动周边地区建立各级农会和农军，联合抗击土豪劣绅的民团及国民党反动派。在长期而又艰苦卓绝的革命斗争中，当地群众有人出人、有钱出钱、有粮出粮、有枪出枪等，为夺取革命胜利作出了巨大贡献。其间，许多革命志士献出了宝贵的生命，立下了永不磨灭的功勋，在郁南革命斗争史上写下了光辉篇章。

中华人民共和国成立后，特别是改革开放以来，各级党委、政府时刻关心着老区人民，大力支持他们继续发扬革命先辈的艰苦奋斗精神，因地制宜发展经济，努力改变贫困面貌。从中华人民共和国成立到改革开放前夕，部分老区镇、村已开通了沙土公路、修建了学校等，体现了党和政府对老区人民的关爱。改革开放以来，随着国民经济实力的增强和人民生活水平的不断提高，党和政府对老区镇、村适当倾斜扶持，使绝大部分地方修通了硬底化道路，村容村貌也发生了翻天覆地的变化，逐渐步入了小康行列。如原六区的平台镇，是郁南最早有中共党员的地方，也是最早开展农民运动、革命斗争的地方，牺牲的革命志士也最多，为革命作出了不少贡献。多年来，党和政府一贯高度重视该镇的建设发展。如今，镇街、村庄面貌焕然一新，高速公路、高速铁路贯通镇境，实现了村村道路硬底化，人民群众生活安康。

但是，由于老区镇、村，尤其是老区村庄，绝大部分是边远偏僻山区村，经济底子薄，发展起步慢，高科技及大项目不多，缺乏高素质人才。有些群众存在少富则安思想，进取精神不强，因此还有一些老区村群众的生活水平仍在贫困线以下。要切实解决老区镇、村的实际问题，今后党委和政府仍需作不懈努力。

# 第二章

## 大革命时期和土地革命战争时期

　　1925年，郁南县第六区组织成立了郁南县第一批乡农会和郁南县第一个中国共产党组织——中共郁南县支部。此后，中共郁南地方组织成为领导郁南革命斗争的中坚力量，农民运动在全县迅猛发展。"四一二"反革命政变后，郁南革命斗争开始进入武装反抗国民党反动统治的土地革命战争时期，先后进行了都城"五一八"武装暴动、妙门暴动、反"围剿"斗争等。郁南大革命农民运动虽然失败了，但共产党人和郁南农军在敌人的血腥屠杀面前奋起抗争的大无畏精神和英勇顽强、不怕牺牲的革命精神，极大地鼓舞了郁南人民的革命斗志，产生了深远的影响。

## 郁南党组织领导的早期农民运动

### 一、郁南最早的中共党员

1912年，郁南第六区妙门村进步青年钟世强考入广东公立法政专科学校就读（与新兴籍叶季壮为同窗好友）。1914年毕业后，钟世强留在广州等地从事律师等职业。1919年他在广州参加五四运动，1924年加入中国共产党，是郁南县接受并传播马克思列宁主义的第一人和郁南籍最早加入中国共产党的党员之一。五四运动后，他回到家乡郁南，积极向群众宣传马克思主义和五四运动的革命精神，对推动郁南革命斗争起了启蒙作用，为郁南党组织的创建打下了坚实的基础。此后，郁南第六区河田村龙师侯和第十一区张屋村张礼冾两位进步青年也先后到广州求学，分别毕业于两广高级师范学校和广州岭南大学。龙师侯、张礼冾二人在广州求学期间，结识了中共党员和进步知识分子，思想不断进步，同于1924年加入中国共产党，与钟世强成为郁南籍最早的中共党员。他们利用假期回乡，向家乡人民宣传革命思想，使一些进步青年接受了共产主义思想，为郁南农民运动的开展打下了坚实基础。

### 二、郁南县首个中共支部的建立

1924—1927年的国民革命运动，是一场以工农群众为主体的，包括民族资产阶级和上层小资产阶级参加的人民革命运动。在大革命运动兴起之初，钟世强、龙师侯、张礼冾等接受党组织派遣，回乡从事革命活动。钟世强回到郁南后，先在国民党郁南县政府禁烟局工作。钟世强、龙师侯先后在郁南县第四区（今都城镇）、第五区（今桂圩镇）、第六区（今平台镇）活动，物色和培养了第四区的廖翔仪（又名廖翼凤）、聂应时，第五区的袁秀成、林士登，第六区的钟炳枢、钟荫庭、钟敏定、龙新华、何国藩等一批积极分子。他们以创办夜校的形式，深入宣传革命道理以及俄国十月革命的斗争经验，激发农民投身革命的热情，教育和发动农民团结起来，组织农民协会，开展反对帝国主义和封建主义的斗争。张礼冾则奉派回到家乡郁南县第十一区（今大湾镇及罗定塔脚一带），与罗定籍最早的中共党员李芳春等联合开展农民运动。

1925年5月9日，广东省第一次农民代表大会在广州闭幕，宣布广东省农民协会正式成立。大会的召开，成为国共合作后广东农民运动蓬勃发展的标志。会后，中共党员、广州农民运动讲习所第三届学员陈均权（广东东莞虎门人）被任命为国民党中央农民部特派员，奉命派往西江一带，分工负责领导郁南县开展农民运动和创建中共地方组织。他是广东党组织派来郁南的首位中共领导人。1925年9月，又增派中共党员、广州农民运动讲习所第三届学员、国民党中央农民部特派员冯保葵（广东鹤山雅瑶人）到郁南工作。此后，他们与钟世强、龙师侯等人研究，首先确定在钟世强、龙师侯、钟炳枢的家乡物色和培养建党对象，开展农民运动。1925年冬，第六区妙门村进步青年钟炳枢在伯父钟世强等人的影响下，从广州回到家乡参加农民运动，配合陈均权、冯保葵等在第六区率先开办农民夜校，发动群众，与当地豪绅作斗争，发动全乡150户农民全部加入农会。经过锻炼和考验，钟炳枢被吸收加入中国共产党，成为郁南党组织在农民运动中发展的第一位中共党员。1925年12月，经中共广东区委批准，郁南县第一个中国共产党组织——中国共产党郁南县支部在第六区成立，支部书记为陈均权，支部其他成员有冯保葵、钟世强、龙师侯、钟炳枢。郁南是西江地区（全区时有14个县）最早建立党组织的5个县之一（其余为广宁、鹤山、四会、云浮）。从此，郁南人民在中国共产党的领导下，投身革命洪流，郁南党组织成为领导郁南革命斗争的中坚力量。

### 三、郁南农民运动的开展

1925年下半年，郁南党组织根据广宁开展农民运动总结出来的"凡是搞农民运动，就要组织农会；凡是组织农会，就必须组织农军。有了自己的武装，农民才能真正有力量"的经验，决定成立各级农会和农军。

#### （一）各级农会与农军的成立

1925年6月，陈均权参加在广宁召开的座谈会后，当即与钟世强、龙师侯等人研究部署成立农会与农军问题。1925年9月，龙师侯首先在河田村成立村级农民协会。1925年10月24日，陈均权等在妙门大胜宫主持召开郁南县第六区妙门乡农民协会成立大会，选出钟惟初、苏泽新为乡农会执行委员会正副主任，标志着郁南县第一个乡级农民协会正式诞生。1925年11月，郁南第六区其他13个乡（河田、练村、平台、古同、福留、罗埌、石塘、在田、古勉、建新、石台、大屋地、新乐）相继组织成立农民协会。

1926年2月16日，在陈均权的主持下，郁南县第六区农民协会暨农民自卫军成立大会在第六区大地乡七堡义勇祠举行。大会选举龙师侯为第六区农会会长，钟炳枢为执委书记，龙新华、聂显科、何国藩、龙怡云、岑芝明、苏泽新、梁京才、钟敏定为执行委员，钟华伦为记录员，莫桂生、聂义林分别为第六区农军正、副队长。这是郁南县最早成立的区级农会和农军组织。此后至1927年5月，七堡义勇祠成为第六区农民协会暨农军郁南党组织机关驻地，大地（原大屋地）乡也成为第六区农民运动的中心。

1926年3月，随着农民运动在第六区的全面展开，在陈均权等领导下，由廖翔仪、聂应时组织领导的第四区农民协会，由袁秀成、林士登组织领导的第五区农民协会，由陆长雄、余广成组织领导的第三区（今通门镇、罗沙镇）农民协会先后宣告成立。各区农会还同时组建农民自卫军。在郁南党组织的支持下，郁南县工会联合总会、郁南县妇女解放协会和郁南县学生联合会等革命群众团体先后宣告成立。

从1925年6月开始至1926年10月，中国共产党在广州、香港领导发动有25万人参加的反帝大罢工（即省港大罢工）。这是中国工人运动史上持续时间最长的一次政治大罢工。1926年3月8日，郁南县工会联合总会向省港罢工委员会发出慰问信，亲切慰问参加省港大罢工的工友。

1926年4月25日，由全县各区、乡农民协会推选出的代表80多人，在都城锦江书院（今都城镇第一小学）举行郁南县农民协会暨农民自卫军成立大会。选举廖翔仪、钟炳枢、钟敏定等为县农民协会执行委员，廖翔仪为农会主席，龙师侯为执委书记，聂应时为农军队长。县农会暨农军领导机关驻地初期设在都城康帅庙内（今县总工会所在地），后迁至大地巷基督教礼堂内。

1926年7月至年底，由张礼洽为首组织的第十一区（今大湾镇）农民协会，由邓泽、邓葵、杨晓云组织领导的第八区（今连滩、西坝）农民协会，由何琼佳组织领导的第九区（今罗定替滨镇）农民协会也先后成立。其中，第八区连滩农民协会推选邓葵（一说邓泽）为会长，邓泽、杨晓云为副会长，杨晓云兼文书。委员有丘沃生、邓佩、林尔才、邓松森等。农会会址设在连滩沙街桥头。

至1926年底，全县先后有6个区、200多个乡成立农会，农会会员8000多人、农军2000多人。在农会所辖区，一切权力归农会，实行减租退押，废除苛捐杂税；不准放高利贷，不准退佃；禁烟禁赌，清剿土匪，维护社会治安，发展生产等措施。郁南、广宁、高要、罗定等县农民运动发展较快，声势浩大、基础牢固，受到中共广东区委的充分肯定，指出"现在西江农运比较有基础的是高要、广宁、罗定、郁南、德庆等县"。

**（二）农会与土豪劣绅的斗争**

随着农民运动的兴起和发展，土豪劣绅与农民的矛盾也随之激化，他们破坏农民运动的手段也逐步升级。1926年6月11日晚，第五区遭到当地以黎焕彩为首的一股土匪的洗劫，但当地的土豪劣绅黎兴璋、黎瑞璋、李灵镇等人却颠倒黑白，反诬农军所为，函约第六区土豪劣绅莫伯贤、李光夏、何炳槐以及封川县（中华人民共和国成立后与开建县合并为今封开县）第二区（今平凤、江川镇）的土豪劣绅莫佐南、花寿等人，勾结第五区的土匪头子韦金湘，纠集民团、土匪等共2000多人，分头向第五、第六区的农会进犯，遭到农军的还击而溃退。他们不甘罢休，于6月16—18日，又对第五区的新寨、冲路、双源、脚田、峡圩5个村庄进行洗劫，放火烧屋，枪杀无辜，斩首示众，残忍至极。第五区农会会长袁秀成闻讯后，通过县农会向省农会告急，请求上级派员来处理。驻县的国民革命军第四军十二师三十七团二营奉命赶来制止时，上述被洗劫的5个村庄，已是满目疮痍，一片惨景。这就是震惊全省的郁南民团摧残农会事件。

　　自地主豪绅在第五、第六区焚攻农会、枪杀会员的事件发生后，广东省农会于1926年6月29日通电省内各界声援郁南农民运动。省政府令省民政厅责成团务委员会出面调停，由农会及民团派代表到省协商，拟订出《郁南县第五、六区民团、农军防守条约》（共9条）。该条约规定，各乡村治安，应由本乡的农军或民团处理，不得随意借剿匪之名越过防地捣乱。违者，由团务委员会追究。起初，该条约对地主民团的肆意报复起到一定的抑制作用，但后来民团没有遵照执行。郁南民团摧残农会事件对农民运动造成较大影响，郁南县农民运动开始进入困难时期。

　　1926年10月，郁南党组织及农会集结1000多人，在都城举行武装示威游行，响应省农会关于谴责破坏农民运动的呼吁。

# 武装反击国民党的血腥屠杀行径

　　1927年4月12日，蒋介石发动反革命政变。此后，广州和西江先后发生"四一五""四一六"反革命政变，查封广东省农会及其属下的西江办事处，搜捕杀害共产党员和革命群众。4月16日，国民党广东守备军第一团团长严博球率领两个营及机枪连共700人坐镇都城，控制郁南、封川两县。4月21日，第八区农民协会被严博球部和反动民团捣毁，农会领导人邓葵、杨晓云被杀害。4月25日下午，陈均权、钟世强、龙师侯、钟炳枢、廖翔仪及其长子廖炳耀、次子廖熙耀和3名县农军骨干，正在廖家中后座秘密召开会议，商讨对敌斗争策略。由于行动被告密，严博球部纠集当地民团突然包围县农会办公驻地都城康帅庙和廖家（与县农会办公驻地相连）。在危急关头，廖家父子挺身而出，廖翔仪及其次子廖熙耀在前座与敌人周旋，拖延敌人，争取时间，长子廖炳耀则迅速带领陈均权等从后门脱险离开，转移到桂圩新寨村袁秀成家中继续商讨对策。廖翔仪、廖熙耀和3名农军骨干却不幸被捕。4月29日，廖翔仪及3名农军骨干在都城被敌人杀害。至4月底，南部的第八、第九、第十、第十一区的农会领导人及部分骨干邓葵、杨晓云、何琼佳、朱威、林涧初、林晚、禤十二等革命同志先后被敌人杀害。对国民党倒行逆施、残酷镇压革命群众的恶行，郁南党组织决定给予武装反击。

## 一、举行"五一八"武装暴动

1927年5月18日，按照中共广东区委的部署，郁南、封川、云浮三县党组织商定，三县农军联合在都城举行武装暴动，攻打驻守都城的严博球军队，为廖翔仪等牺牲的革命同志报仇，并夺取都城作为根据地，控制都城左右的水陆交通，阻止两广军阀的进犯。郁南县农军在聂应时、钟世强、龙师侯、钟炳枢的带领下，于当天凌晨到指定地点集结，第四区农军负责监视平台镇民团的行动，第五区农军及第四区红花村一带的农军因桂河、牛圩河洪水暴涨受阻，未能按时赶到指定地点，仅有第六区及封川、云浮的农军共1000多人按时到达都城附近埋伏。早上7时许，农军分三路向都城守敌发起进攻。敌军对农军的行动早有察觉，加强戒备，派兵严密把守各个出入要道，并从肇庆调兵增援。因此，进攻受阻，双方激战至中午11时，各伤亡30多人。郁南县农军队长、"五一八"武装暴动总指挥聂应时不幸中弹牺牲。终因敌强我弱，农军被迫撤出战斗，退回第六区及封川第二区一带。这次暴动，是中国共产党领导民众在郁南打响的武装反抗国民党反动派的第一枪，意义十分重大。从此，拉开了郁南土地革命战争的序幕。

## 二、反"围剿"斗争

郁南革命武装的反抗，遭到了国民党及地方反动势力的疯狂镇压和"围剿"，经历了多次惨烈的战斗。

### （一）七堡义勇祠保卫战

1927年5月下旬，严博球部纠合平台民团共600多人，袭击郁南县第六区农会机关七堡义勇祠。县党组织及农会领导人组织农军100多人抗击，经过半天的激烈战斗，在敌强我弱的情况下，农军为保存实力而主动撤出战斗，七堡义勇祠被烧毁。随后，第六区农会会址迁至赐步村罗埌村的罗梵宫，两个月后再迁至妙门大胜宫。

### （二）河田反击战

1927年8月中旬，国民党地方反动势力获悉农会策划武装斗争，于是出动1000多人袭击第六区河田村农会。区、乡农会领导人龙师侯、龙师伦组织农军200多人抗击敌人。后来，钟炳枢带领农军700多人赶来增援，双方激战四昼夜，敌人多次发动进攻均被农军击退，农军毙敌30多人。这次反击战的胜利，使农军声威大震。

### （三）妙门暴动和十日十夜反"围剿"

1927年4—9月，国民党严博球部与民团围攻平台农军，焚烧农会会所七堡义勇祠，又纠集民团对第六区河田、妙门、古同、罗埌、在田、埌所以及封川县第二区一带的农会进行"清剿"。为反抗"围剿"，钟炳枢、龙师侯率农军联合封川县第二区农军决定举行武装暴动。10月22日晚上7时，郁南、封川两县农军100多人在钟炳枢和龙师侯的率领下，突袭第六区新塘土豪苏树春的老窝，民团闻讯后即从妙门村撤出，赶回新塘村支援，农军则乘机返回妙门，赶修工事，加固闸门，准备以妙门村为中心举行暴动。10月26日早晨，严博球部纠合了郁南、封川两县的民团同驻广西苍梧的桂系黄绍竑所属部队共2000多人，向妙门一带的农军发动大规模"围剿"行动。郁南和封川县第二区农军先后与敌人进行了10多次的对抗战。妙门农军200多人在封川县第二区等地农军400多人的支援下，坚持十日十夜战斗，击退敌方三次冲锋。11月4日夜，农军在弹尽粮绝的情况下，被迫突围撤往粤桂边界的铜镲大山，继续坚持斗争。

### 三、中共郁南县委在战火中诞生

1925年底，中共郁南县支部成立。1926年初，吸收廖翔仪（郁南都城街人）加入中国共产党。此后，中共郁南县支部不断物色和培养了一批积极分子加入党组织。1927年4月和7月，以蒋介石、汪精卫为首的国民党反动集团，先后发动了"四一二"和"七一五"反革命政变，向共产党员和进步人士举起屠刀，一批共产党员和农会骨干被逮捕杀害，第一次国共合作全面破裂，大革命宣告失败。大革命失败后，中共中央于汉口召开紧急会议（即八七会议），确定了实行土地革命和武装反抗国民党反动派的总方针，并先后领导发动了秋收起义、广州起义和其他地方的一些武装起义。中共广东省委要求各地立即发动武装起义。1927年9月，为组织西江地区各县的武装暴动和加强党对武装暴动的领导，中共广东省委决定成立中共西江特别委员会（"特别委员会"简称"特委"）。1927年11月18日，中共广东省委决定，各县成立县一级组织，任命钟炳枢为中国共产党郁南县委员会（简称"中共郁南县委"）书记。此时，中共郁南县委在战火中诞生，并直接带领农军和民众，与国民党反动派在铜锣大山展开了长达一年时间的艰苦卓绝的殊死斗争。

### 四、坚守铜锣大山，建立游击根据地

国民党两广联防军勾结、纠集两广交界三县（郁南、封川、苍梧）的民团，对铜锣大山的农军包围封锁，企图把农军困在山上。在极其险恶的环境下，第六区人民仍冒险进村入户筹粮，为山上的农军送粮、送物、送药。当时坚守在山上的农军骨干有100多人，在人民群众的支持下，凭着铜锣大山山高、坡陡、林密的自然条件，神出鬼没，同敌人周旋，使敌人多次进攻被击退

或扑空。

1928年2月3日，中共广东省委拟订出《西江暴动计划》，部署在西江上游发动以罗定、郁南一带的西江暴动，并要求郁南暴动的中心放在第六区，暴动起来后，再向第四、第五区发展，进而向南部的第九、第十区发展，以便与罗定互相策应。

1928年2月17日，中共广东省委发出《关于目前郁南县暴动具体工作的指示给炳枢兄转郁南全体同志信》，指出："郁南的工作非常重要，要求郁南迅速成立第四、五、六区区委，三个区委成立后，即召开代表大会，改选县委。"

4月上旬，中共郁南县委进行改组，仍由钟炳枢任县委书记。在此之前，中共西江上游特委成立，负责指挥罗定、云浮、郁南、封川、德庆5个县的工作。钟炳枢重整郁南党组织，领导全县中共党员和人民继续同国民党反动派作斗争。

4月14日，郁南和罗定党组织共同策划在罗定联合举行武装暴动，准备攻取罗定县城，郁南方面参加暴动的有南部的第八、第九、第十、第十一区的农军和农民群众，与罗定农军共约1000人。但此次暴动又遭到国民党反动派的重兵镇压，未能取得成功。

1928年冬，敌人集中更多兵力，对农军进行更严密的围攻、封锁。农军退守到铜镬大山狮子下巴的银岩坑山洞里，因而失去与群众的联系，得不到补给支援，粮弹不继，寡不敌众，农军被迫分散突围转移。

大革命时期和土地革命战争时期，郁南的农民运动虽然未能取得胜利，但中国共产党在郁南人民心中留下了深刻的影响，并在郁南大地萌发了大量的革命种子，深深扎下了根，同时也为郁南人民日后革命取得胜利积累了丰富的经验，指明了前进方向。

# 第三节 郁南农民运动的传播与影响

郁南第六区位于封川县平凤、广西大坡等地的中心位置，在中共郁南党组织领导的农民运动时期，成为周边地区发展中共党员、组建农会、组织农军抗击国民党反动势力的策源地。为创建周边地区中共党组织、壮大革命力量作出了重大贡献。他们光荣的革命斗争历史和伟大的革命斗争精神，对周边地区产生了重要影响。

### 一、埋下革命种子，传承革命精神

郁南革命先驱在农民运动中，于1925年创建了郁南县第一个中国共产党的地方组织（中共郁南县支部），1927年成立中共郁南县委，在郁南大地播下了中国共产党革命种子。这些革命种子在郁南的大地上迅速生根发芽，并不断壮大和发展。全县中共党员人数，从1925年只有6位，发展至1928年的21位（未含已牺牲的）。这些在农民运动中成长起来的中国共产党人，经历了反抗压迫、武装暴动、反"围剿"、武装起义、坚持山区斗争等一次又一次的战斗和艰难险阻，在白色恐怖和血腥镇压下，与反动势力进行了英勇顽强的斗争。他们百折不挠的大无畏精神，为了人民利益甘于抛头颅、洒热血的不怕牺牲的革命精神，被广泛传播，被一批又一批革命者、一代又一代人传承和发扬光大。

## 二、影响了周边县的革命运动

由中国共产党领导的郁南农民运动始于1925年，至1926年底，全县先后有6个区、200多个乡成立农会，会员8000多人，农军2000多人。郁南农民运动的蓬勃发展，沉重地打击了当地的土豪劣绅和反动势力。1926年3月、4月间，中共郁南党组织还奉命派出农军骨干支援海陆丰的农民运动。郁南县第六区组织了一支12人组成的农军小组，由龙师侯、钟炳枢带领前往当时全省农民运动的中心海丰、陆丰两县，参加抗击当地民团的战斗，支援时间3天。在郁南农民运动风起云涌的影响和鼓舞下，1926年春，毗邻郁南的封川县第二区一带，在半年时间内，14个乡农民协会相继成立，还成立了两个乡农民协会筹备处。1927年1月，在龙师侯的主持下，成立了封川县第二区农民协会和农军大队部，农会会员增加到2000多人。毗邻郁南的罗定，于1928年4月举行了罗定"四一四"武装暴动。

## 三、为其他地方培养了革命领导人

土地革命时期的郁南农民运动，孕育了不少革命骨干，一大批热血青年和革命群众迅速成长，成为革命的领导人。其中，有4位中共党员成为上级和其他地方的重要领导人。

陈均权，东莞虎门人。1925年加入中国共产党。郁南县第一个中共支部的主要创建者、农民运动的主要领导人。1925—1927年，组织和领导郁南县开展农民运动，成立县、区、乡各级农会和农军组织，并参与组织和领导西江地区党组织创建和农民运动等工作。1926年1月，担任中共西江地方执行委员会（简称"中共西江地委"）委员，成为西江党组织的重要创建者之一。

龙师侯，郁南平台河田村人。1924年加入中国共产党，1927

年1月，组建成立封川县第二区农民协会和农军，1927年9月奉命担任中共西江特委委员，11月兼任中共封川县委书记。

钟炳枢，郁南平台妙门村人。1925年冬加入中国共产党；1927年11月任中共郁南县委书记；1929年初夏，被派遣到新会县联系、协助当地恢复中共党组织工作，9月重新组建中共新会县委，任中共新会县委书记。1929年11月，调任中共广州市委郊区巡视员。

张礼冶，郁南大湾犄蓬张屋村人。1924年加入中国共产党。1926年7月，组织成立大湾农民协会并任会长。1928年1月当选为中共罗定县委执委。1928年4月，参与组织领导罗定"四一四"武装暴动，暴动失败后临危受命担任中共罗定县委书记。

# 革命斗争中主要的英烈及其革命精神

大革命和土地革命战争时期，郁南县的农民运动在平台镇兴起，平台镇（原郁南县第六区）人民在中国共产党的领导下，为创建中共郁南党组织、壮大革命力量作出了重大贡献，也付出了巨大牺牲，一大批优秀儿女为郁南革命胜利和中国革命胜利献出了宝贵的生命。据有关史料记载，仅1926年至1930年全镇就有169名革命同志英勇牺牲（其中有姓名可查的有34位烈士，占该时期全县44位烈士的77％）。

仅1927—1930年的3年多时间，中共郁南党组织及农会、农军领导人廖翔仪、聂应时、钟世强、陈均权、龙师侯、钟炳枢、袁秀成等100多位革命先驱和骨干先后被敌人杀害或在暴动战斗中壮烈牺牲。其中，钟炳枢和龙师侯在铜镬大山分别突围后，先后取道广西往广州、佛山寻找上级中共党组织汇报情况，准备改变斗争策略，重新组织武装，待机举行更大规模的武装起义。但当时国民党反动势力仍占统治主要地位，而且十分猖獗。面对此境，钟炳枢、龙师侯无法返回郁南、封川，只能继续在外地进行革命活动。那时候，国民党反动派在全省拉网式搜捕共产党员和农运骨干，镇压革命活动，不少党组织被破坏。龙师侯于1928年底赴省委汇报工作时，途经佛山时被敌人逮捕杀害，年仅30岁。钟炳枢被派往新会县任县委书记后，于1929年调任广州市委郊区巡视员。1930年9月在广州中央公园门前进行革命宣传活动时，被国民党反动派逮捕后杀害，年仅28岁。

在革命处于低潮时期，中共郁南党组织虽然领导了多次农民武装反抗，但终因敌强我弱而失败。党的组织被破坏，有的领导人和中坚分子被捕杀害，革命力量受到严重摧残，农会和农军的力量十分薄弱。

然而，这一切并没有吓倒英勇顽强的郁南人民，在白色恐怖下，仍然有一批追求进步的革命同志毅然加入中国共产党。他们擦干身上的血迹，掩埋好同志的尸首，先后领导民众举行了都城"五一八"武装暴动、妙门暴动和反"围剿"战斗等，并坚持在铜镬大山与国民党反动派进行不屈不挠的斗争，充分展现了郁南共产党人在敌人的血腥屠杀面前奋起抗争的大无畏精神和英勇顽强、不怕牺牲的斗争精神，极大地鼓舞了广大民众的革命斗志，为郁南人民投身抗日战争和解放战争奠定了良好基础。

（本章参考文献资料：《郁南武装斗争史》《郁南革命老区》《中共郁南地方史》）

# 3

# 第三章
## 全面抗日战争时期

　　1938年7月，中山大学党组织根据中共广东省委的指示，组织回乡服务团来到郁南，开展抗日宣传活动，并为中共郁南地方组织重建做准备。同年11月，中共郁南县中心支部委员会成立，领导郁南人民反击日本帝国主义侵略，党员队伍逐步发展壮大。在西江党组织和三罗（历史上对罗定、云浮、郁南三县的惯称）党组织的直接领导下，先后组织成立了中国共产党领导的地方抗日武装和民主政权，创建了"有党的领导、有抗日武装、有民主政权"的桂河敌后抗日根据地，立下了坚持抗日、打击敌伪、掩护中国共产党骨干、保护人民生命财产和光复都城等功绩，为夺取中国人民抗日战争的伟大胜利作出了积极贡献。

# 郁南抗先组织的成立与抗日救亡活动

　　1937年全面抗日战争爆发后，郁南县先后成立"励志读书会""抗敌救亡会"等，组织开展抗日宣传和爱国献金活动。1938年7月，中山大学党组织根据中共广东省委的指示，派中共党员李福海（祖籍中山，出生于广州）、吴子熹（郁南人）组成回乡服务团来到郁南，首先在县城（今建城）发动县立第一中学师生组织抗日宣传队，开展抗日宣传活动，并为中共郁南地方组织重建做准备。1938年11月，经中共广东省委批准，成立中共郁南县中心支部委员会（简称"郁南县中心支部"），由吴子熹任郁南县中心支部书记。

　　1938年10月，广东青年抗日先锋队总队部驻西江办事处（1939年2月改称"西南办事处"）在云浮县成立，先后由梁嘉、朱荣、李鹤超担任办事处主任。1938年12月，根据中共广东省委指示精神，郁南县中心支部参照广东青年抗日先锋队（简称"省抗先队"）的经验做法，推动郁南县当局成立抗先组织，向国民党当局倡议成立郁南县青年抗日先锋队（简称"郁南县抗先队"），得到批准后在县城公开成立。抗先队的主要任务是贯彻党的抗日民族统一战线政策，团结广大进步青年和一切抗日力量，开展抗日宣传活动；同时通过活动，物色建党对象，发展中共党员，扩大党的队伍。为了利于团结中间势力，争取地方开明人士对抗日救亡运动的支持。郁南县中心支部物色了21人为县抗先队队委，推选支持抗日的士绅刘梓材（建城人，刘莲的父亲）为名誉队长，曾迺桢（建城人，国民党乐昌县卸任县长）为队长，黄世传（国民党郁南县党部秘书）、郁南县中心支部书记吴子熹为副队长，郁南县中心支部委员廖根培为组织部部长，郁南县中心支部委员赵约文为宣传部部长，中共党员王仁才为秘书。其余队委除李雨田是国民党郁南县党部书记外，李曼晖、梁荣新、岑彪、卢鉴埙、周文焯、黎曼青、陈其荣、陈鹏、陈克、黄木许、吴耀枢、刘莲（女）、麦子仪、陈耀初等均为中共党员或进步青年。抗先队规定，一切重大事情和决策，必须经队委集体讨论研究决定，这样就从组织上保证领导权掌握在共产党人手中。

抗先队在前阶段回乡服务团工作的基础上，加上有一批血气方刚的知识青年，他们慷慨激昂地在民众中宣传抗日，动员和组织民众参加抗日救亡运动。因而，组织发展很快，短短一个多月，抗先组织就由县城扩展到农村，先后建立了都城、连城（今宝珠）、桂圩、通门、罗沙、罗旁、冲强7个支队，队员主要是中小学校师生、农民和各阶层青年，达800多人。

抗先队在郁南县中心支部直接领导下，利用合法的地位开展各项工作。首先开展了声势浩大的宣传活动。各地纷纷组织抗日宣传队，通过讲演、出版墙报、画漫画、演剧和唱抗日战歌等形式进行宣传。郁南县中心支部书记吴子熹带头参加宣传活动，并任宣传队队长。县立第一初级中学的师生成为抗先队的主力，该校抗先队副队长刘莲，是个10多岁的初中生，她积极参加抗日救亡运动，带病坚持宣传演出，努力学习党的基本知识和革命理论，于1939年9月秘密加入中国共产党，成为郁南县首位女共产党员。

为了阻止日军入侵，县政府下令设置路障，使日军车辆无法通行。县抗先队响应政府号召，与民众一起参加设置路障行动，一边劳动，一边做宣传鼓动和服务工作，烧茶送水到各个工地，提前完成任务。

在农村，县抗先队大办夜校，并使夜校成为联系民众、团结教育农民，发展党员，壮大党组织的阵地。吴子熹首先在建城冲灶村开办夜校先行点，做出示范，然后推广。很快在附近10多个村庄开办了夜校。各抗先支队均利用夜校为阵地，每2~3位抗先队员负责一间夜校，定点、定时、定人上课。由郁南县中心支部统一印制《民众识字课本》，传授文化知识，宣传抗日救国的道理，深受民众欢迎。如通门、罗沙的夜校就有500多人参加，每到晚上，男女老少，携儿带孙，点燃火把前往夜校学习，使这个僻静的山村顿时热闹起来，民众对夜校赞不绝口，在夜校不仅能识字、学文化，还能学习和掌握革命道理。县立第一初级中学的学生定期到乡、村讲坛讲课，他们白天在校本部听课，晚上在夜校授课，既是学生，又是老师。

郁南县抗先队通过抗日宣传，揭露日军侵华"三光"（烧光、杀光、抢光）政策的罪行，指出他们的目的是要灭亡整个中国，使中国沦为他们的殖民地。同时揭露汉奸、卖国贼投敌卖国的罪行，从而激起广大民众的爱国热情和对敌人的义愤，支持战斗在抗日最前线的人民子弟兵。抗先队发起募捐献金活动，并向前方战士写慰问信。郁南县立第一初级中学的女教师及女学生不但带头献金，而且发动社会妇女缝制慰劳袋、布鞋送往前方。

1939年5月，在陈克（陈隆基）、陈鹏（陈美材）的直接领导和策划下，罗沙抗先支队向罗沙升安局（民团）借来枪支武器，成立了一支40多人的武装队伍，为日后郁南党组织开展武装斗争做好准备工作。

1939年冬至1940年春，国民党顽固派在全国掀起第一次反共高潮，国民党郁南县县长邹志奋等人认为解散抗先队时机已到，借口县抗日民众动员委员会已组织工作团，抗先队应撤销，决定解散县抗先队。党组织对国民党顽固派的倒行逆施进行了坚决回击，最后根据形势需要，将抗先队员转移到敌后开展抗日斗争。

郁南县抗先队在党组织不能公开活动的条件下，通过这个合法的组织形式开展工作，收到了较好的效果，成为郁南县中心支部团结教育青年、领导青年进行抗日斗争的纽带和桥梁，成为全县统一的最大的青年抗日团体；有效地激发了广大群众热爱祖国，仇恨日本帝国主义的民族感情；在郁南城乡点燃了革命之火，培养了一批革命积极分子，利用这个阵地发展了一批党员，壮大了党的队伍，扩大了党的统一战线，为坚持抗日斗争，揭露和抵制国民党顽固派的反动政策作出了重要的贡献，在郁南革命斗争史上谱写了光辉的篇章。

## 中共党员以职业为掩护开展抗日活动

1941年，中共党员、教师周文焯在其家乡连城当选为连城中心小学校长。他以这个公开的身份，在全乡11所保校中，安排了党员同志在其中7所任教。对两名有敌特嫌疑的教师，他立即将其解聘，排除隐患。他用学校做掩蔽，巧妙地开展各种活动，成立各种教育研究组织，如抗战音乐研究会、教育研究会、时事讨论会等，每周末组织全乡教师到中心小学开展活动。在抗战音乐研究会，进步教师邹安青谱曲，集体研究歌词，中共党员徐文华执笔创作了《连城校歌》《连河边上》《西江的孩子们》等富有革命激情、唱出时代心声的歌曲，深受当地人民喜爱。1941年成立中共连城支部，有党员9名。1942年，连城乡教师队伍中党员发展至15人。

吴耀枢任都城镇中心学校校长、国民党郁南县第四区分部宣传委员，他利用这个公开职务，收集国民党反共动向及所谓"防奸"活动的情报，及时向党组织汇报。

1940年，中共西江特委指示刘俊英停止参加社会上的公开政治活动，转入地下工作，任务是以"德兴昌"作为党的交通联络站和经济活动基地。原郁南特派员黎百松于20世纪80年代初在郁南党史座谈会上充分肯定了"德兴昌"地下交通联络站对革命的历史贡献和作用，他说："德兴昌不但是交通联络站，而且是领导机关的保护伞，是党的经费筹集点。"

　　1941年7月、8月间至1942年1月、2月间，中共郁南党组织通过开办党员学习班，加强党员政治思想教育等方式，坚决贯彻执行党中央提出的"坚持抗战，反对投降；坚持团结，反对分裂；坚持进步，反对倒退"的三大政治口号。曾先后在连城山根村黄权芳家、都城吴耀枢家等地方秘密举办过党员骨干学习班。党员们通过多次的培训学习，既增强了党性观念，又坚定了革命意志和树立了必胜的信心。通门罗沙村的党员陈德英，筹划建立生产基地，开荒种木薯，以解决党的活动经费问题。后来又开展蒸樟油、钩松香、制松光枝等生产项目，为党组织筹集活动经费。

# 中共庚戌中学支部在郁南的抗日活动

　　1939年9月，广东省立庚戌中学（简称"庚中"）因躲避日寇战火辗转迁到郁南县三堡（1950年改称河口）乡河口寨村复办。国民党广东省党部派许培干担任庚中校长，他利用进步力量打好基础，装扮成"开明人士"，特聘请曾与他在韶关一起工作过的时任广东青年抗日先锋队总队秘书长余明炎（广东博罗人）任训育主任，聘请赵元浩（广东台山人）任训育员，冯蓉笙（女）任训育员兼女生宿舍主任（3人均是中山大学毕业生、中共党员），黎梓材（开明人士）任教务处主任，黄世昌（民主人士）任事务处主任。中共广东党组织看到形势的变化，认为反共高潮必将到来，对已经暴露的党员、干部作适当调整和转移，借此有利时机把部分地下党员转移到庚中去。

　　余明炎到庚中任教前，曾向中共广东省委书记张文彬报告。省委指示，要注意隐蔽活动，发展党的力量要注意方式方法，积极开展抗日宣传工作。余明炎还找到中共西江特委委员、组织部部长梁嘉，接上组织关系。梁嘉指示他到庚中后要着手组建庚中独立支部，任务是开展抗日宣传、发展新党员。余明炎到庚中后，一方面主持学校训育处业务工作，一方面抓紧组建党支部工作。1939年10月，余明炎秘密主持党员会议，宣布中共西江特委决定，成立中共庚戌中学支部，直属西江特委领导，余明炎任支部书记，冯蓉笙任组织委员，赵元浩任宣传委员。此时，支部有余明炎、冯蓉笙、赵元浩、刘华、莫志强5位党员。不久，转来就读的学生党员也接上组织关系，包括何绍芬（女）、黄衍蠡、王肇汉、陈隆基4人，党员增加到9人。从此，庚中广大师生在党支部的领导下，积极开展抗日宣传和其他革命活动。

余明炎经常利用"纪念周"演讲的机会，对学生进行抗日救国的宣传教育，鼓励同学们积极加入抗日宣传行列；赵元浩则利用上公民课的机会，把高中部学生集中到懋林园上课、开讨论会，他常以唯物辩证观点分析抗日战争形势，巧妙地宣传马克思列宁主义的基本原理，宣传中国共产党的抗日主张，激发学生学习革命理论的兴趣。党支部秘密串联学校附近的河口街益和堂药店老板林耀兼开办生活书店，以方便学生购买《新华日报》《群众》《解放》等进步书报杂志。学生们的思想进一步活跃起来，追求进步的意愿浓厚。学校训育处因势利导，把全校学生组织起来，以班为单位，利用节假日和集中的时间段分批下乡宣传抗日，分头到学校附近的村庄，如河口街、门楼洞、龙溪、佛子坝、松木、白银前、禾地岗、木树围、竹头围、斋公围、石脚围、白石等，进行宣传，让群众知道日本帝国主义侵略中国的目的是消灭中国，知道当亡国奴的耻辱，知道日军在沦陷区实行"三光"政策的暴行。学生们出墙报、贴标语，组织歌咏队、话剧队。由音乐老师司徒杰教唱《义勇军进行曲》《黄河大合唱》等20多首抗日歌曲。演出的话剧有《放下你的鞭子》《不愿做耻辱的人》等长短剧10多场。各班学生还自发报名组成夜校队，分别到河口寨村、松木、白银前、河口街洞心、门楼洞、沙田等村庄开办夜校。各村参加学习的有三四十人，他们都是文盲或半文盲的青壮年农民。教学方法由浅入深，先教他们认识生字，后讲时事，以通俗易懂的形式进行抗日宣传教育，让他们认清谁真抗日、谁假抗日。在下乡宣传的同时，还帮助农民搞生产修水利。

学生们通过参加实践锻炼，既教育群众，又接受群众的教育。宣传结束后，各自写心得体会，学校则根据各自的表现，给予记功奖励，张榜公布。

1939年11月，在抗日宣传活动中，涌现出一批积极分子，党支部从中挑选建党对象，经过培养教育，吸收许健（教师）、伍基然（又名伍伯坚，高一学生）、钟国祥（又名钟克中，高二学生）3人加入中国共产党，支部党员增加到12人，分布在校部和高一、高二、高三各班，支部活动更为活跃，大大激发了学生抗日热情。同时，党支部还秘密串联组织读书会，高一读书会有黎绍裘、黎瑞琪、廖国贤、陈玉田等二三十人；初三读书会有岑煜荣、马文玉、柯耀存、彭绍光等10人，由许健组织领导。女学生则组织妇女问题研究会，有何绍芬、凌菱生、陈超文、尤日红、卢次英参加，选举何绍芬为会长，其他4人为委员，由支部委员冯蓉笙直接领导。在国民党日趋反共、各地公开的抗日群众运动大受压制的情况下，庚中党支部领导广大师生，积极开展抗日宣传活动，培养积极分子，发展新党员，壮大党的力量，为日后的革命斗争打下了基础。

中共西江特委十分重视培养知识分子党员干部，1940年寒假期间在罗定县城举办党员学习班，从各地派来参加学习的有20多人。其中，庚中党支部派出参加学习的有冯蓉笙、何绍芬、黄衍蟊、伍基然、钟国祥5人。该学习班既为西江地区培养了基层骨干，又为庚中培养了党的后备力量。

1939年冬至1940年春，国民党顽固派掀起第一次反共高潮。庚中校长许培干撕破进步的外衣，暴露反共的原形，为了消除共产党在庚中的影响，于1940年1月，把曾经为庚中复校、招生作过较大贡献的余明炎、赵元浩、冯蓉笙、黎梓材、黄世昌5位教师解聘了，有的进步学生也被饬令退学。余明炎、冯蓉笙、赵元浩3位支部委员被迫撤离庚中。许培干为保住他在庚中的地位，随即安排胞兄许培根任事务处主任，聘请陈镜清（国民党保守派）任教导处主任，张家良任训育处主任。许培干拉帮结派，排挤、打击进步师生的倒行逆施，更激起广大师生的强烈反感。黄世昌离校前揭发了许培干克扣战区学生助学金和棉衣救济款，迟迟不发放，将学生膳费挪用做买卖，中饱私囊的丑恶内幕，导致后来庚中爆发了一场矛头直指许培干的学运风波。

1940年2月，当庚中5名党员从罗定训练班学习回校的时候，学校的整个形势突变，同学们的情绪很低落。西江特委原来计划由黄衍鑫接任党支部书记，但他看见形势的恶化，心生恐惧，不愿当支部书记。西江特委获悉后，重新指定伍基然为支部书记，何绍芬为组织委员，钟国祥为宣传委员。此时，庚中党支部班子又健全起来了，党员除3位支部委员外，还有许健、王肇汉、陈隆基、莫志强、刘华。黄衍鑫因思想蜕化被开除党籍。西江特委指示新组建的支部委员班子，要顶住反共逆流，巩固党的组织，坚守阵地，转变工作方法，团结和发展进步力量。他们经过分析形势，认为当务之急是进行思想武装，不宜召开支部大会，只能作个别联系。支部书记伍基然首先把支部委员团结起来，发挥领导核心作用。由支部委员分别联系各个党员，传达特委学习班的精神，要求全体党员在反共逆流的险恶形势下，保持革命气节，坚定革命信心，振作精神，迎接新的斗争。

根据形势变化，支部委员经研究，认为要进一步转变工作作风和工作方法，采用秘密的方式，进行隐蔽的斗争。除保留夜校识字班外，停止公开的政治宣传活动，集中精力做好积极分子的发动工作，各班分工负责，开展串联活动。经过一段时间，积极分子队伍迅速壮大起来。初中部的学生，在许健的指导下很快活跃起来，秘密串联组织学习革命理论和时事政治活动，通过各种渠道找到《新华日报》《大众哲学》《西行漫记》等进步书刊，广泛交换传阅学习。此外，还举行各种文娱体育活动，班与班之间开展排球、篮球比赛，学生们的思想情绪都活跃起来了。在这种恶劣的政治环境下，庚中党组织巧妙地坚持革命斗争，顺利地完成了上级党组织交给的各项任务。很多积极分子也经受了考验，经过个别培养教育，1940年5月吸收了马镜涵（即马达）入党，还培养了黎绍裘、黎瑞琪、李焕华、彭绍光、黄海晏、岑煜荣、张济楫、柯耀存、马文玉、许实等10多名建党对象，教育了一大批积极分子。1940年4月，西江特委委员杨昌龄来校检查工作时，转达了西江特委书记刘田夫的表扬："向庚戌中学党支部致以布尔什维克的敬礼!"对庚中党支部的工作给予充分肯定。

由于形势急剧恶化，西江特委不便与庚中党支部直接联系。从1940年4月起委托中共罗定县委书记李守纯联系。4月26日，国民党罗定县党部查封了《三罗日报》和汇合书画印务店，逮捕了一批共产党员。李守纯根据西江特委指示，通知伍基然在7月期末考试最后一科考完后，立即撤走，到中共高明县委任宣传部部长。7月，何绍芬高中毕业，钟国祥转到连县东陂的广东省立文理学院附中读高三，其他党员大部分撤离，只留下陈隆基坚守，由中共三罗中心县委书记唐章联系。1940年9月，中共党员杜耀晖（即杜晖）转到庚中读高三时，由陈隆基负责单线联系。由于庚中政治形势变化，斗争环境恶劣，1941年1月，陈隆基又被饬令退学，杜耀晖由唐章单线联系。1942年5月、6月，中共南方工作委员会（简称"南委"）与中共粤北省委被破坏，省委决定广东党组织暂时停止活动。1942年9月，中共党员陈慧卿（又名陈文英，女）来庚中读高一，也是由唐章单线联系。从此，庚中党组织活动暂时停止，但仍有受过党教育影响的积极分子活动。

## 第四节　桂河敌后抗日根据地的创建及其活动

### 一、全力做好粤北省委和西江特委疏散人员的掩护工作

1942年5月、6月，中共粤北省委、南委机关遭叛徒出卖而受破坏。6月，粤北省委秘书长严重到四会县黄岗，在西江特委特别会议上传达了中共中央南方局的指示：所有国统区的党组织暂时停止组织活动，已暴露身份的干部，立即转移隐蔽。会后，西江特派员冯燊迅速部署各地已暴露的干部撤退，并准备接待从粤北省委转来的同志。冯燊考虑郁南党组织在群众中有一定基础，开展统一战线工作做得好，控制、占领的阵地比较多，党组织在各阶层群众中都扎下根子，隐蔽比较安全，可以安置多些人。于是由西江副特派员张华带领粤北省委宣传部副部长李殷丹和西江特委机关部分领导同志从四会转移到郁南隐蔽，欧新、王炎光也转移到郁南。此时到郁南隐蔽的，除张华、李殷丹、欧新、王炎光4人外，还有潘祖岳、李见心、汪绥祚、汪梅以及民主人士李燮华、梁霭怡及其家属等共30多人。他们来到郁南后，三罗党组织对此事十分重视，把它作为一件重要的政治任务对待，号召全体党员同心合力，克服一切困难，坚决完成任务。唐章指示刘俊英要妥善安排他们的生活，并做好隐蔽和掩护工作。刘俊英等同志积极协助党组织做好这项工作。

疏散来郁南的同志多数以商人或教师为公开职业，有的是

来自韶关鞋店的工人，郁南县特派员黄子彬通过刘俊英等人，利用家庭及社会关系，以借贷、赊购、做会（即谷会、钱会）等方式来筹集资金，与欧新、张华、李殷丹等同志在都城开办美行鞋厂，黄子彬还组织和发动每个党员捐献一担（1担=50千克）谷、订购一双鞋，所得款项给美行鞋厂做资金。同时，中共党员吴耀枢的父亲吴树文，在都城商界中颇有威望，在其儿子影响下，成为爱国工商业者。此时，黎百松隐蔽在都城林辉记牙刷店当工人，开展党的地下活动。郁南党组织通过做好一系列工作，使省委和西江特委的同志和家属全部安全地渡过了难关。

这段时间里，都城镇成为地方党组织湘桂大后方、沦陷区及东路、南路的转运站。郁南党组织不仅站稳脚跟，保存自己，而且扩大了阵地，积蓄了力量，为日后的革命斗争奠定了基础。

## 二、组建中共领导的抗日武装桂圩镇常备自卫队

1944年8月，日军为了打通豫、湘、桂线，从广东方面进犯西江地区直逼广西，北进打通粤汉铁路南段，以连接湖南衡阳；驻广州周围的日军频繁紧急调动部队，集结西进、北上的队伍，调动作战物资，紧急准备进犯。为此，西江特派员冯燊带着中共广东省临时委员会（简称"省临委"）关于集中全力搞武装斗争的指示，来到郁南发动党员，组织群众，开展对日武装斗争。

冯燊找到唐章一同到桂圩，找李光汉商量，鼓励他和他儿子李荣欣组织武装，把一些中共党员安排在这支武装队伍里。李荣欣坚决支持冯燊和唐章的意见，提出了利用他任桂圩镇镇长后组织建立的桂圩镇公所，将10多人的自卫班迅速扩大到五六十人的自卫队的建议。冯燊、唐章当即同意，并布置李荣欣首先做好当前时局形势的宣传，使群众认清当前形势的

严峻，同时做好县临时参议会议长李光汉、参议员卢鉴明以及当地有名望的父老乡亲的工作，争取他们的支持，发动群众捐枪、捐物，组织武装。

李荣欣在冯燊、唐章的指导帮助下，以镇长的身份召开各保长、各乡民代表会议，决定各保出人、出枪的数量等事宜。这样，一支60多人的武装队伍很快组建起来。由李荣欣任队长，左庄侠任副队长。桂圩镇中心学校作为自卫队暂时驻地。

1944年8月，唐章又从通门、罗沙组织了20多名农民积极分子，由中共党员陈成才带领到桂圩镇来参加桂圩镇常备自卫队。又选派10多名党员小学教师充实这支自卫队，提高政治素质和加强骨干力量。自卫队很快就扩大到120多人，编成1个中队，下设3个分队，取名"桂圩镇常备自卫队"（简称"桂常队"），仍由李荣欣任中队长，左庄侠任副中队长，潘祖岳为指导员（后由陈家志担任）。这是郁南党组织直接领导的第一支郁南人民武装队伍。

这支队伍经过认真严格的训练，多次抗击日军的"扫荡"。1944年9月，日军已入侵郁南县城，曾出动100多人偷袭桂圩镇，桂常队在群众的支持下，奋起抗击，重创日军，最后突围。桂常队还参加镇压土匪、地痞的斗争，在驻地周围开展工作，进行抗日宣传，农忙时帮助群众、军属干农活，在群众中赢得良好口碑。

### 三、成立和改组郁南县民众武力指挥部，展开抗日斗争

1944年9月，侵粤日军分五路进攻广西，其中一路从西江两岸沿江而上。驻守西江的国民党第三十五集团军邓龙光在德庆召集三罗各县县长、县党部书记、参议会议长开会，布置驻守西江的国民党军队向广西撤退。同时，要求各自的防地由各县自管，

负责抗日和维持治安等工作，于是决定成立三罗民众武力指挥部，委任谭启秀为指挥官，郁南县临时参议会议长李光汉为该部顾问；委任李振业（国民党退役军官，郁南桂圩人）为郁南县民众武力指挥部（简称"南武"）指挥官；委任李少白为云浮县民众武力指挥部指挥官。

事前，冯燊、唐章已获得此消息，根据省临委关于积极发展抗日武装的几种形式，认为郁南的实际情况，适宜采用"以别人名义、合法形式组织起来，我们去掌握"的形式，于是鼓动李光汉、李振业两人利用与邓龙光的私交关系，趁郁南成立民众武力指挥部的机会，向邓龙光借一批武器，有重机枪2挺，轻机枪9挺，步枪300支，手榴弹、子弹一批。李荣欣派出桂常队队员和桂圩民夫到都城国民党第三十五集团军的分监部仓库，把这批武器运回来。

1944年9月16日，南武在郁南县城甘棠书院挂牌成立，由李振业任指挥官，张执中任副指挥官，李光汉为顾问，并组建5个中队和1个由伤愈荣誉军人组成的荣誉中队，任命林若星、李荣欣、余镇镛、陆良醒、阮韶华和关云为各中队队长。为便于指挥作战，南武随即移驻县城甘棠书院。

### （一）打响武装抗日的枪声

9月18日，日军第二十二师团第八十四联队抵达连滩。此时，国民党郁南县县长带着县政府官员逃跑到南部千官乡。南武接到日军继续进犯县城的情报后，立即部署抗击来犯之敌。当时中共地下党建城支部书记陈其荣也秘密召集党员刘灶莲、张梓棋、梁彤晖、廖仲培、岑彪和原抗先队队员余炳耀、廖淑培、刘均、钟子豪、杜晖、陈清等20多人开会，布置参战事宜，并到县政府搜到步枪16支，手榴弹24枚。

9月19日（农历八月初三），南武连城中队侦知部分日军先头部队从历洞经过连城向县城进犯，于是在其必经之路大用牛搵口孔家大屋附近的密林中进行伏击。此仗打死日本军官1人，打响了郁南人民抗击日本侵略者的第一枪。

9月20日，日军第二十二师团第八十四联队从连滩出发，分两路扑向郁南县城（今建城镇）。南武派出张克率一个分队共40多人在青山庙对面枫木坪高地设伏，其他两个分队共80多人在冲坡口和回龙庙一带设防，另外又安排一支战斗力强的直属中队共100多人在五里亭桔仔坑一带埋伏，等待从井涌、车滘两个方向进犯县城的敌人。

21日下午2时许，100多名日军到达井涌，在青山庙附近时，遭埋伏在枫木坪的南武战士猛烈袭击。此仗共击毙日军5人。随后张克率队主动撤出。与此同时，又有100多名日军进入五里亭，南武直属中队以强大的交叉火力压住来犯之敌，日军企图增援兵力向我方作迂回包围，但直属中队凭借熟悉地形、地物和作战经验，与敌人展开一场生死大搏斗，在激烈的战斗中，敌人多次冲锋均被南武的火力压下去，双方各有伤亡。激战至黄昏，日军自觉夜战对己不利，便慌忙撤出，向青山庙的日军靠拢。两队会合后，继续向县城进犯。

青山庙、桔仔坑伏击战后，南武战士陆续退回县城，在黄昏之前充分利用熟悉的街道、房舍、进退路线与敌人打了一场巷战。至夜幕降临，敌寇又有10多具尸体横躺在大街小巷。巷战过后，敌军疲惫不堪，急忙找地方喘息。南武派出一支8人的飞行袭击队乘黑夜下山，摸到县城周围，在文昌宫和西武庙附近打起"麻雀战"。后来，飞行队员乘黑夜潜入城内，从"新路巷"小径摸进有几个日军占住的史家，一进门便缴获两支上了刺刀的步枪，并拿起缴来的枪刺死两名呼呼大睡的日军。

当日巷战之际，南武又派出警卫排前往亚公岭军械库附近的斗米塘埋伏，为掩护转运国民党第三十五集团军来不及运走的枪械弹药而承担阻击任务。为使这批武器不致落入敌人之手，南武便组织人力以最快的速度把军械沉没在文昌河里。在斗米塘附近埋伏的警卫排战士，以田埂、小山丘上的建筑物作屏障，与来犯之敌交火，激战至黄昏，终于完成掩护转运的光荣任务。当天，共击毙敌大尉中队长富川太郎以下20余人，并在敌中队长尸体上搜获比例为十万分之一的郁南军用地图及相片各一张，史称"一天五战日寇"。南武有14名士兵阵亡，2名长官、20名士兵受伤。

9月23日，在县城的日军4000余人，向都城进犯。南武都城中队在队长林若星的率领下，于西南的象山、金鱼山、石头山、黄雾涌、虎头山一带构筑工事，袭击日军，击毙10余名日军。此役南武有3名士兵阵亡，4名士兵受伤。9月24日，南武将士于桂圩栗子岗卧龙寮伏击日军，毙敌6人，南武有2名战士殉国。9月25日，日军第二十二师团的后续部队5000余人，由连滩经大方进犯通门。南武通门中队在中队长陆良醒的率领下，于是日拂晓在通门东南边羊兰坑、思粟坑、高界顶、冲木堆一带布防袭击敌人，毙敌10余人，南武有3名士兵阵亡、5名士兵受伤。

郁南县抗击日寇之战，是郁南县人民自卫抗日最大的一战。在战斗中，南武战士士气旺盛，沉着应战，广大民众同仇敌忾，紧密配合，一批共产党员和爱国青年发挥了中坚作用。此战给日军以沉重打击，共毙敌40多人，其中大尉中队长1人，缴获各种轻重枪械、子弹一大批，战马一匹。南武有22名士兵阵亡。

**（二）改组南武，增强战斗力**

日军侵犯掠抢郁南之后，冯燊和唐章考虑如何利用南武这个公开合法的形式，逐步派人进入掌握其军事、政治、经济、情报和机关行政等各部门的实权，如何逐步改造好、建设好这支队伍，使之成为实际上是中国共产党领导的人民武装。通过做好统战对象、爱国开明民主人士李光汉及指挥官李振业的工作，并经李振业同意，由李镇靖出任南武参谋长，并逐步安排党员进去掌握各部门实权，逐步改组与加强指挥部，改造整顿与扩大充实这支队伍。

改组后的南武，由中共党员黎曼青任秘书，掌管机关行政事务；中共党员周钊任政训室主任，掌管政治工作，下设政工队，由中共党员廖根培任队长；中共党员吴耀枢任军需主任，管理财政金库、部队给养、武器装备、物资供应等；派出中共党员陈其荣担任南武驻罗定办事处主任，加强与三罗民众武力指挥部联系。各部门的工作人员，则由一些地下党员或可靠的进步青年及有能力的民主人士担任，使各部门的实权控制在中共党员的手里。同时，对建城自卫中队的余镇镛部、都城镇自卫中队的林若星部，要求他们执行命令，服从指挥，然后逐步派地下党员进去做政治工作，广交朋友，等待时机，再对他们进行改组。

此外，在郁南南部地区，由当地士绅组织起来的部队组成一个大队，要求他们表明抗日的态度及与南武的隶属关系，服从指挥。其活动地区在连滩至南江口一带。由于连滩靠近罗定，因此其防务、军事活动也受三罗民众武力指挥部指挥。为便于领导和管理，将南武第一、第二、第三中队编为第一大队，大队长李植生（失业军官、中共党员亲属）。南部片组织的队伍，组成第二大队，由地方士绅谢桂生掌握。但要求他公开表明抗日态度，承认与南武的隶属关系，服从指挥。

这样，在抗日统一战线下，郁南县组织成立了一支拥有700多人的队伍（其中有300多人的精干队伍实际上由党组织领导掌握）。在武器方面，有重机枪2挺、轻机枪9挺、步枪300多支及弹药物资一批，随时可以开展作战行动，成为西江南部地区的一支实力较强的地方抗日武装力量。

1945年3月7日、14日，中共广东省临时委员会书记、东江纵队政委尹林平分别致电中央军委和中共中央南方局书记周恩来，充分肯定了南武这支部队，称之为"西江特委在郁南用李光汉（即谭启秀部）名义组织的灰色武装"，是党领导的抗日统一战线形式的武装队伍。

### （三）展开抗日系列活动

1945年4月、5月间，南武在通门罗沙光华小学开办军政干部训练班，训练时间约两个月，班主任李镇靖，副主任周钊，政治指导员潘祖岳，队长兼政治教官吴健，军事教官薛利安、陆良醒。全班学员共60人（其中女学员13人），分为5个班。训练班建立了党小组，以保证党对该班的领导，党员有31人。主要教授抗日战争形势、中共《抗日救国十大纲领》以及抗日游击战争战略、战术等，介绍共产党领导下的延安等各个抗日根据地民主政权建设和经济文化政策，使学员认清共产党领导抗日战争的光明前途。由李镇靖讲授游击战争，吴健讲授抗日政策，周钊讲授政治工作，潘祖岳讲授思想修养。学习方法着重以两个政党、两个政府、两个军队进行对比，揭露国民党及其政府的反动性与腐败性，使学员认识到解放区内政府与人民、军队与群众、军队中的官与兵的新型关系。此外，还进行实弹射击训练。经过学习，学员们的政治思想、军事技术都有很大提高。训练班还有计划地发展了一批党员。罗沙中队担负着该班的保卫和后勤工作。该班结业后，一部分党员派回原部队，到各中队担任指导员，一部分则组成政工队或抗日宣传队进行政治工作。伍绍材、刘莲、朱群英、黄丽珍被派到南武政治处驻建城政工组，刘莲任政工组组长，伍绍材任政工组副组长，驻兴贤书院。其任务是宣传抗日，做好士兵的政治思想工作，组织士兵帮助群众种田等，后改为宣慰组。

1944年冬，改组后的南武派出突击队夜袭都城镇，打死打伤敌伪数人后，又派突击队队长黄江海带领手枪组进入都城，捕杀都城镇伪警察所所长莫尚武，使敌伪为之胆寒。接着，南武部队逐步向都城镇周围渗透，派出特务中队在沿江山地控制几个防守点，多次以重机枪火力，对敌伪船只进行拦阻射击，迫使日军不敢随意出动，龟缩在都城镇。

西江是两广运输大动脉，日军西侵，其物资供给除抢掠当地外，军火供给要从西江水运而来，因此日军船只来往频繁。南武曾先后组织桂常队、治安保卫中队、特务中队、第二中队痛击日军船只。是时，党组织又派刘俊英在都城开设了一间"南庐"作为在敌人占领区里的一个秘密地下活动据点，直接进行筹饷筹粮，起了较大作用。

日军入侵初期，"大天二"（新中国成立前对欺霸一方的恶霸的称谓，源于天九牌里的第二大的牌子）、土匪乘机作乱，到处抢劫，尤其在交通要道上，匪徒欺凌行人，抢掠商旅。乡村则有土匪流氓对农民勒索耕牛、粮食，甚至明火执仗，搞得民不聊生。南武经过详细侦察后，1944年冬天，出动三四百人，在郁南至罗定、桂圩至广平、平台至苍梧等主要交通线上，打击为非作歹的土匪流氓，维护了当地的治安，保护人民群众的生活、生产、贸易等方面的正常秩序，使人民群众有一个比较安定的环境，从而赢得人民群众对南武部队的拥护。

1945年8月，日本宣告无条件投降，南武从李济深电台处很快获悉情报，参谋长李镇靖立即带领南武部队进军都城。盘踞都城的日军闻讯，即行逃窜。南武部队一举击败日伪密侦队队长莫汉部，攻克了都城，缴获了都城日伪粮站的大米20多万斤（1斤=500克，下同），同时还把缴获到的敌人留下的其他物资、大米全部变卖成现款交给三罗党组织作活动经费。

## 四、中共西江临工委的成立和郁南党组织活动的恢复

1944年11月，根据广东省临时委员会的指示，恢复党组织活动。冯燊迅速回到桂圩，在桂圩金螺村刘俊英家里主持会议，宣布成立中共西江临时工作委员会（"临时工作委员会"简称"临工委"），由王炎光任书记，欧新、唐章分别担任组织部部长和宣传部部长，管辖广宁、四会、高要、德庆、肇庆、云浮、郁南、罗定等地党组织。

与此同时，宣布恢复郁南县党组织活动，任命潘祖岳为郁南县特派员，吴子熹为副特派员。在南武成立党支部，由李镇靖任党支部书记，周钊、吴耀枢、黎曼青任委员。桂常队有10多名党员，成立党支部，由潘祖岳兼任党支部书记。

郁南党组织活动恢复后，根据上级党组织部署，一是总结停止活动期间的工作和经验，以迎接新的斗争；二是审查党员，发展党的组织。由于隐蔽工作做得比较好，党组织基本没遭受损失。此时全县党员发展至73人。

## 五、抗日民主政权的成立与活动

1944年秋，日寇入侵郁南县境时，国民党郁南县县长张中鼎率官员逃至千官躲避。当时敌伪的气焰嚣张，都城、白木、罗旁、南江口的沿岸西江地区，反动地主也暗中与敌伪勾搭，并计划组织日伪维持会。

冯燊观察到这种情况，及时召集李镇靖、潘祖岳、李荣欣等人研究，认为要扶正气、压邪气，是成立民主政权的时候了。于是，通过李光汉、卢鉴明和部分原县参议员出面，多次和各乡镇长及各方面人士磋商，决定组成一个机构来行使地方行政的权力，与敌伪坚决斗争。

经过酝酿筹备，于1944年12月在桂圩峡上乡江咀村召开有县参议员、乡镇长以及各方面知名人士参加的会议，出席会议的有三四十人。会议决定成立郁南县西区行政自治委员会，同时选出委员10多人，推选李光汉为主任。委员会下设办公室，负责处理委员会的日常工作。推选吴子熹（中共党员）、吴健（中共党员）为干事。任务是发动人民群众自己管理郁南西区各乡、镇地方行政事务。南武则通过这个抗日民主政权筹粮筹款。当时西区各乡均成立自卫队，均隶属南武，担负起抗日、锄奸和维护地方治安等任务。至此，西江地区首个"有党的领导，有抗日武装，有民主政权"的敌后抗日游击根据地在郁南桂河（今桂圩、罗顺两镇）诞生，并向着光明大道前进。

## 六、李济深视察南武

1945年3月30日，李济深一行抵达罗定，与蔡廷锴商量要事后，接受中共广东省临时工作委员会的邀请，前往南武视察。

李济深一行为了发展抗日统一战线，从罗定绕山路来到通门，住在南武指挥部内。南武指挥部严令部队加强对都城、罗旁等地的防守，防备日军侵袭。郁南县西区行政自治委员会邀请县内各乡长、参议员、社会知名人士和驻守通门的部队、迁来鸡林村上课的郁南师生、通门中心小学师生、附近农民、各乡镇进步青年1000多人，在南武指挥部驻地不远处的通门新街广场举行"欢迎军事参议院院长李济深将军大会"。大会开始前，到会群众高唱抗日歌曲以及专门为大会谱写的歌曲《欢迎李任潮将军》（李济深，字任潮）。当李济深等人步入会场时，与会人员顿时群情激昂、放声高唱。在主席台就座的是李济深和随行人员李沛瑶、陈残云、狄超白、胡希明，中共西江特派员冯燊，中共三罗中心县委书记唐章，指挥部参议员（时任国民党郁南县参议员）

卢鉴明，秘书黎曼青，军需主任吴耀枢，县副特派员吴子熹，郁南简易师范学校校长周钊。麦洛夫担任会议记录员。大会由李镇靖主持。李光汉致欢迎词。

李济深在会上发表了热情洋溢而又鼓舞斗志的讲话。他首先赞扬说："你们郁南人民是勤劳勇敢的，你们的南武部队，是真心抗日的爱国部队，不怕强敌，一日五战日军，将来一定会成为粤桂南抗日主力部队……现在南武所辖地区，人民安居乐业，社会秩序良好，逐渐会成为一个抗日的根据地……"接着，讲到目前局势和他的政治主张时，李济深说："你们不要对政府（指重庆蒋介石）再存幻想，要靠自己武装自己。"他看了大家一眼，又说："南京（指汉奸汪精卫傀儡政府——编者注）也说我有阴谋，我是在民不聊生的时候发动群众，武装起来，抗日救亡，反对妥协投降。"李济深在讲话中，以饱满的爱国热情、鲜明的政治态度、洪亮激昂的声音，博得全场军民一阵又一阵热烈的掌声。

会后，李济深看见主席台前的"南渡君臣轻社稷，中原父老望旌旗"的对联，甚为赞赏，对南武的领导说："这对联使我感动到流泪，你们是真心抗日的，目前处境虽然艰难些，但假以时日，我们西南（指两广和云贵两地）敌后是有所作为的。"

第二日午后，南武在通门中心小学召开了一个小型茶话会。潘祖岳、吴子熹以及社会知名人士参加，请李济深、狄超白、胡希明作讲话后，大家对时局展开了讨论，各抒己见，畅所欲言。会后，李济深等人在南武领导的陪同下，视察了连队，访问了附近村庄，与村民们促膝谈心。

李济深和他的随员、警卫队共300多人在通门的南武指挥部住了两晚。第三天早餐后，李济深决定回老家——广西苍梧县大坡山（今大坡镇）。为了李济深等人的安全起见，李镇靖特派岑彪和卢鉴明带领传达排护送李济深等人回乡，李镇靖也随行。

事隔不久，由于李济深拒不接受蒋介石的召回，蒋介石还派过特务去暗杀李济深，终因李济深的卫兵防守严密而暗杀未遂。李济深的警卫队也受过反动武装分子的围攻，他的人身安全曾一度受到威胁，经济来源无法落实，处境十分困难。南武的领导知道后，立即派出一部分部队进驻平台与苍梧县交界的地方接应，一有战事随时增援，极大地震慑了国民党的反动势力的嚣张气焰，他们再不敢惹是生非了。

1945年6月，李振业、李光汉、李镇靖等人专程去大坡山回访李济深，既加深了彼此之间的感情，又商讨了国内外形势和抗日救国事宜。其间，中共三罗中心县委书记潘祖岳还通过南武，以各种名义支持李济深，并派李镇靖传达，同时以武力保护他的人身安全。随后，李镇靖等人又多次密访李济深，共同探讨抗日救国要事。李济深把朱江洪、蓝青、黄宁婴、黄修平等一批文化人士和知识青年组成一个政治宣传队，由陈残云（共产党员）任队长，以加强其警卫队的政治思想教育工作，队内的中共党员组织关系通过中共广东省临委转三罗中心县委书记潘祖岳负责联系。南武不断地从政治、物质、精神、道义上支持李济深，使他万分感激。他常把从收音机收到的新闻及时转达给南武，当他知道中共郁南党组织决定出版一份宣传抗日斗争的油印小报《新郁南》后，他还亲自为《新郁南》题写报名。

## 七、侵华日军在郁南县境犯下的主要暴行

根据《郁南县抗战时期人口伤亡和财产损失调研报告》记载，1937年全面抗日战争爆发后，至1945年间，侵华日军在郁南县境内犯下的暴行主要包括：

日军飞机先后15次对县境进行轰炸，炸死军民77人，炸伤

142人，损毁房屋26座，船只2艘。

1938年农历九月上旬，两架日机在都城镇的9处地方投下炸弹9枚，炸死无辜民众8人，炸伤2人，炸沉三水至梧州的"泰山号"客船1艘。1940年，日机先后8次空袭郁南县，投弹120枚，炸死26人，炸伤48人。1942年4月26日，3架日机入侵郁南县大湾镇上空，投下炸弹7枚，企图炸毁罗定至南江口水口公路桥。1944年7月29日，日机数架飞临郁南县城上空，投下炸弹8枚，全部落在田里，幸未造成灾难。1944年9月18日，国民党军邓龙光部途经郁南县连滩镇上桥村黄松岭时，4架日机投下炸弹20余枚，炸死邓龙光部官兵13人，炸伤10人。同日，国民党第三十五集团军"景华舰"被日军击沉于南江口河盲松湾。1944年9月19日，1架日机轰炸东坝镇龙塘村，投弹10枚，炸伤2人。1944年9月23日，国民党军一五八师途经大湾镇狮子头乘搭渡船时，3架日机投下炸弹炸死30人，炸伤80余人，炸沉渡船1艘。侵华日军对郁南县境实施的狂轰滥炸，造成大批人员伤亡和财产损失，社会动荡，居民生产和生活受到巨大的影响，社会各项事业处于停滞不前状态。

1944年9月19日，日军第二十三军二十二师团从云浮高村入侵郁南县连滩时，纵火烧毁连滩街一甲至四甲尾商铺150多间，杀害平民41人，数十名妇女遭强奸、轮奸。同日，日军入侵连城乡，杀害群众1人，枪伤1人，拉民夫20余人，烧毁民房5间。1944年9月21日，日军进入县城时，烧毁三合宫、教场庙两座军需库，焚毁商店30多间，烧毁民房20多间，枪杀老人左朗轩、何分八，打伤群众10人，强奸躲避不及的妇女。1944年9月，日军进犯南江口镇，街上所有商店和住户全被抢劫一空，门板、床板被拿去修筑工事。其间，日军还到附近的村庄塘洲、山顶、杨梅等村抢粮、抢猪鸡等；日军第二十二师团在南江口及都城港附近，先后没收大小舟艇39艘，汽船9艘（其中3艘属国民党第三十五集团军），为其运送兵员和物资。1944年，日军在占领南江口镇仙平乡一年中，杀害乡民5人。9月，平台一个年仅11岁的小孩陈志民被日军捉到古同村口当活靶射击，随之被抛尸落塘。12月，日军第二十二师团经历洞内翰村时开枪打死住在山寮的农民罗亚二。

（本章参考文献资料：《郁南武装斗争史》《郁南革命老区》《中共郁南地方史》）

# 4

# 第四章
## 解放战争时期

　　抗日战争胜利后，郁南党组织在三罗党组织的直接领导下，建立了由中共掌握的武装队伍，成立了中共三罗地区总工作委员会（1948年7月改称为"中共三罗地区工作委员会"，1949年6月改称为"中共三罗地区委员会"），组织郁南武装起义，推动三罗人民武装斗争的发展。1948年4月18日，中共郁南党组织在郁南桂圩成功举行了震惊粤中地区的郁南"四一八"武装起义，揭开了解放战争时期三罗地区大搞武装斗争的序幕，随后成立中国人民解放军粤桂边三罗总队。此后，中共率领部队进行了艰苦的反"清剿"的游击战斗。

# 隐蔽待机，做好武装斗争的准备

经过14年抗战，饱受战争苦难的郁南人民和全国人民一样，渴望有一个安定的社会环境，重建家园，休养生息，建设独立、自由、民主、富强的新中国。国民党政府为巩固其反动统治，极力防范共产党活动，加强对人民群众的控制，于是派新一军进驻郁南。

在新形势下，郁南党组织执行中共广东区委员会（通称"广东区党委"）关于"分散坚持，保存干部，保存武器，保护群众利益"的方针，把已暴露的党员干部转移隐蔽，同时加强统一战线工作，团结地方开明士绅和各界人民，揭露国民党策划内战的阴谋，为争取和平而奋斗，并做好开展武装斗争的一系列准备工作。

中共中央给南方各省指示：凡有可能建立游击根据地者，应立即建立公开的游击根据地。接着，广东区党委做出了恢复武装斗争的决定，并确定了"长期打算，积蓄力量，实行小搞，准备大搞"的方针。斗争的基本任务是"保护群众的利益，求得群众的生存，争取群众斗争的胜利，在群众斗争中取得武装斗争的胜利和发展"。斗争的口号是"反'三征'（征兵、征粮、征税），反迫害，破仓分粮，游击战争有基础的地方可搞减租减息，维持治安"。

## 一、营救及转移被捕干部，保存武装力量

1946年5月，国民党反动派逮捕了中共郁南县副特派员吴子熹，并继续逮捕中共党员骨干和民主人士。特派员潘祖岳当机立断，即派吴耀枢前往营救。吴耀枢到广州找到唐章和李镇靖，通过蔡廷锴和李济深找到国民党广东省第三区专员陈文，由陈文签字画押保释吴子熹出狱。接着护送李光汉、卢鉴明以及一批在都城已暴露身份的地下党员到广州等地暂避，南武原参谋长李镇靖、西江临工委委员唐章、三罗中心县委书记兼郁南特派员潘祖岳、罗钊（女）、唐伟、麦雪贞（女）、周钊、黎曼青、刘莲（女）、余渭泉等也先后转移到香港，使党组织避免了一次重大损失，保存了革命力量。

## 二、继续组织壮大武装力量

继续加强都城、桂圩为地下党所掌握的自卫队的力量，吴耀枢利用都城镇公所的乡仓谷购买了3挺机枪，又向国民党县参议会要了30支步枪装备都城自卫队。桂河乡公所有10多人的自卫班，党组织指派党员陈牧汀以乡文书名义，协助卢鉴埙掌握这支武装力量。同时，争取李光汉的支持。1947年冬，李光汉任国民党郁南县民众自卫常备队经费筹给委员会主任委员，他又任用其三子李荣开（国民党中央陆军军官学校第十七期毕业生）为县自卫大队副大队长，统领一个中队90多人，有机枪一挺，是地下党可掌握和利用的一部分军事力量。

此外，抗日战争胜利后，随着国民党接收人员进驻郁南，南武公开活动难以坚持下去了，三罗党组织听取李济深意见，决定转变斗争方式，随即部署收藏部分武器，转移领导力量，留下部分骨干，以桂圩、连城等乡（区）、镇自卫队方式隐蔽下来，使党的武

装力量得以保存，为日后进行人民解放战争奠定了基础。

### 三、培训干部，打好武装斗争思想基础

1947年7月，中共三罗党组织在云浮北部洞坑举办一期党员培训班，培训的目的是为从隐蔽活动转向武装斗争打下思想基础。郁南党组织派刘坚、黄丽珍、徐国栋、伍绍材、黄癸新参加学习。1947年11月，派县特派员黎百松到香港分局参加"总结广东武装斗争、开展游击战争"学习班。同时，中共郁南党组织先后派21名党员到广宁、罗定、云浮边区游击队学习军事，在思想和人员上为开展公开的武装斗争做必要的充分准备。

### 四、开辟罗定、郁南、岑溪边区，设立交通联络站

1947年8月，中共三罗党组织先后派党员孔令淦、徐文华、郑坚、徐国栋等到加益、替滨、泗沦一带，开展群众工作，建立交通点，同时在郁南县河口设立交通站。河口是罗定、云浮、郁南的交通枢纽，建立交通站的目的是打通与云浮、罗定、阳春边区游击队的联系。黎百松直接领导河口交通站工作，并建立了党支部，兼任支部书记。接着，韦敬文、冯月庭、张梓棋、康广泉、卓家斌、李大林、康星辉等先后开辟了通往西山、都骑、罗镜、都城、加益等地的交通站。

此外，中共粤中区临时委员会也开辟了一条地下航线——前进渡，航行于都城至江门之间。该船由原郁南县特派员黄子彬主管，刘俊英任司库，吴子熹任西江前进渡都城办事处主任，主要做好中共粤中区临时委员会与粤中人民解放军的联络及人员、物资的护送工作。

### 五、开展反"三征"，筹集起义经费

1947年，国民党郁南县政府催粮组组长梁朝年率征粮人员窜到峡上，立即被抗征的群众包围，无从下手。在群众斗争情绪高涨的有利形势下，武装斗争乘势而起。

与此同时，积极筹集起义资金。中共三罗特派员谭丕桓向云浮党组织调用1万斤稻谷支持"德兴昌"商号，充实资金周转，并布置刘俊英大搞经济收入。地下党员又广泛宣传"德兴昌"衣服质量好，使该店在都城、梧州商界信誉不断提高。为筹集起义资金，党组织安排吴耀枢、刘俊英以"德兴昌""裕发行""义生行"商号做抵押，向都城其他商号借入约10万斤稻谷，兑换成价值8000多元的黄金、港币，作为郁南武装起义经费。还通过卢敏才、朱志明，动用都城镇公所公款40万元（国民党币）作为中共党组织的活动经费。

# 发动郁南"四一八"武装起义

1947年下半年，在恢复武装斗争的新形势下，中共粤中区临时委员会的领导机关决定在郁南举行武装起义。中共三罗特派员谭丕桓和郁南特派员黎百松，按照上级党组织的指示开始武装起义的准备工作。

1948年3月，中共三罗地区总工作委员会（简称"中共三罗总工委"）书记唐章来到都城，部署计划于同年6月举行武装起义。但由于国民党当局早有觉察，起义必须提前举行。4月初，中共三罗总工委委员吴桐到都城，洞察到由于准备时间过于仓促，武装力量较为薄弱，队伍未经专业训练等情况，提议不攻打都城，改为集中桂圩起义后开展游击活动。

4月10日，吴桐来到桂圩，与郁南副特派员李保纯及卢鉴埧、李荣欣等具体谋划、落实起义的重要工作。

为了动员李光汉参加起义，吴桐住在桂圩李光汉家。李荣欣告诉父亲李光汉，吴桐是身经百战的军事指挥员，云浮富林战斗就是他指挥的，他是上级派来负责这次起义的军事指挥，以增强李光汉对起义成功的信心。4月18日下午4时，经过一番密谈，李光汉同意立即参加起义，并亲笔书写"铁定今晚10时起义，父谕"。命通讯员李天培带给在县城的幼子李荣开，并命次子李荣欣将家藏的步枪20多支、子弹3000多发交给武装起义部队。

1948年4月18日傍晚，在县城的李荣开接到父亲李光汉的手谕后，特别注意国民党武装力量动态，亲自到国民党郁南县政府军事科科长兼郁南县自卫大队大队长陈伯锐家探访、闲谈，麻痹敌人。同时，另派人到"县戡乱建国动员委员会"主任曾酉桢住所"干园"察看动静。派通讯员李天培到通门，命令县自卫大队李舜湘把队伍带回峡上待命，派张启广、黄满才剪断从县城到都城的电话线。当时，县自卫大队驻在兴贤书院前楼，国民党郁南县政府人员住在后楼。为避免他们通风报信，即把后楼的门倒锁。此外，李荣开还通知在县城第一中学教书的堂兄李希业和学生李婉英（李荣开胞妹）到大队部集中。

当晚10时，李荣开率领国民党郁南县自卫大队70多人，携带轻机枪1挺，步枪60多支，开赴桂圩集中起义。

当晚，都城镇镇长吴耀枢以即将卸任镇长为由，邀请莫汉和一些朋友在胜利酒家饮宴、打牌，麻痹他们。

深夜，李荣欣和桂河乡乡长卢鉴埙依时率自卫队到良岔山庄与罗沙地区隐蔽的队伍会合，共50多人，携轻机枪1挺、步枪40多支，包围敌桂圩警察所，收缴敌警枪械，又将国民党郁南县政府派到桂圩催粮、催兵（征兵）的5名士兵的枪械收缴。

夜深人静时，吴耀枢等率领都城镇公所自卫队20多人，携轻机2挺，步枪10多支，连同自卫队驻都城麦振标分队10多人携带10多支步枪，往桂圩进发，黎百松和军事小组李平、黄就前来接应。当晚，由于下雨，西江水涨，牛圩桥被冲走，队伍改道白花村去新寨，从栗子岗取道进桂圩。

当队伍到达栗子岗分界时，通门一路的队伍受指挥部的委托前来迎接，两路起义部队会合。此时，吴耀枢向镇公所自卫队宣布，这次行动是到桂圩参加共产党领导的武装起义，任务是打倒国民党反动派，解放全中国。他声明，凡愿意参加革命的可留下来，不愿留下的，可发给生活费回家，但回家后不能再为国民党卖命了。大家听了吴耀枢这番话后都表示要参加革命，到桂圩去参加武装起义。

19日凌晨，队伍抵达桂圩。至此，按计划行动的县城、都城、桂河及通门、罗沙4支起义部队分别由黎百松、李保纯、吴耀枢、李荣欣、卢鉴埌、李荣开等带领抵达桂圩集中，随即宣布起义，袭击国民党警察所，打开桂圩粮仓，连夜发动群众分粮度荒。

郁南"四一八"武装起义，是中共郁南党组织统一战线的一次重大胜利。参加起义的有国民党郁南县的自卫大队和两个重点乡镇公所及其自卫队，起义人员有国民党县参议会议长、参议员、镇（乡）长及基本群众，对西江乃至全省震动很大，造成很大的政治影响。香港《华商报》以题为《绅士造反》《秀才造反》的显著版面报道这一事件，指出国民党统治已陷于"四面楚歌"的境地。国民党广东当局获悉后，立即将第三区专员陈文和郁南县县长孔繁枝撤了职。李光汉、卢鉴明自抗日战争以来积极支持中共地下党工作，接受党的教育，与党肝胆相照、荣辱与共。在关键时刻，李光汉毅然作出决定，支持和参加"四一八"武装起义，为起义成功作出了不可磨灭的贡献。

## 第三节 中国人民解放军粤桂边三罗总队成立

1948年4月19日晨，起义部队挺进峡上，国民党峡上乡公所的自卫队闻讯逃走。

上午10时，起义部队在沙村卢家祠举行大会，吴桐主持大会。参加大会的有原县自卫大队、原都城镇自卫队、原桂河乡自卫班、通门罗沙武装队伍，加上桂河参加起义的群众共200多人。吴桐传达三罗总工委决定，正式宣布成立中国人民解放军粤桂边三罗总队（简称"三罗总队"），总队长李镇靖。同时，宣布部队序列和使命：第一队由都城自卫队、桂河乡自卫班组成，队长吴耀枢，指导员卢鉴垻；第二队由县自卫大队改编而成，队长李荣开；第三队由通门、罗沙地区武装队伍组成，队长李平，副队长陈伍；武工组由10余名适合做群众工作的人员组成，队长陈牧汀。刘俊英负责总后勤工作。整编后，4个队的兵力共200人，配备轻机枪4挺，长短枪160余支。随即打开峡上粮仓，把粮食分给群众。

4月20日，起义部队进军通门，国民党乡公所的人员见起义部队到十二级岭，即匆忙逃走。起义部队在通门又一次破仓分粮。三罗总队在桂圩、峡上、通门三地共打开国民党粮仓4个，没收税谷40余万斤，1500多名农民群众分得了粮食，群情振奋，群众纷纷燃放鞭炮，庆祝胜利。当天晚上，起义部队即转入通门罗沙，及时地派出陈林、李雄芳秘密护送李光汉从桂圩经罗沙、大方到达河口交通站，转去安全地方。

4月22日，李镇靖率领戴卫民的隐蔽队伍"王震队"，从云浮都骑到达河口斋公围村。同时通知在云罗阳边区的朱开率领的"德怀队"到河口来会合。唐章、李镇靖同李光汉在河口亲切会面。

4月23日，"德怀队""王震队"两个队伍会合后，李镇靖率领部队返回云雾山区，唐章、龙世雄、李光汉也随军行动。

# 第四节 开展反"围剿"战斗

"四一八"武装起义后，国民党当局十分震惊，随即命令原在西江北岸悦城"追剿"粤桂湘边部队的国民党西江第三区专员分署保安副司令兼罗定、云浮、郁南指挥所主任谢御群率兵转赴郁南，"清剿"镇压郁南起义部队。

1948年4月20日晚，三罗总队领导人考虑到国民党反动派会突然"追剿"，随即将大部分兵力撤离通门罗沙，转到山上，小部分则化整为零，分散隐蔽活动，以避敌锋芒。

三罗总队撤走的当晚，莫汉率领国民党西江水警总队伙同国民党郁南县警察总队共200多人，向鸡林、通门进犯。

4月21日，国民党反动派向罗沙、顺塘地区"追剿"起义部队，但均扑空。敌扑空后恼羞成怒，恐吓群众，威迫村民交回破仓分粮的谷物，还捣毁中共党员陈德英的家，拘捕陈德英的父亲和几名村民。接着，国民党肇庆专署和县大队派出了保安队在通门圩驻扎，与通门乡的自卫队联合，到通门、罗沙一带"扫荡"，还不断以窝藏"共匪"为名，乱捕群众，搜索财物。罗国材、陈林的家被洗劫一空。

4月21日，三罗总队召开会议研究对策。由吴桐率第一队、第二队两队转回桂河一带活动，第三队随谭丕桓、黎百松在罗沙、通门、大方等地活动。李保纯则率领武工组活动。

其间，国民党反动派还抄了吴耀枢、刘俊英、李光汉、李荣欣的家，没收其财产，拆毁其房屋，烧毁其山庄，还登报悬赏通缉李光汉。

在三罗总工委和郁南党组织的领导下，起义部队团结一致，紧紧依靠广大人民群众，与国民党反动武装力量作艰苦的斗争，粉碎了他们的"清剿"计划，建立游击根据地，灵活机动地开展反"围剿"的薄刀界、茅针坪、里龙顶三次战斗。

1948年4月22日，吴桐率领的第一队、第二队到峡上江咀村。是日下午5时左右，国民党西江水警总队从通门尾随追到峡上，在罗顺扎营窥视。起义部队十分警觉，立即转移到吉丁村。当天晚饭后，吴桐、吴耀枢、卢鉴埧率领第一队在深坑一带活动。第二队由李荣欣、李荣开率领，转向金螺、木蓝、龙脏一带活动。

4月23日，国民党西江水警总队从罗顺向薄刀界一带山地搜索，下午4时多，吴桐带领的队伍遭遇国民党西江水警总队，第一队在吴桐指挥下，利用有利地势，以火力压住敌人，激战到天黑，才安全转移。

薄刀界战斗后，吴桐率领第一队转移到桂圩新寨、王占、大水一带隐蔽活动；李荣欣、李荣开率领的第二队到木蓝、龙脏一带活动。后两队会合。此时，国民党西江水警总队仍留在峡上，后驻扎在丁村，堵住龙脏与峡上的通道。5月初，国民党西江第三区专员分署保安副司令谢御群带领保安营4个连进入桂河乡，一个连驻扎在石龙岗，两个连驻扎在桂圩，一个连驻扎在社村李家祠堂，并会同国民党西江水警总队"追剿"起义部队。

5月3日晚上，吴桐获悉敌人将分三路包围起义部队，其中一路是水警总队，从峡上、丁村转来。另一路是谢御群部，分两路从木蓝、龙脏压来。吴桐为避免与国民党反动武装力量冲突，连夜带领部队转移到靠近广西的铜镬大山上。登上茅针坪山顶时，天刚亮，不料国民党广西苍梧县自卫队从右侧向吴桐带领的部队扑来，情况十分紧急。吴桐指挥部队迅速占领有利地形。战斗开始，吴桐即指挥部队向冲来的敌人扫射，当场毙敌2个，使其余的敌人不敢再冲来。后大雾笼罩山顶，吴桐等带领部队乘着浓雾撤离阵地，向王占、大水方向突围，摆脱敌人的追击。当时，派出侦察的卢汉、卢银两名队员在桂圩麦寨遭遇敌人，不幸牺牲。

为对付敌人连日搜索和"追剿"，在敌强我弱的情况下，起义部队在深山老林中日宿夜行，艰难困苦，粮食接济不上。起义部队在金螺、木薥、龙脏、王占、大水、营后、大河、冲路、新寨、冷水坑等纵横几十千米的山区与敌人周旋了20多天。由于部队对群众工作和统战工作做得比较好，又利用各种社会关系作掩护，因此敌人的"清剿"计划无法得逞。

薄刀界及茅针坪战斗后，第一队、第二队正处于粤桂两地敌人夹攻中。在东面，有驻桂圩的国民党省保警；在西面，有广西桂军"联剿"部队。

1948年5月中旬，谭丕桓、黎百松写信派交通员谢平初送到桂圩交给吴桐、李荣欣，告诉他们可带第一队、第二队转移到通门、罗沙、里龙周围一带活动。5月21日夜间，吴桐、李荣欣率领第一队、第二队共70多人向里龙进发，22日深夜到达里龙村与第三队会师。队伍得到这一带周围群众的拥护和支持，他们有人出人，有粮出粮。队伍有的驻扎在里龙、担水坑等村，在周围的村庄及高山要地做防守。

3支队伍会合后，人数增多，粮食供应顿时成了问题。黎百松、覃必万等分别带领武工队队员外出筹借粮食，里龙村、担水坑村周围一带群众对起义部队十分支持，纷纷筹粮。

5月23日早晨，群众报讯，国民党反动派已知道起义部队第一队、第二队转移，又跟踪来"追剿"。为了赶在国民党反动派进攻前解决粮食问题，黎百松率炊事员陈金宋、当地群众李天德、陈权材、陈金朱和李亚章，赶往罗沙筹集粮食。部队集合，登山布防，准备迎战。

5月23日，谢御群出动国民党广东省保警独立团第六营和护县保警中队共300余人，配备迫击炮、轻重机枪、掷弹筒等武器，分兵两路"追剿"起义部队。起义部队在里龙顶迎击。战斗从中午开始，敌军在迫击炮、轻重机枪的掩护下，分兵两路向山上发起多次冲击。敌军一路先头部队从正面窜到火力圈内时，起义部队立即开枪射击，堵截敌军进犯，双方激战约半小时。另一路敌军在迫击炮火力掩护下，向左侧山头发起多次冲击，都被击退。战斗持续到下午5时。战斗中，第三队队长李平、班长李万生不幸牺牲。筹粮的队员陈金宋和当地群众陈权材、陈金朱和李亚章在运粮回部队途中，不幸被俘，他们坚贞不屈，均被敌人杀害。谢御群部伤亡40多人。

其间，国民党郁南县政府还发布《告民众书》，悬赏缉拿李镇靖、李光汉、李荣开、吴耀枢、卢鉴堉等中共领导人和起义支持者。

## 创建游击根据地

里龙顶战斗后，吴桐、谭丕桓率领部队，向郁南县南部的云开山区转移，经大全、新乐、替滨，挺进到罗定、岑溪交界的郁南县加益山区。

为了应对当前的斗争形势，1948年5月27日，吴桐、谭丕桓在加益牛头村召开会议。参加会议的有伍基然、李荣欣、吴耀枢、刘俊英、李荣开等。会议决定兵分三队活动。第一队，由吴桐、谭丕桓、李荣欣、卢鉴埗等率领30多人，以南部的云开山区为依托，将郁南、罗定、岑溪三县边区建成游击根据地；第二队，由李保纯、刘俊英、吴耀枢、李荣开等率领28人，经夜护、替滨、通门转回西部铜镬山区，恢复峡上、桂河一带的武装斗争；第三队，由黎百松率领陈伍等，把里龙顶战斗失散的23人集结起来，以东南部金菊顶山区为依托，坚持在通门、大方等地开展斗争。

### 一、开辟粤桂边游击根据地

1948年6月，第一队在吴桐、谭丕桓、李荣欣等率领下，坚持在加益及罗定的上赖、新榕、罗镜、太平等地进行斗争。接着挺进云浮西山，与三罗总队会合，并向中共三罗总工委领导唐章、李镇靖汇报"四一八"武装起义和起义后的情况，听取他们对今后工作的指示。根据中共三罗总工委指示，决定分散发展，建立根据地，开辟云开山脉郁南、罗定、广西岑溪三边游击区。

1948年7月，国民党罗定、云浮、新兴、阳春四县"联剿"处带着保安警察队和云浮、罗定、阳春三县自卫队围攻三罗总队部。由吴桐等领导的部队此时已进驻西山，于是协同总队部队在马头山与国民党展开激战。为摆脱敌人的纠缠，部队转移到恩平大碑，与中共粤中分委冯燊、吴有恒、欧初等率领的粤中主力部队会合。根据粤中分委关于"分散发展，地方工作重于作战"的指示，中共三罗地区工作委员会（简称"中共三罗地工委"）、三罗总队领导仍决定由李荣欣、卢鉴堓等率领第一队回郁南加益、替滨一带活动，继续开辟粤桂边根据地。为加强领导力量，除由李荣欣任队长外，中共三罗地工委还派陈凤堃担任副队长，并派冯庭机枪班编入第一队建制，改称贺兰队，由吴桐、谭丕桓直接领导。当部队回到加益、扶合时，已是1948年8月中旬了。

1948年9月，贺兰队在合江活动时，加益至替滨之间的六云地区有个恶霸地主雷伯任，恃其财势，独霸一方，欺压百姓，其子雷鸣球更为反动，自购驳壳枪4支、龙头曲手枪2支、七九式步枪数支，还养着一批武装人员，声言不许群众与共产党部队接触。雷伯任父子截击交通人员，使加益到夜护、替滨的交通联络受阻。吴桐、李荣欣、陈凤堃等率领部队，由王光才带到罗云村，包围雷家大屋，手枪组冲进去，生擒雷伯任父子，将雷伯任处决。当地群众拍手称快，纷纷要求参加斗争。

国民党郁南县县长黎尚武接到加益乡乡长王达初的报告，随即派县保安警察队到加益"搜剿"起义部队，因部队群众基础好，敌人搜查不到部队活动情况便撤走了。王达初后来又勾结国民党罗定、信宜、岑溪县政府的自卫队和联防队，先后4次请敌军来"追剿"起义部队。王达初在加益反动势力中最顽固，部队曾派人对他进行劝告、警告，但他依仗财大势大，有手提机枪和步枪，并掌握王禄生乡自卫队30人的优势，拒不听劝。

吴桐等经周密部署后，组织兵力缉拿了王达初，把他押到乡公所门前的草坪枪毙了。

处决王达初一事，对两省三县四乡群众影响很大，特别是地方上的反动分子极为惊慌，王禄生、黄镜如、陈泽先等乘夜逃往罗定县城，国民党乡保人员纷纷找人来搭线，表明态度，不再作恶。群众吐气扬眉，欢欣鼓舞。

1949年1月，中共郁南县副特派员李保纯率武工队员王肇汉、何梅组成武工组到替滨深入发动群众，筹集武器，扩大队伍。

1月30日（农历除夕夜），替滨乡地主钟弼南勾结反动团队，在深夜包围李保纯武工组驻地梅竹乡潮岭村（又名相思望），李保纯率队反击，但寡不敌众，在突围中英勇牺牲。

2月8日（农历正月初九）由吴桐、谭丕桓、李荣欣率领贺兰队和中良乡自卫大队第三中队，挺进解放替滨、新乐，建立中良乡人民政权，打开新乐粮仓，救济贫苦农民，受到群众热烈拥护。

至此，形成了粤桂边根据地。

## 二、恢复峡上、桂河根据地

1948年6月初，根据加益会议的决定，李保纯、吴耀枢、刘俊英、李荣开等率领起义部队第二队（编为北平队）28人，从加益返回桂圩，在桂河乡到广西边境一带山区，坚持游击战争。经过反复酝酿研究，做出"攻打国民党郁南县桂圩乡公所、消灭桂河乡自卫队"的决定。攻打敌桂河乡公所的战斗，先后发生3次，最终取得全面胜利，被称为"三打桂圩"。"一打桂圩"是在1948年9月5日午夜，李保纯、李荣开等带领40余人首次攻打国民党桂河乡公所，因国民党武装早有觉察，未能成功。"二打桂圩"是在1948年11月7日下午，李荣开带领20多人到金螺与韦兆伯会合，卢鉴明在新寨也组织10多人到来。队伍集中后，由李荣开负责指挥。这次通过里应外合，突袭驻扎在桂圩的谢御群的警卫排，全歼"马排"，毙敌1人，俘敌27人（经教育后释放），缴获轻机枪2挺，掷弹筒2具，步枪19支，弹药一批，电话机1台，其他物资一批。

"二打桂圩"虽然成功，但国民党桂河乡乡长唐秉权、其弟唐秉英和林建三自卫队在桂圩修筑了一个大碉堡，居高临下，控制方圆几千米的开阔地。他们依靠碉堡，阻碍和监视李保纯等率领的起义部队第二队的活动。为此，起义部队决定"三打桂圩"，全歼敌堡内的顽敌。1948年12月21日午夜12时，部队来到桂圩乡公所前面已收割的田垄间，点燃禾草堆火光为信号。此时，国民党乡公所自卫队的碉堡内响起枪声，接着大门打开，部队立即冲进去，唐秉权及其弟唐秉英已被麦振标、李超击毙，其余40多个自卫队员全部缴械投降。此次战斗，缴获长短枪40多支，军用物品一批，公开处决奸细钟俊英、徐忠汉，起义部队无一伤亡。

至此，恢复了峡上、桂河根据地。

### 三、立足通门，建立罗云郁边区根据地

原活动于罗沙地区的第三队，坚持在通门罗沙斗争。但里龙顶战斗后，队长李平牺牲，罗沙地区遭敌人反复"扫荡"，残酷镇压，群众受到迫害，第三队难以在原地立足，根据中共三罗地工委书记唐章的指示，第三队撤出敌人包围。

1948年7月，黎百松和陈伍带着第三队12人，赶赴云浮西山与三罗主力部队会合，到达云浮西山时，适值马头山战斗后，

主力部队已从西山撤到新（兴）恩（平）边界。遂转赴云浮北部，在云浮县临工委副书记李东江的支持下，就地进行休整。但第三队由于起义后有的队员与家人失散，有的被抄家，情绪波动较大，要求回通门。党组织和部队负责人经过考虑，决定让他们带短枪回去，进行隐蔽活动。黎百松则到罗（定）云（浮）郁（南）边区主持党组织工作，开辟三县丘陵地带游击区。

1948年8月，由副队长陈伍率领的第三队回到通门罗沙，继续坚持斗争。当第三队回到郁南后，一向坚持原则的陈伍被内部坏人暗害。陈伍牺牲后，队里一时失去领导，人员星散，仅得陈德英、邓秉棠等数人与云西武工队保持联系。

1948年10月间，经过上级批准，陈德英武工组重返通门，着重截击敌"三征"人员，先后就地镇压原通门乡乡长张卓荣、通敌分子陈锦良及引敌到里龙顶"追剿"起义部队的甲长吴火章等人，震慑其他反动分子，大快人心，群众又发动起来了，武工组从8人发展到20多人。12月，为加强领导，中共三罗地工委黎百松重返罗沙，率领第三队活动，把第三队改为第三连，由陈德英担任连长。

1948年12月间，第三连派出4人护送谭丕桓回加益，回来时在高圳界与敌通门自卫队发生战斗，队员何金不幸中弹牺牲，王四被俘。

1949年农历正月十五，陈德英、陈林率领罗沙第三连战士130多人，会同张梓棋、陈其荣率领的游击队战士及民兵60多人挺进大方，打开大方伪乡府粮仓，将3万多斤粮食分给贫苦农民，极大地鼓舞了农民的斗志。接着又到千官、大全、历洞等地活动，发动群众开展反"三征"斗争。

1949年2月12日，中共罗、云、郁边区工委书记韦敬文率领武工队护送粤中独立第一团副政委陈军等18人伤愈归队，途经车沼村与黎百松率领的通门第三连60多人会合，计划到峡上迎接向三罗大进军的粤中主力部队，当晚住蕉迳。第二天早上，派副班长李天德、战士罗隆贻等持枪到鸡林张贴布告、标语，适遇国民党余镇镛部100多人由县城开抵蕉迳，李天德、罗隆贻当场被杀害，敌继续向蕉迳"追剿"第三连。该队当即给予还击，进行突围战。由于前沿阵地有一条水沟，敌人不能越过，只架起机枪扫射。第三连一边反击敌人，一边往三叉顶转移，并把痊愈伤员送到目的地，完成护送任务，受到上级表彰。

1949年5月20日，由李镇靖、唐章、李荣欣率领的解放军粤中第四支队十一团进入大方，第二天即召开群众大会，中共三罗地工委领导唐章宣布大方正式解放，宣布郁南县人民政府南区行政委员会成立，管辖加益、替滨、连滩、千官、大方等地，区委办事处设在大方陈家祠。

黎百松率领中共罗云郁边区工委书记韦敬文、委员冯月庭、康星辉在罗、云、郁边区丘陵地带，通过做群众工作，艰苦经营，活动地区扩大到罗定县东部的苹塘围底、华石、塔脚及云浮县西部的白石、高村、镇安与郁南县东南部的南江两岸，依靠和团结当地有影响的民主人士，以及群众中拥护革命的积极分子，组织工作委员会或工作组，开展群众工作、情报工作和交通工作等。为了扩大政治影响，由韦敬文主编出版《农民报》，翻印新华社消息报道、中共中央和解放军总部文告以及毛泽东的著作，向区内外散发。还建立了武工组，组织民兵队伍，并在此基础上成立黄河队，中共三罗地工委派陆礼为中队长，韦敬文为指导员。建队初期拥有轻机枪1挺，随后发展成为粤中纵队第四支队主力连——辽宁连。

中共云罗阳边区工委是1948年10月成立的，后来与中共罗云郁边区工委合并为中共云罗阳郁边区工委。

郁南人民"四一八"武装起义并宣布建立三罗总队后，经过8个月与敌进行反复的、艰苦的斗争直到1948年底，奠定了郁南西半部和加益的游击区基础，游击战争烈火燃遍粤桂边郁南、罗定、云浮地区，局面由被动变为主动。队伍规模也随之扩大，第二队发展到100多人，第三队发展到60多人。加益、替滨的队伍亦组织起来了。经过斗争的锻炼，队伍的素质有一定提高，活动地区扩大了。通门、大方、大全连成一片，桂圩、峡上和平台的交通联络也打通了，罗云郁边区扩展了回旋活动地带，为1949年郁南解放斗争的胜利创造了条件。

### 四、勇敢善战的女游击队员

在开展游击战争中，女同志也积极投入战斗，而且勇敢善战。

1948年9月，女党员黄丽珍从第一队调到罗定罗镜的镜西小学任教，当时部队需要筹集一批冬衣送给前方战士，黄丽珍接受了这个任务。她以回乡探亲为名，到郁南找到地下党员吴子熹和周文焯，通过他们发动群众捐赠了两袋衣服，然后按组织指定的地点，送到罗定塔脚小学一位地下党员教师的家里。当黄丽珍乘船往罗定时，船上要检查行李，由于黄丽珍事前已由学校出具了回家取冬衣的证明，顺利地通过了这一关。黄丽珍到罗定后，来到塔脚小学附近时，探知这位地下党员教师已被捕，接着又按第二个联络点把这批衣服送到目的地。1949年春节过后，黄丽珍又调回武工组，奉命到离罗镜10多里（1里=500米，下同）路的村庄开辟新区。黄丽珍接受任务后，装扮成一个大学生深入到群众中去，宣传国内外形势和中国共产党的方针政策，揭露国民党反动派的黑暗、腐败，动员群众团结一致，打败蒋介石，解放全中国，很快打开了两个村的局面，发动青年踊跃参加武工组和部队。1948年4月，黄丽珍调任新团六连指导员，当时这个连队的官兵大多数是经历起义过来的，对革命认识不足，政治思想工作不容易做。她与连长陆礼通力合作，做好战士们的思想工作，关心他们的生活，把起义士兵带上正确的道路。该队副中队长梁中是起义人员，通过教育后，工作出色，后参加中国共产党。1949年5月，部队决定拔掉国民党广东省十二区行政督察专员谭启秀驻云浮的一个据点。该地是郁南、罗定、云浮三县联系的一个交通要道，国民党军用一个营，配备轻重机枪在此地驻守，妄图卡住游击队前进的道路。黄丽珍和陆礼的连队负责制高点的放哨任务。他俩带领两个排的士兵到山边时被敌军发现，敌军随即开枪射击。陆礼、黄丽珍商议后，用最快的速度组织部分战士冲上去，利用地形、地物作掩护，接近敌人碉堡，歼灭碉堡内的敌人。接着其余的战士也冲上来，经过10多分钟的交战，缴获敌人一挺重机枪和一批弹药。战斗结束后，受到上级表扬，获奖一面"为民前锋"的锦旗。

中共女党员欧菁，能文能武，她身材魁伟，腰间挂一支左轮枪，夜里行军胆量过人。有一段时间她与中共女党员陈勋负责加益地区的工作，很好地完成了建立政权、征粮征税、解决部队的给养、补充部队兵源等任务。

随着战争的需要，建立了一支由女同志组成的卫生队伍。该队的霍静欢是三罗武装斗争中的第一名女战士，又是一名优秀的卫生员。云浮富林战斗时，她背起背包、药箱，挑起炊事担，随着队伍夜间急行军到富林，参加打响三罗恢复武装斗争的第一枪。当时药品奇缺，她用草药和生盐为伤员治疗。女卫生员吴宝珠战斗冲在前头，冒着炮火抢救伤员。

留在国统区的女共产党员、女干部，冒着生命危险开展秘密的地下斗争。交通联络是地下斗争一项重要任务。张玉华（人称"四婶"），是中共党员黄定中的母亲，是都城镇的一名普通妇女，她积极支持儿子干革命，她的家成为地下党的接待所和交通联络站。谭丕桓、黎百松等领导同志经常在她家出入，"四一八"武装起义前夕，军事负责人吴桐等在她家隐蔽，并在她家画起义地图和起草文件。"四一八"武装起义后，地方党组织与部队联系极其困难，四婶为了把文件和信件安全地送到目的地，假装脚痛，把信件放在脚上，包上烂布，有时把文件放在粪箕中，有时把秘密文件放在篮子中，带着小孩假装探亲，有时把秘密文件藏在发髻里。经过她的努力，起义部队与留在都城的地下党恢复了联络。

# 郁南武装力量的不断壮大及郁南各级政权的成立

1949年1月，粤中分委根据中共中央香港分局关于采取"全面发展，重点巩固"的方针，建立大块根据地，迎接南下大军，解放华南，开展春季攻势的部署。为进一步打开三罗的斗争局面，加速武装斗争的发展，决定由冯燊、吴有恒带领主力独一团挺进三罗。

1月中旬，独一团与三罗总队在云浮富林会师，接着宣布三罗总队与云浮县人民自卫大队扩编为中国人民解放军粤中第四支队（简称"粤中第四支队"），司令员李镇靖，副司令员吴桐，政治委员唐章，政治部主任谭丕桓。

1949年2月，以郁南县武装队伍为基础，组建中国人民解放军粤中第四支队第十一团（简称"第十一团"），团长李希文（即李荣开），政委李荣欣，副政委吴耀枢，副团长韦兆伯，政治处主任刘俊英。团部驻地在桂圩峡上。

1949年4月，中共郁南县工作委员会和郁南县人民政府宣告成立，隶属中共三罗地工委领导，书记黎百松，委员李荣欣、孔令淦、陈家志，县长李荣欣。

与此同时，县人民政府下设的东区、中区、南区、西区行政委员会相继成立。

1949年6月，中共粤中临时区党委决定，将中共三罗地区工作委员会改称中共三罗地区委员会（简称"三罗地委"），由唐章任书记，李镇靖、谭丕桓、麦长龙、黎百松任委员。吴桐调任中国人民解放军粤中第六支队司令员。

1949年8月1日，中国人民解放军粤中纵队成立后，粤中第四支队正式命名为中国人民解放军粤中纵队第四支队，司令部在云罗阳郁边区成立办事处，主任罗杰，副主任黄平、冯月庭。并成立边区人民武装指挥部，下属4个中队，指挥员陈云，政治委员韦敬文，副大队长莫健如，副教导员陈明华。粤中纵队第四支队的建立，使三罗人民武装斗争进入了一个新的阶段。

第十一团成立后，先后参加组织连城起义，智仁、铜东乡起义，罗定连州歼灭战，佯攻罗定县城战斗，替滨攻击战，连城夏收保卫战，保卫加益战斗等，为解放郁南全境打下了坚实基础。

## 一、连城起义

1949年2月2日，为钳制县城之敌，第十一团派出武工组12人，由黎百松率领到达连城，与连城党支部一起，组织连城武装起义。支部书记周文焯在党员周文坊、骆沛源、黄权芳等配合下，发动群众，第二天即占领敌乡公所，并俘虏敌乡长程浩年（后经教育释放）。

连城起义后，与桂河、通门形成对县城的控制，在战略上十分重要，震慑了国民党县政府。同时，打开连城粮仓，把粮食分给贫苦农民，得到群众的拥护，接着有20多名青年报名参加起义队伍。

当晚9时，起义队伍进行整编，一部分随黎百松到桂河，其余的由左庄侠带领，返回连城冲旁坑一带进行整训。

连城起义分粮的消息传到了国民党县政府，县长十分震惊，随即调遣100多人的武装队伍奔袭连城，但白跑一场。最后恼羞成怒，把周文焯家洗劫一空。

## 二、智仁、铜东乡起义

桂圩局面打开后，敌人营垒内部动摇。1949年3月，智仁乡乡长左居仁带领10人携械投诚，峡上乡自卫队瓦解。为抓紧有利时机，迅速打开三乐、平台、白夏的局面，党组织派吴耀枢、刘俊英做统战工作，由李荣欣、吴耀枢写信给莫伯贤及敌铜东乡乡长聂善斋，阐明当前形势，劝其当机立断，及早起义。莫伯贤、聂善斋答应谈判。吴耀枢、刘俊英、李荣开等带一个排，一挺机枪，前往铜东乡平村与他们谈判，初步达成协议，此次谈判史称"平村会议"。

1949年4月，李光汉又给莫伯贤及聂善斋写信，敦促他们认清形势及早起义。6月初，乐安荣出资出粮，聂善斋带领自卫队队员等共128人，携同"十三米"重机枪及轻机枪各1挺以及短枪起义，编入"雄狮连"。后与左居仁起义队伍以及西区区队部分人员合编，命名"雄狮连"。后由黎百松、吴耀枢率领，加入粤中纵队第四支队主力序列。

从此，峡上、连城、三乐、平台等乡村局面逐渐打开。

## 三、连城夏收保卫战

1949年7月22日，国民党郁南建成自卫队、联防队近百人妄图强行到连城抢粮。当时中共郁南县委东区行政委员会办事处武工组人员正在村心寨工作，午夜发现国民党反动派侦探，随即转移到大用，与第十一团主力部队会合，迅速动员民兵做好战斗准备，打击来犯之敌。国民党自卫队于拂晓到达连城，把第五保小学、村心寨包围起来，四处搜捕中共郁南县委派驻的工作人员，杀害隐藏在家的骆根。后又在乡公所召开保甲长、族老会议，宣布强行征收夏季粮食等事项。

天鹰连连长左庄侠、天豹连连长刘辉等率领200多人，一路从大林绕尖峰山背到隔河的蝴蝶山及径口山上埋伏，准备随时出击；另一路从大林、平村、村心出击；团长李荣欣、副团长朱开以及刘俊英、陈牧汀、吴子熹、周文焯等，从洞心赶来，布置东区武工组率领民兵沿着东西山边而下，配合作战。

下午2时，粤中部队全部进入阵地，信号枪一响，机枪、步枪、手榴弹、土炮一齐开火，群众则打锣吹号，呐喊助威。中路首先攻克老社中心学校分教处，敌人溃逃回乡公所，遗尸两具。正在河边洗澡和散在宝珠寨的10多个敌人，也沿着圳边退回乡公所。在文笔庙进行抵抗之敌，被民兵从兰迳背金鱼山边侧射，战斗到下午4时宣告结束。

这场战斗，击溃了敌人的势力，毙伤敌数名。第十一团战士李金章、骆树牺牲，文化教员黎波负伤。敌人还对连城乡政府委员会主任骆沛源及骆姓同房的家进行搜劫。

敌撤退后，部队处决了杨卓和、彭北春两名敌探。

此次战斗，巩固了连城民主政权，保卫了夏收，受到粤中军分委和粤中第四支队司令部的表扬。

# 解放郁南全境

1949年9月底，中国人民解放军粤中纵队第四支队（简称"第四支队"）司令部主力新一团挺进郁南，与第十一团会合，广泛发动群众，扩大民兵力量，对县城和都城的敌人造成包围态势，全力做好解放县城和都城的准备。

1949年10月1日，第四支队司令部及第十一团的部队在桂圩峡上，把五星红旗高高升起，热烈庆祝中华人民共和国成立。

1949年10月16日凌晨2时，驻守县城的国民党自卫队队长余镇镛率队到桂河投诚。17日，国民党联防队队长黄梓仁到连城投诚，当晚黄梓仁部30多人抵达连城。17日晚，县城已无敌踪，第四支队司令部率第十一团集结民兵准备进城。18日清晨，第四支队及第十一团到达茶亭、龙井一带，黄梓仁余部30多人也赶来投诚。第四支队司令部率领第十一团及部分民兵进入县城后，东区、西区、中区各地的武装民兵，亦从东门、西门、南门三路进城。至此，郁南县城宣告解放。

1949年10月26日，第四支队司令部部署陈家志、黄鼎元率领第十一团三营、太白队与陈其荣率领的南区一队，从替滨过大方，经大尖岭直达连滩。云罗阳郁边区人民武装指挥部指挥员陈云与区队指导员康星辉率领3个中队随后也到达。驻守连滩的国民党反动势力随即列队前来投诚，获宽大处理，连滩宣告解放。当日，第四支队司令部驻连滩办事处成立，陈家志为主任，陈云、陈其荣、康星辉、黄鼎元为副主任。接着，第四支队司令部派吴子熹、周文坊率武工组接收南江口，南江两岸宣告解放。

其间，中国人民解放军第二野战军第四兵团和第四野战军第四十三军奉命发动粤桂边战役，围歼国民党白崇禧集团的南线部队。由于南下大军连日经三罗地区，因此要发动群众支援前线。第四支队司令部驻连滩设立办事处负责筹粮和组织担架队等工作，收缴当地土匪的枪支一批，征集大户粮食10万斤支援前线。西区行政委员会也通过武工组征集到100多万斤粮食支援大军作战，取得粤桂边围歼战的胜利，受到中共西江地委的表扬。

1949年11月3日深夜，南下大军第二野战军第四兵团第五军第四十五师某部，由粤桂湘边纵队绥贺支队第二团做向导，从德庆溯江直指都城，途经罗旁时，绥贺支队二团团长刘超明（即曾在三罗工作的刘暄）登岸，用电话与驻郁南县城的第四支队第十一团联系，通报大军正向都城挺进，要求三罗部队进军都城会师。此时，第四支队负责人正率新一团在罗定迎接大军，遂由李荣欣率领第十一团赶往都城。4日拂晓前，大军在都城武力登陆，向国民党专署、保安司令部等要地攻击，枪声震天。尚在打麻将牌的曾秩平、李友尚、莫汉等闻变，一边抵抗一边向封川溃逃。大军在绥贺支队配合下，渡过西江，自长岗向封川县城进剿。此战，毙伤俘敌多人，缴获武器、文件大批。李友尚和被击伤的莫汉先后逃窜梧州。曾秩平率部逃往铜镬大山，5日，路经杏花三礼迳时，被绥贺支队六团阻击，由国民党保安第二总队副队长敖伦出面，率队投诚，交出轻机枪2挺、长短枪160余支，混在其中的少将曾秩平，在潜经肇庆时，被西江专署公安处收容审查。

1949年11月4日下午，李荣欣率部队进驻都城，与南下大军四十五师和绥贺支队胜利会师。绥贺支队一团团长刘超明将都城战斗缴获的武器，移交给第四支队第十一团，充分表达兄弟部队战斗情谊。次日，第四支队司令部率队回到都城，和群众一起举行大联欢会，欢呼都城解放。

解放都城后，南下大军四十五师奉命参加粤桂边战役。该师师长出发前会晤第四支队司令员李镇靖，指出凡是大兵团作战行动前都会向左右佯攻一下，都城离广西梧州不远，要注意敌人的动态，要坚守都城，以保卫粤桂南边解放军侧翼安全，并给第四支队主力补充了部分武器弹药。

1949年11月19日，第四支队司令部接到可靠情报，原国民党十二区保安司令部参谋长李友尚和保安第二总队总队长莫汉率残部，勾结国民党第七军二二四师李本一部，决定第二天从梧州进犯都城。于是，第四支队司令员李镇靖召集新一团团长沈鸿光、副团长戴卫民、第一团副团长李荣开、第十一团团长兼政委李荣欣、副团长朱开、副政委吴耀枢等召开紧急会议。此次战斗，由第四支队司令员李镇靖直接指挥，新一团和第十一团积极参加战斗。

1949年11月21日凌晨，国民党军从水陆两路进攻，水路莫汉部用炮艇驶进鹅公山脚江面，企图占领鹅公山制高点，当即遭到第十一团二连和迫击炮连火力封锁，国民党军又企图往都城码头登陆，被一连阻击，未能靠岸。正当江岸战斗激烈之时，国民党第七军二二四师以主力一个团为前锋，两个团为后续部队，在均冲口登陆，配合水路部队，企图对都城进行钳形进攻，遭到守在棺材咀的新一团天鹰连顽强阻击，在新一团六连与炮连加强火力支援下，粉碎了敌人的5次冲锋。这次战斗，从凌晨4时激战到下午2时，国民党军败退回梧州。

都城保卫战的胜利，不但保卫了都城人民的生命财产安全，保卫了新建立的革命政权，还确保了粤桂边会战侧翼的安全。都城保卫战的胜利，是对第四支队战斗力的一次大检阅，是第四支队从弱到强，从小分队、游击队发展到整团的步炮协同作战的里程碑。战斗胜利结束后，都城人民赞扬人民子弟兵英勇善战，纷纷前来慰问。

1949年11月，西江地区全面解放，中共西江地委、西江专员公署及西江军分区在肇庆成立。为适应新的历史时期的需要，中共中央华南分局和中国人民解放军广东军区决定，调整各区机构，整编全省游击队，相应撤销三罗地委及第四支队，所辖的各县党组织移交新成立的西江地委，支队所辖的各团队编入新成立的广东军区第五（西江）军分区第十四团和各县县大队，调整及整编工作于年底顺利结束。原太阳连大部分被编为郁南县公安队，原在岑溪县一带活动的太白队归广西岑溪县，成为岑溪人民政府的武装大队。原天鹰连一部分指战员被抽调支援封川县。在党的领导下，郁南党组织和武装队伍的同志们踏上了社会主义革命和建设的新的征途！

中共郁南党组织从大革命时期起，在上级党组织的坚强领导下，带领郁南人民，与国民党反动势力和日军侵略者进行了坚决的斗争，到1949年10月，夺取了党领导的武装斗争胜利，解放了郁南全境。回顾郁南革命武装斗争的胜利，关键是遵循了党的"三大法宝"（统一战线、武装斗争、党的建设）。"三大法宝"是毛泽东于1939年10月在《〈共产党人〉发刊词》一文中提出的，总结了两次国内革命战争的经验教训，揭示了中国革命的客观规律。

统一战线和武装斗争，是战胜敌人的两个基本武器。统一战线，是实行武装斗争的统一战线，而党的组织，则是掌握统一战线和武装斗争这两个武器以实行对敌冲锋陷阵的核心力量。中共郁南党组织在土地革命斗争前的农民革命运动开始，就十分注重统一战线工作。1925年成立农会和农军时，就团结社会各界进步人士（包括小资产阶级），争取他们的支持与合作，共同打击维护封建势力的反动派。最典型的是第六区农会会员及有识之士做到有钱出钱、有粮出粮、有枪出枪，有的甚至变卖牲畜及借贷，多方筹措款物。据不完全统计，全区人民共捐粮食14万多斤、白银7500多元、枪械780多支。

抗日战争时期至解放战争期间，在党组织的努力下，争取了桂圩籍党外民主人士李光汉的全力支持，他不但出粮食出武器，而且全家参加革命武装斗争。他曾赋诗曰："为国纾难尽毁家，儿孙子媳各天涯；个人生死浑闲事，只要功成蒋匪垮。"桂圩人民捐献粮食5.8万斤，捐献枪械100多支、子弹2500多发。罗顺各村为南武筹粮3万多斤，筹枪30多支、子弹1500多发。通门、罗沙等乡人民积极拥军支前，捐粮3.8万斤，还把从街坊商户和摊贩征得的税款交南武，作抗日救国用款。连城人民在抗日战争时期捐献粮食6万斤，捐献枪支40多支、子弹3000多发；在解放战争时期，为部队筹集粮食10多万斤，筹集枪支30多支、子弹2000多发。大方人民为游击队、解放军捐献稻谷12万多斤，杂粮、肉品、蔬菜、日用品一批，枪支60多支、子弹3000多发。河口人民为武工队和解放军捐粮3万多斤，枪支弹药一大批。此外，武工队、游击队也得到临时所到的村庄的大力支持，当地村民空出房子给他们住宿，捐出粮食给他们吃饭，为郁南解放作出应有贡献。

（本章参考文献资料：《郁南革命老区》《郁南武装斗争史》）

# 5

# 第五章

## 社会主义革命和建设时期以及改革开放和社会主义现代化建设新时期

　　1949年11月，西江地区全面解放，中共西江地委、西江专员公署及西江军分区在肇庆成立，郁南县全面解放。在中国共产党的正确领导下，郁南人民从此踏上了社会主义革命和建设的新征程。

# 恢复经济，社会主义建设稳步发展

郁南县全面解放后，1952年，郁南县委、县政府领导全县人民实行土地改革，消灭了封建剥削制度，实现了耕者有其田，提高了广大农民的积极性，农业生产得到发展。与此同时，对原有工商业实行社会主义改造，使各行各业逐步发展。农业方面，以稻谷总产为例，1978年比1949年增长1.38倍，人均比1949年增长44.7%。工业方面，1950年初期，县委、县政府贯彻"农业为基础，工业为主导"的经济建设方针，开始有计划地改造旧工业和发展新工业，优先发展食品、林产化工、采掘、电力等工业。20世纪60—70年代，机械业、化工业、轻工业，尤其是小水电业相继崛起，到1978年，全县全民、集体所有制工业企业199家，工人有6870人，工业产值比1949年增长25.6倍，占工农业总产值43.8%，初步形成门类众多、轻重工业并举的格局，生产水平发生质的飞跃。1978年，全县工农业总产值比1949年增长4.96倍；财政收入增长5.5倍。

## 一、工农业生产

1949年，全县资本主义工商业工厂只有火柴、碾米等加工厂9家，设备简陋，职工人数只有200人；有餐饮业、服务业2556户，从业人员6379人；有商行（经营农副土特产品的购销和贩运）146户，商号（经营城乡生活资料）1700户，摊贩750户。工商业合计共5161户。工业固定资产116万元，工业总产值264万元（按1980年不变价计），占全县工农业总产值的9.8%。

全县水稻总产量降至4.18万吨，依赖广西或洋米进口，木薯产量降到不足百吨，桂皮产量只有155吨。

水力资源虽然十分丰富，但还未能开发，全县只有25千瓦的火力发电能力。

全县公路运输陷于停顿，仅大江公路有35千米勉强可通车。

由于农业、工业十分落后，交通、水利等设施建设严重滞后，郁南县城国民经济发展滞后，城乡人民的生活异常困窘。

从1949年郁南全面解放起至1978年，郁南县委、县政府根据上级的指示精神，着重抓好农村土地改革与城镇民主改革，对农业、手工业、资本主义工商业进行社会主义改造，各行各业有了长足发展。其间，可划分为4个主要发展时期。

第一个时期是1949—1957年，即三年经济恢复和"一五"时期。在这8年中，主要发展了无线电厂、机电厂、电池厂、无线电元件厂、建城电线厂等，有的企业还填补了肇庆地区的空白。各地也分别办起了资源型加工类的集体企业。工农业总产值年平均增长7.2%，其中工业产值增长19.9%，农业产值增长4.9%；粮食增产5.3%。经济发展比较快，效益比较好，故称为"经济建设第一个黄金时期"。

第二个时期是1958年至1966年5月，即"大跃进"和国民经济调整时期。那时农田水利建设取得较大的成绩，兴建了一批为农业服务的工业企业，如铁木农具厂、犁头厂、农械厂、碾米机厂以及农副产品加工机械企业等，对工农业互相促进发展起了重要作用。但是，由于"大跃进"开始时提出了脱离实际的高指标，随之出现了浮夸风等，加上遭受自然灾害，国民经济发展遇到了严重挫折。据统计，1958—1962年，工农业总产值年均减少2.4%，工业总产值减少0.9%，农业总产值减少2.8%，自1959年起连续3年商品奇缺，物价上涨，经济建设和人民生活一度遇到严重困难。1960年下半年开始，对国民经济进行调整，压缩基建投资，实行精兵简政，压缩城镇人口，加强农业和轻工业日用品生产，使经济得以迅速恢复和发展。1963—1965年间，工农业总产值年均增长17.9%，工业产值增长19.7%，农业产值增长17.2%，粮食增产27769吨，年均增长13.3%。

第三个时期是1966—1976年，即"文化大革命"时期，全县经济建设受到政治运动冲击，工农业生产总值一度下降。但由于广大干部群众抵制"四人帮"的倒行逆施，加上郁南县地处粤西边陲，受大城市动乱的影响较少，故生产尚能基本维持。工农业总产值年均增长由第二个时期后三年的17.9%降至7.4%，工业产值增长由19.7%降至10.6%，农业产值由17.2%降至6%，粮食产量增长由13.3%降至1.6%。

第四个时期是粉碎"四人帮"后，特别是中共十一届三中全会后，全县上下以经济建设为中心，经济面貌发生了翻天覆地的变化。工农业总产值年均增长12.4%，工业产值增长17.2%，农业产值增长6%。城乡居民收入增长较快。尤其是1978年的工业总产值，从1976年的5588万元增长到7010万元，农业总产值从1975年的6774万元增长到11640万元（按1980年不变价计）。

## 二、交通设施建设

1949年前，全县公路总长只有74千米，仅有4辆汽车承担县内的客运业务。客货运输以水路为主。水路客运量15万人，货运量25万吨。

1950年初，郁南县委、县政府加紧对公路以及水路交通设施的修建。

## （一）公路建设

为支援解放海南岛及大西南地区，郁南县人民政府动员群众抢修大江公路古蓬至南江口路段，并同步开辟大湾迳口至塔脚公路11千米，连接了大江公路，称之为"塔江公路"，全程62千米。1951年郁南军事管制委员会接管复兴行车公司，1952年纳入国家管理。此时由于桥涵失修腐毁，路面坏烂，致全线停止通车。1952年中央交通部华南修路指挥部，把广海北线罗定至信宜段改线，其中路段途经有原属郁南县辖的加益区牛头至金充段21千米，郁南县负责该路段的施工，成立郁南县民工总队，发动郁南县四、五、六、七区群众达5000余人，组成34个民工中队参与路段施工，工程于1954年7月竣工。广海北线改线工程结束后，郁南县于11月转入重新修复和新建公路，成立郁南县修复公路指挥部，修复大湾至南江口公路，全线发动民工达3000余人投入抢修。北部的都城至桂圩、建城、平台3条旧路亦进行修复，同时新建千官至水口10千米公路，建城至冲旁16千米新路。此时贯彻国务院《关于改进民工建勤养护公路和修建地方道路》的指示规定，凡有劳动力的，年满十八岁至四十五岁的男性农民和年满十八岁至四十岁的女性农民，都有建勤义务。广大群众热情拥护，经两年的修建，开创了郁南县公路交通的新局面。此后，各时期都出现过不同程度的群众性筑路热潮。1958年开筑水口至都城线冲旁至千官路段，施工34千米，发动了全县群众8000余人投入施工，其次连滩、替滨两公社也派出1000多人投入支援，使沿线施工声势浩大。时值人民公社化初期，沿线公社和有关公社主动运猪运粮到工地，满足民工生活，一日三餐不收钱，筑路指挥部只补助每人每天油盐费用，有效地加快了工程进度。

"文化大革命"这10年，郁南县公路建设没有停止。1966年3月修筑都城至均冲、练村至录阳公路，1967年5月都城至录阳公路24.3

千米建成通车。十二岭至承村4.9千米，古同至福留2.56千米，良义口至罗董1.8千米，连滩至粮仓1.2千米公路，均建成通车。1968年，到角塘至高枧4.1千米乡道建成通车。1969年，十二岭至罗田3.92千米，沙龙至大郎6.2千米，新胜至汗塘1.2千米等乡道建成通车。

1970年6月1日，郁南县大连公路筑路指挥部成立，发动群众义务值勤，修筑大用至连滩公路。同年都城至枧峡9.6千米，枧峡至潮阳5.1千米等公路建成通车。1969年郁南县宋桂公社号召群众义务筑路，开通宋桂至罗安16千米公路。又以"小三线"①战备工程，兴建均冲和南江口两个机动车渡口，沟通了郁南县与邻县、邻省的公路网，结束了"车到郁南尽头路"的历史。1971年，连滩至罗安公路竣工通车。1972年，南江口至南瑶3.3千米，连塘至盆塘1.7千米，向阳至坝头2.12千米公路筑成通车。1973年，桂圩至罗顺9.7千米，过基塘至东照4.14千米，发塘至杏村2.5千米，大迳口至白石2.3千米等公路筑成通车。1975年5月1日，大用至连滩公路筑成高洞隧道通车，同年，大全至灯顶11.2千米公路建成通车。1977年，建新、历沙、均下、勿平、粗石5条公路共长22.47千米筑成通车。

### （二）水路建设

1950年初起，郁南县委、县政府重视水路交通，进行整治航道，建设港口，更新改造船舶，完善水路运输管理体制。到1975年，全县专业运输船舶实现机械化。至改革开放前夕，共新建步级码头14个1600多平方米，缆车码头18个，吊机码头2个，流槽码头2个，仓库6座1950平方米，露天堆场2.49万平方米，港口装卸机

---

① 20世纪六七十年代，广东属于国家一线战备地区，因此韶关、梅县、肇庆（含今云浮）及海南岛山区，由于自身特殊的地理条件和战略地位，被列为"小三线"建设的重点地区。

械一大批，装卸实现了机械化，全县拥有运输船舶1079艘，20833吨，14883千瓦。完成年货运量85万吨，为1949年的3.4倍，周转量6002万吨公里，为1949年的13.7倍；港口吞吐量30.2万吨，为1949年的3.36倍；旅客出口量55.6万人，为1949年的6.95倍。

西江航道：1979年西江航道县境段长64千米。20世纪80年代，丰水期江面宽1100~1700米、枯水期宽800~1100米。枯水期航道浅位约1.7米。主航道宽80米，弯曲半径500米，维护水深2.5米，正常通航1000吨级船舶。1992年起，在每年枯水期挖沙疏浚航道，在蟠龙滩、新滩、都乐滩等浅水段疏挖约12万立方米河沙，确保航道畅顺。

南江航道：县境段长112千米。20世纪70年代前可通航30吨级船。

南江口港区：位于西江与其支流南江汇合处的郁南县南江口镇，西江干流中游南岸。港区范围自南瑶至二坑村，水域面积160万平方米，陆域面积4万平方米。南江口港区水路至肇庆约88千米，至广州约198千米，至梧州约85千米，至郁南都城镇36千米。南江口港区是罗定市货物主要的进出港口。

## 三、水利设施建设

1950年初至改革开放前夕，郁南的水利设施建设主要有四个发展时期。1950年之前，全县仅有山塘24口，小陂圳4320宗，河溪水车百余部，灌溉面积8.85万亩（1亩≈666.67平方米，下同），堤围31条，只能捍卫西江15米水位以下耕地3213亩。

第一个发展时期是1950—1957年。县委、县政府高度重视旱患和水灾的根治，先后兴建了东坝、引林圳等10宗引水工程和一批山塘、小型水库，修建了县城白木大堤，初步控制了局部地区的水旱水灾。

第二个发展时期是1958—1965年。这是郁南县水利建设的大发展时期。先后建成了鹅公冲水闸堤、西坝堤等堤围工程，以及盲塘、连塘等10多宗小型水库。1964年，为彻底解决"南旱"这"老大难"问题，修建了郁南县第一宗中型水库——云霄水库。

第三个发展时期是1966—1976年。头两年受"文化大革命"的影响，水利建设处于停滞状态。之后，县委、县政府把水利设施建设摆到重要议事日程。首先是开挖云霄水库干渠，接着兴修中型级的大河水库及干渠，建成以水库为骨干的南、北两大灌溉系统。其次是1974年兴建向阳水库和连滩河堤，1976年完成建城至罗旁水闸的改河工程，还兴建了一批电动排灌站。

第四个发展时期是1977—1980年。这是一个水利建设以管理为重点、逐步过渡转营经济效益的新时期，建立了县、区、乡三级水利管理体制和岗位责任制，处理好"责、权、利"三者之间的关系，实行"以水养水"，使水利工程更好地发挥经济效益和社会效益。

在这四个发展时期，经过全县干部群众的艰苦奋斗，全县已建成蓄水工程1004宗，总蓄水库容15786万立方米；引水工程6267宗，引水流量20立方米/秒；水轮泵站工程3宗，固定机电排灌站85宗；堤围工程65宗，总长65.65千米；全县有效灌溉面积22.86万亩，占耕地面积92.14%。全县形成了"蓄、引、提、防、排"结合的多功能的水利基础设施，基本改变了历史上"南旱北涝"的劣势，并且由于对水资源的开发和利用，也增强了为国民经济服务的能力。

## 四、水电设施建设

1950年之前，连滩人士朱贯初在连滩磨面坑办过水力发电，有几个直流电球，最大的15千瓦时，后停办。

1950年之后，县委、县政府利用本地水资源丰富的优势，鼓励各级大办水力发电站。1958年，建城公社在旧码头利用建城大圳水力，兴建一座12千瓦时的水力发电站，用木制旋桨式水轮机带动电球发电，从此拉开郁南水力发电的帷幕。

1964年，建城公社又在邓家湾兴建一座发电量40千瓦时的水力发电站，供建城镇街工厂及居民用电。

至1970年，全县有公社创办的水力发电站20多座，总装机容量1032千瓦时，年发电量达15万千瓦时。

1971年后，县每年投资200万元至300万元开发水电资源，先后建设了朝阳电站、向阳电站、大河电站，南江河的宋桂滩、河口、大湾等水电站，以年投产1200千瓦时的速度发展，为解决山区用电难问题闯出了一条新路，水电成了郁南山区县发展的源泉和动力。

此外，边远山区的家庭微型小水电站也相继兴起。1979年冬，建城镇（原罗旁）东坑村青年莫钊汉，在自家屋后山开挖一条500多米长的水圳，自制一台50厘米的水车，用茅竹打通竹节做水管，连接27米长的茅竹水管，引圳水冲击水车，带动一台0.5千瓦时的微型发电机发电，建成家庭微型水电站。这样，不但解决了照明用电，而且还可解决电视机、电风扇、收录机等用电问题。1980年7月，中共肇庆市委书记黄荣新到东坑村视察指导工作，赞赏了他的创造精神。不久，县有关部门联合成立了家庭电站推广领导小组，向全县各地推广东坑村家庭电站的经验。接着，全县家庭微型电站像雨后春笋般在山村出现，基本上解决了边远山村群众用电难问题。

## 五、文化、教育、科技、卫生、体育

### （一）文化

从1950年起，全县文艺创作和活动空前活跃。文化馆、人民文化宫、工人文化宫、书店、收音站、电影院等群众文化设施在县城相继建立，文艺创作业绩喜人。1954年都城文工团创作并演出的粤剧《李东覆灭记》，为县内现代粤剧的发展起到启示作用。接着，县文艺宣传队创作演出的山歌剧《家肥风波》，对山歌的发展起到了积极的推动作用。1958年，民间古舞蹈《麒麟白马舞》和连滩山歌等，代表肇庆地区到江门地区参加民间艺术大汇演。与此同时，县委、县政府十分重视培养专业和业余文艺人才，佳作迭出。"文化大革命"期间，文艺工作曾一度陷于停滞不前的局面。党的十一届三中全会后，全县文艺创作和活动重新活跃起来，县文化和广播电视机构不断完善，各公社相继建立了文化站、广播电视站等机构，有机构，有人员，有经费，使文艺创作和活动稳步发展。

### （二）教育

小学教育方面。1950年后，小学学制沿袭六年制。到1952年，全县有小学237所，在校学生比1949年增加1.81万人，工农子弟入学人数显著增加，全县有小学生32772人。1952年，全县私立学校改为公办。1958年，增设公办小学30所，新建民办小学108所，全县共有小学352所，学生总人数3.16万人。1962年，共有小学373所，学生总人数3.43万人。1964年，全县公办、民办小学增至701所，学生总人数4.51万人。"文化大革命"开始后，强调把学校办到贫下中农家中，全县168个大队一律办一所完全小学，学制缩短为5年，并附初中班。1969年，全县公办完全小学由1965年的95所骤增至170所（含附设初中班）。

中学教育方面。1949年冬，全县只有5所中学，在校学生866人。到1952年，学生人数增加到1368人。到1978年，中学增加到22所，学生人数有25739人。

职业教育和中等专业教育方面。职业中学有农业职业学校、郁南县林业学校、四一八中学。中等专业学校有郁南师范学校、郁南农业技术中学、劳动大学、郁南县中等农业技术学校。

成人教育方面。从1950年开始在全县农村办夜校，到1953年有夜校527所，学员2.5万人。1954年，县成立扫盲工作队，农村夜校增至684所，学员达3万人。1956年2月，县成立扫盲协会，区、乡成立扫盲分会。1957年5月，全县14~50岁的文盲、半文盲共7.86万人，其中参加学习的有5.55万人。1958年5月，县委号召全党动员争取一年扫除文盲，是月下旬，西江中学组织千人上街扫盲，农村中小学生逢圩日走到街上做小"先生"。1958年农村入学人数占文盲总数的59.6%。1958年8月，县号召掀起第二次扫盲高潮，当时有青壮年文盲、半文盲5.05万人，入学4.82万人，占文盲总数的95.4%。当时规定凡认识《识字课本》内1500~2000字即为脱盲。同月，通过抽查宣布脱盲的有3.57万人，占全县文盲总数的70.7%，郁南县成为基本无文盲县。1962年，县重新部署扫盲工作，到年底全县城乡开设业余夜校167所，有学员3220人。1965年，要求把学习《毛主席语录》和识字学习相结合。1973年下半年，各人民公社重新以办夜校形式，组织社员学政治、文化和科学，由大队完全小学负责组织和授课。1979年，县成立工农教育委员会，规定脱盲标准为认识1500字，能大体看懂书报，懂得简单计算。当年全县农村组织民校641班，入学7129人。1980年，郁南县获省批准为"基本无文盲县"。

工人业余教育方面。从1950年11月起，都城镇人民政府开办职工文化夜校（后改为职工业余学校），开设初、中、高级共7个班，学员来自各单位的职工及部分工农出身干部，共244人，设有专、兼职教师任教。同时，工业、商业、交通运输业3个系统亦办夜校，初小有9个班346人，高小有5个班216人，初中有4个班181人。1951年后，连滩、南江口、建城等地相继开办职工业余大学，学员共229人。1980年，县根据国家决定，凡1968—1980年间虽已学完初、高中的课程并已毕业的职工，但实际文化水平未达到教学大纲要求者要进行补课，通过县统一考试合格后，才承认其学历。

### （三）科技

1949年前，郁南县科技方面比较落后，工业大多以手工操作为主，农业更是传统的粗耕粗种。

1950年开始，县委、县政府加强对工农业生产和科技进步领导。在农业方面主要是推广良种，改革农具和改进耕作方式方法，在工业方面则探索生产松脂的良法，开发木薯新产品——葡萄糖浆和口服葡萄糖粉。20世纪60—70年代，农业方面开展水稻高产试验和水稻三系育种试验，同时进行低产改造、桂圩猪选育等试验。工业方面通过技术革新，促进制药、航仪器械、电线等行业科技和工艺的进步。其间，科技组织机构有县科学技术委员会，学术团体有县科学技术协会，科研机构有县农业科学研究所、县林业科学研究所、县畜牧科学研究所、河口良种场、县农业机械研究所、县工业研究所、县气象站等。工业方面主要科研成果有：酸酶法生产葡萄糖工艺的研究、WST-400型可控硅调压器的研制、粤耕-1型水稻动力中耕机的研制、GZD-1型功率因数自动补偿装置的研制。农业方面主要科研成果有：推广水稻良种、改革耕作技术、尼龙薄膜育秧试验和推广、推广良种花生、探索杉苗生长规律、绿色防火林带的研究、高脂松研究、油茶宽盾蝽的研究、建城至罗旁河系治水工程的研究与实施。畜牧水产方面主要科研成果有：人工孵化鱼苗、推广猪禽病疫防治、桂圩猪品系选育、埃及塘鲺与本地塘鲺杂交试验。医药卫生方面主要科研成果有：克咳片研制、穿心莲注射液生产工艺的改进。

### （四）卫生

1950年初起，全县已设立医疗、保健、防疫和基层卫生院、站等机构283个，形成医疗网络，并建立了一支新老结合、中西医结合的医疗队伍，初步改变了过去缺医少药的状况。20世纪60年代，县城加强卫生设施建设，抓粪便、垃圾无害化处理等爱国卫生运动，获省授予"西江河畔卫生镇"称号。20世纪70年代中后期，全县医疗卫生事业在省、地医疗队的帮助指导下，医疗水平不断提高，县人民医院开展了心血管、神经、血液内科和胸部、颅腔、肿瘤等难度大的外科手术。与此同时，各公社卫生院的医疗设备水平也有所提高。

### （五）体育

从1950年至20世纪60年代，全县体育事业基础薄弱。20世纪70年代起，成立业余体校举重班和田径班后，体育事业才有了长足发展，先后培养了江涛、黎添才、李海林、杨石秦、王国锋、黄金波、何英强、叶永文、范洁杏等体育健将到省以上体工队。其间，江涛获全国青年举重锦标赛冠军。

县业余体校举重班和田径班的成立，为改革开放后的体育事业发展作出重大贡献。

## 改革开放，社会主义建设走上快车道

1978年，党的十一届三中全会在北京胜利召开，做出了实行改革开放的重大决策。1979年初起，县委、县政府根据上级的指示精神，对农村实行一系列改革，突破人民公社"一大二公"的模式，实行以家庭联产承包责任制（简称"大包干"）为主体的统分结合的双层经营体制，调动农民的生产积极性，农民有土地使用权和经营自主权，可以按照市场需求和价值规律进行生产，提高经济效益，使社会各项事业快速发展。

1979年，县委、县政府提出在3年内改变农村单一的农业经济，走农、工、副发展道路，加快发展社队工、副业生产。1981年，县委、县政府决定在农村推行多种形式生产责任制，实行家庭联产承包责任制，迈出农村改革第一步。1982年，全县落实林业"三定"（稳定山林权属、划定自留山、确定林业生产责任制）政策，建立、健全林业生产责任制。1985年，县委、县政府改革粮食政策，提出在抓好粮食生产的前提下发展多种经济作物，发展第三产业，建设集贸市场，鼓励农民进城经商，积极扶持个体经济发展。1990年，全县农村工作实施"粮食上新台阶，农业创新局面"计划，促进农、林、牧、副、渔全面发展。1991年7月，县委、县政府制定《关于深化农村改革，建立健全以流通为重点的农业社会化服务体系的意见》，建立和健全农产品流通服务体系，成立果蔬公司，肉桂、蚕桑生产技术服务站，各镇成立发展总公司，大力发展个体、联合体流通服务组织，实行生产、流通"一条龙"服务。2000年，县委、县政府规划全县"北果南桑、北种南养"的农业布局，加速农业产业化、集约化进程。进入21世纪之后，县委、县政府追求经济效益，面向市场，发展效益农业、生态农业，走科技兴农、依法管农的路子，促进农业增效、农民增收。

工业方面。1984年，县政府批准县经济委员会对县经济承包后再对属下企业发包，亏损企业限期在1~3年内扭亏。全县工厂推行承包经营责任制和厂长负责制，使企业所有权和经营权适当分离，扩大企业生产经营自主权。1987年推行厂长（经理）任期目标责任制，建立农村商品基地，采取多层次、多形式、多种经济成分发展镇、村企业，实行一、二、三产业一起上，大、中、小企业（项目）一起上，集体、联户、家庭企业一起上，以"四个轮子"（镇、村、联户、个体企业）一起运转发展企业经济。1988年，县委、县政府推行企业改革，实行承包经营责任制，引入竞争机制，完善企业内部经营机制。1994年3月，县委、县政府提出以提高效益为中心，保持工业生产快速增长的思路，重点发展电池、电线、液力耦合器和水泥生产。1998年6月，县委、县政府印发《关于加快产权制度改革，放开搞活公有企业的暂行规定》，提出各地各部门结合实际，通过企业改制和资产重组，彻底放开搞活企业。至2000年底，全县工业企业经过改革重获新生，形成以农业为基础，以工业为主导，以外贸出口为推动，依托珠三角，工、农、商各业齐头并进的格局。

进入21世纪以来，县委、县政府继续深化企业改革，鼓励创办新的民营企业等，使一批新的民营企业在全县各地快速崛起。

## 一、农、林、牧、副、渔业发展

调整农业产业结构，突破"以粮为纲"模式。从山上到山下调整和优化农（林）业产业结构，因地制宜发展多种经济。至2012年，松脂产量达12478吨；木薯种植面积67423亩，产量80305吨；肉桂总产量达14398吨；水果发展到540661亩，产量达308141吨；蚕桑发展到46955亩，产量达6146吨；其他各种农产品也发展迅速。

养殖业发展快速，市场肉食需求量增加。改革开放后，县委、县政府大力鼓励人民群众发展养殖业，到2012年，全县生猪肉类总产量达27791吨，人均占有54千克；家禽全年出栏量达17731875只；水产品养殖面积达16740亩，产茧量达11255千克，人均占有鲜鱼达22千克。

全面放开农产品流通市场。全面打破计划经济体制下的"统购统销"制度，实行市场经济体制，拓宽流通渠道，搞活农产品流通，政府及有关职能部门抓好产后流通为主要内容的社会化服务，让农民直接进入流通领域，把小生产与大市场连接起来。在农村劳动力就业方面，突破地域和行业界限，引导和组织农村富余劳动力转移到二、三产业，有的输出到外地，有的在本地城镇务工经商，农村富余劳力资源得到开发利用。

试行"公司+农户"发展新模式。农村实行"大包干"后，虽然大大调动了农民的积极性，促进生产及流通经营的发展，但也存在着经营分散、管理滞后、科技和市场化程度不高等问题，对此，县委、县政府和有关部门加强社会化服务，引导和组织农民走产业化、集约化道路。1995年在南部建立南江山区"三高"农业开发示范区。1996年11月，大湾镇与广东温氏食品集团组建大湾家禽有限公司，采取"公司+农户"的模式，实行"一条龙"服务，带领农民养鸡致富。此后，郁南县及一些重点镇先后成立水果、肉桂、蚕桑等专业协会，采取"协会+农户"的模式，在科技推广、标准化生产、产后流通、信息交流等环节加强指导和服务。在协会带动下，涌现出一批进行规模生产的种养专业大户，成为产业化经营的主力军。到2012年，县内形成沙糖橘、无核黄皮、南药、养蚕、养鸡等农业经济走廊。

在经营体制、产业结构、产品流通、劳力使用等方面取得突破，实现农业增效、农民增收、农村稳定，农业总产值年年有所提高。到2012年，全县农、林、牧、副、渔业总产值36.19亿元。

培育壮大了一批农业龙头企业。广东十二岭酒业有限公司、鸿润凉果、信达茧丝绸、大湾温氏等企业扩大生产规模，产出明显效益。

发展了一批农民专业合作社。全县按照农民合作社要求和市场的发展需要，依托优质水稻、水果、蔬菜、蚕桑、南药、畜牧、农技等优势产业，引导规范农民发展专业合作社，促进农民专业合作社的快速发展。至2012年底，全县依法登记成立134家农民专业合作社，其中年内新增农民专业合作社36家，涵盖农村种、养、加工、运输、信息、技术、销售等多个领域。

## 二、工业快速有序发展

20世纪80年代，郁南工业由县办工业、镇村（社队）工业、个体工业组成，经济成分以国营、集体所有制为主，其间，城乡发展联营工业，其性质属国营或集体企业。1984年起，全县加快改革步伐，推进承包经营责任制，县委、县政府制定了一系列让工业"休养生息"的政策，外引内联，为工业注入新的活力，工业生产跃上新的台阶，各种经济类型工业齐头并进，各系统工业增产。1984年工业产值突破亿元大关，实现"六五"计划期间产值翻番的战略目标。1985年独立核算工业产值、利润增幅均居肇庆地区各县之首。1985年第二次工业普查以后，工业经济总量规模显著扩大，发展水平明显提高。1988年全县共有工业企业1237家，其中乡镇级以上企业306家，从业人员22288人，工业总产值30135万元（不含村及村以下工业），占工农业总产值的44%。

20世纪90年代初，发展和扶持机械、电池、电线、电缆、制药、玻璃等工业，突出科技创新，实施品牌战略，调整产品结构。与此同时，进行招商引资，发展外向型经济。1995年末，全县工业企业和生产单位为3214个，从业人员35889人，全部工业增加值为59201万元，占地区生产总值的31.33%，按可比价格计算，比1985年增长11.56倍。工业在整个国民经济中仍居于主导地位。全部工业总产值为255725.1万元，按可比价格计算比1985年增长12.68倍。工业经济实力进一步增强。一些重要工业产品的生产能力和产量已居全市前列。

1995年全县乡（镇）及以上工业企业产品出口交货值为58866.3万元，占工业总产值的比重由1985年的5.91%上升到23.03%；制造业出口交货值为56388.7万元，占产品出口交货值的95.79%；原材料和初级矿业产品出口交货值为2477.6万元。

20世纪90年代中期起，加快集团企业组建步伐，推进企业产权制度改革，扶持发展个体、私营工业，逐步形成多种经济成分共同发展的新局面。1997年县工业系统企业除少数企业仍能正常经营外，其余大部分企业生产经营日渐困难，有的处于停产、半停产状态，职工下岗人数渐增。1998年县委、县政府以转换企业经营机制和建立现代企业制度为目标，采取多种改革形式推行企业改革。通过引进外资、启动民资、争取国资、盘活存资的办法进行企业改制，全县工业逐步实施结构性调整，并取得较好效果。工业生产逐步走出低谷，并大幅增长。2000年末，全县工业有30多个行业，规模工业（年产值500万元以上）企业有34家，其中产值超亿元以上企业4家，超千万元以上企业16家，初步形成电池、电线电缆、建材、制药、食品、林产化工、机械、竹木制品等支柱产业，成为全国闻名的电池和电池机械、液力耦合器生产大县。

郁南县名牌产品有液力传动耦合器、"西江牌"味精、"迎美牌"环状糊精等；有获省优产品称号的"海鸥牌"干鲜木薯粉、"三角牌"塑料电线、"三角牌"编织电线、"双环牌"水泥、"555牌"电池、"奥力牌"电池等名优产品。

与此同时，随着工业体制不断转换，民营企业不断发展壮大，到2012年，全县民营企业完成工业总产值74.17亿元，约占全县工业总产值的92.36%；年产值2000万元以上规模民营企业69家，比2011年增加8家；全县民营工业企业1179家，其中产值超亿元的民营企业有12家，产值超5亿元的工业企业有3家，分别是郁南县永光电池有限公司、郁南广东温氏家禽有限公司饲料厂、中材亨达水泥有限公司郁南分公司。规模以上民营企业完成工业产值55.6亿元，比2011年增长28%。2012年，广东十二岭酒业有限公司被确认为2012年广东省民营企业（中小企业）创新产业化示范基地；郁南县永光集团有限公司获确认为2012年广东省中小企业公共（技术）服务示范平台。同时，郁南成为全国最大的液力传动机械生产基地、省级电池产业集群升级示范区、全国最大的县级电池生产基地、全国最大的电池机械生产基地。

### 三、发展特色产业

#### （一）无核黄皮

早在1932年，郁南县建城籍人士曾酒桢从乐昌县卸任县长回家乡时，途经都城，朋友送给他几棵黄皮树苗，他回到家立即把黄皮树苗植于"干园"别墅内的空地上。直到几年后开花结果，才发现有一棵黄皮树是无核的，因此，叫它为无核黄皮。

1986年，郁南无核黄皮在广东省第二次优稀水果鉴评会上被评为"广东省优质水果品种"。1987年，广东省农业展览馆与郁南县农业委员会、建城镇政府在建城联办无核黄皮苗圃25亩，加大人力、物力、财力投入，选择"干园"内的无核黄皮母树的优质枝条嫁接，大力发展无核黄皮优稀水果种植。1990年出圃无核黄皮嫁接苗近5万株，建立无核黄皮基地1000多亩。通过定责任、政策扶、建基地、广培训、育龙头等一系列切实可行的措施，培养出一大批无核黄皮种植大户，并逐步辐射带动郁南县河口镇、大湾镇、宝珠镇、都城镇、平台镇等地掀起发展种植无核黄皮高潮，迅速扩大种植面积，形成一定产业规模。1999年10月，郁南县委、县政府在云浮市至广西苍梧县省道云苍线的都城、平台等镇公路两旁建立万亩无核黄皮示范基地，进行统一规划种植。

2001年，"郁江牌"郁南无核黄皮获"中国国际农业博览会名牌产品"称号。2002年，郁南县被授予"中国无核黄皮之乡"称号。2003年，郁南县无核黄皮通过国家绿色食品认证。2012年10月，郁南县无核黄皮被广东省名牌产品（农业类）推进委员会评为"广东省名牌产品"。

无核黄皮除鲜食外，还可以加工成果酒、果酱、果汁饮料、蜜饯凉果等产品。郁南县省级农业龙头企业广东十二岭酒业有限公司，年产黄皮果酒及其他水果酒类达4000吨；县级农业龙头企业郁南县都城镇鸿润凉果厂，年生产蜜饯无核黄皮等系列凉果1000吨；郁南县亲群食品有限公司、郁南县康美先食品厂年生产无核黄皮饼等系列水果饼100吨。

### （二）南药

郁南县南药种植有着悠久的历史，农民历来有种植南药的习惯。从20世纪20年代已有种植肉桂、巴戟、茯苓、佛手等南药，享誉西江流域。据《郁南县志》（1995年版）载，郁南有野生药材75种。而人工栽培品种，以肉桂为先，始于清朝道光年间（1850年前后），到民国期间，桂皮、桂油成为传统出口产品，远销港澳地区，乃至出口欧美。中华人民共和国成立后，1959—1966年进行人工种植药材，21个品种，1128亩；20世纪70年代创办小型种药场960个，品种30个，6670亩；20世纪80年代种植品种累计83个，1.69万亩。种植面积较大的有佛手、巴戟、春砂仁、枝子等，引进外省品种有茯苓、川芎、党参、黄芪、黄柏等，从国外引进的品种有清化桂、檀香、儿茶、安息香、千年健、枸杞子等。

南药加工企业有：大型兽药制药企业1家（天宝生物有限公司）；肉桂加工厂7家；广东颂春药业有限公司与广东甘田农业有限公司合作重组发展南药产业（主要加工肉桂、巴戟、何首乌、牛大力、大百部等南药）；广东中潵柏画健康药业有限公司（原永康药业有限公司），取得保健食品生产GMP（药品生产质量管理规范）认证，主要开展研发牛大力含片、口服液等产品；云浮市德才创新农业科技有限公司在东坝镇建立橄榄种植基地1000亩，建立加工基地20亩。

### （三）沙糖橘

20世纪80年代中期，郁南县北部种植沙糖橘逐步兴起，20世纪90年代后期进入大规模发展阶段。21世纪初期，通过县委、县政府的正确引导和大力推广，在市场良好价格推动下，沙糖橘产业快速发展。县农业、科技部门及时编制了《郁南县沙糖橘标准化种植规程》，推行标准化生产，同时与中国科学院广州分院、广东省农业科学院开展产学研合作，制定《郁南县中国沙糖橘绿色食品标准化生产技术规程》，实施标准化管理，提高果农标准化生产及种植技术水平。建立以都城镇十二岭1.8万亩基地作为核心区，在北部片的都城、平台、桂圩、通门、建城、宝珠等镇建设23万亩农业标准化生产基地，加强对农民种养技术培训，引进优良品种，加强品牌建设，推动产业快速发展。

2003年郁南县沙糖橘通过国家绿色食品认证，2005年郁南县被授予"中国柑桔产业龙头县"称号，2006年郁南县被授予"中国优质果品基地重点县"称号，2007年郁南县被授予"全国绿色食品原料（沙糖橘）标准化生产基地"称号，2008年郁南无核沙糖橘获地理标志产品保护，2008年广东省优质柑桔评比活动荣获沙糖橘类的金质奖榜首，2009年郁南县沙糖橘荣获"中国十大名桔"称号及"广东人民最喜爱的土特产"称号，2010年郁南县被授予"中国沙糖橘第一县"称号，2011年郁南县获农业部颁发"全国农业标准化示范县"称号（示范产品：沙糖橘）。

2010年达鼎盛时期，全县沙糖橘种植面积30万亩，总产量45万吨。有6个种植大镇和700个专业村，从事沙糖橘种植的农户5.5万户，种植面积超过100亩以上的有120户，沙糖橘产业涉及农业投入品、设计包装、交通运输、农村经纪、果品流通、采摘分拣、餐饮等行业，从事行业人员约30万人，整个产业创造的经济价值超过20亿元，是郁南县农村经济的支柱产业，是农民增收的重要途径。

**（四）荔枝**

1979年全县荔枝种植面积237.87公顷，总产391吨。1980年前后，对荔枝生产一度疏于管理，种植面积略有下降。1986年市场荔枝价格走俏，全县推广河口镇白银前村（全村种植荔枝1.26万株，单项人均收入815元）经验。至1988年，全县荔枝种植面积928.4公顷，总产512吨；1990年荔枝种植面积1707.33公顷；2000年荔枝种植面积7989.6公顷，总产4080吨。全县荔枝以宝珠庞寨黑叶荔枝为优良品种，种植面积占全县荔枝种植总面积的三分之一。其特点为果壳鲜红，果肉雪白、结实，用纸包果肉而不沾湿，入口爽脆、清甜，从而走俏市场。桂圩的玉荷包、水晶球也各有特色，因其迟熟与早、中熟品种错开采摘时间而占有市场，但数量不多。

### （五）龙眼

1979年全县龙眼种植面积38.93公顷，总产88吨。其后，部分果树老化，加上椿象为害严重，1981年仅有6.67公顷。1985年全县推广嫁接良种石硖龙眼，是年恢复发展至53.33公顷。1988年龙眼种植面积100公顷，总产205吨。20世纪90年代引种外地良种主要有石硖、储良、双孖木、大乌圆等。千官镇采取股份制的形式，在公路沿线两边山地办成连片266.67公顷的优质龙眼基地。20世纪90年代后期全县龙眼种植面积突破666.67公顷。主产区在千官、大湾、东坝3个镇，各有面积266.67公顷。2000年全县龙眼种植面积1886.67公顷，总产1801吨。

### （六）芒果

1979年全县芒果种植面积20公顷。1980年因坐果率降低，经济效益差，下降为7.73公顷。1983年芒果价高，全县推广耐冷、耐高温海南秋芒。20世纪80年代后期引进外地良种，先后有"粤西1号""紫花芒""桂香芒""串芒"等品种。1991年起，千官镇连片种植芒果。1998年全县芒果种植面积753.33公顷。2000年全县芒果种植面积760公顷，总产1597吨。

### （七）其他水果

郁南县其他水果主要包括梅、李、梨、柚、榄（含黄榄、乌榄）、柿子、白枣、枇杷、杨桃等。1979年全县白枣种植面积

18.73公顷，青梅150公顷，柿子53.33公顷，梨73.33公顷。2000年全县榄种植面积893.33公顷，梅611.33公顷，白枣（又名青枣）17.47公顷，南华李966.67公顷，柿子85.4公顷，香（大）蕉733.33公顷，杨桃20.33公顷，甜桃1.4公顷。

## 四、城乡建设

1979年全县全民所有制单位房屋建筑竣工面积2.4万平方米，价值176万元，其中住宅1.52万平方米，价值111万元。

1980年起，居民掀起建房热潮。1981—1985年，农村建房总面积107.19万平方米。1986—1990年，年均新建住宅竣工面积23.67万平方米。1990年起，投资近3000万元，打通县城出入口大道，改变坡陡路窄穿隧道出入城区的历史。投资2500多万元，对县城九塘涌进行整治，四面构筑钢筋混凝土，污水从涵道中排放，城区的主要污染源得到较好治理，并在排水渠面配套建设文化公园和城中公园；整治锦绣湖，实施生活用水与工业用水分渠排放，配套建设绿化广场，重现"锦绣"美誉。先后投资7000多万元，拆迁县城单位的建筑物116处、私人住宅501户，共计面积18万平方米，拓宽工业大道、城中大道；新建一环路、二环路；改造中山路和大堤路；先后建成公园5个，县城的环境得到改善。同时，还配套改造牛圩河出入口导向花坛，在城北路等主要街道建成一批植物配置、造型各具特色的绿化带，安装一大批单臂和多头豪华灯饰。投入1200万元，建成大河水库至城区的12千米管道供水工程。建设县文化艺术中心、县体育中心、商贸城、都城市场、西江实验学校、农信大厦、110报警中心、广播电视中心、地税大厦等一批有代表性的建筑物，完善西江中学、蔡朝焜纪念中学、职业技术学校配套设施建设。1997年，东坝龙塘中心村获全省西片中心村规划与实施表扬奖，都城、连滩、南江口镇被省政府定为全省中心镇，连滩和东坝龙塘中心村被市定为"五镇三村"试点示范镇村。1999年都城镇获"广东省城镇规划建设管理'南粤杯'近期目标达标城镇"称号。2000年连滩镇被国务院批准为"全国小城镇综合改革试点镇"。

## 五、公路建设

1979—1991年，全县新建公路89.9千米，铺筑水泥路44.7千米，铺柏油路16.4千米。1994年，全县有公路69条，总里程608.3千米，其中硬底化公路56.7千米，公路密度为30.9公里/百平方公里。全县开通公路的村委会140个，占全县村委会总数的68%，总里程457.9千米，占全县公路总里程的75.2%。1994年起，按照"建设大通道，改善大环境"的工作思路，加快公路建设。1997年全县基本实现村村通公路；1999年5月1日，南江口至德庆西江大桥建成通车，省道荔池线、云苍线经西江大桥与国道321线连接，结束渡江上国道的历史；2000年全县通车公路总里程1210.9千米（其中省道200.2千米，县道173.2千米，镇村道837.5千米），二级公路402.5千米，公路密度56.7公里/百平方公里。全县18个镇中有11个镇实现通村公路硬底化，占镇总数的61%，177个村委会中有143个村委会通混凝土路，占村委会总数的80.79%。

## 六、水利设施建设

1979年全县有蓄水工程1001宗，总库容6251万立方米，灌溉面积4733.33公顷。其中中型水库2宗，总库容3587万立方米，灌溉面积2900公顷；小型水库23宗，总库容1489万立方米，灌溉面积1220公顷；山塘水库976宗，总库容1175万立方米，灌溉面积613.33公顷。全县有引水工程6267宗，灌溉面积7620公顷。有堤围64条，长64.90千米，捍卫面积3493.33公顷。全县有水闸94座。1979—2000年，全县共投入水利水电建设资金3.5亿元（其中省以上补助资金1.5亿元），完成土方1350万立方米，石方95万立方米。高标准、高质量、高速度地建设、改造一批水利水电工程：对全县的65宗、80千米堤围（其中捍卫万亩堤围1宗，千亩堤围6宗）进行加固达标，改造、新建电排站4座，完成三面硬底化引水渠42宗共98.4千米。1994—2000年，全县水利工程产生的经济效益共达到1.2亿元，社会效益达到20亿元，新增堤围保护面积1533.2万平方米。投入8000多万元改造和建设一批水利工程及水电站，新增水电装机容量9000千瓦，新增发电量1.56亿千瓦时。至2000年底，已建成比较完善的南北灌溉网络和沿江防洪体系，其中有大小堤围77条，总长97.56千米；中小型水库37宗，山塘978宗；引水圳渠总长633千米，水闸143座。

## 七、造林绿化

1979年全县造林0.31万公顷。1980—1983年，年平均造林0.17万公顷，1984年上升至0.37万公顷。1986年县委、县政府做出"三年消灭荒山，五年绿化郁南大地"的决策，全县掀起植树造林、消灭宜林荒山热潮，是年全县造林0.74万公顷。1988年全县有林面积9.34万公顷，其中杉1.16万公顷、松6.13万公顷、杂木林0.82万公顷、经济林0.87万公顷、竹0.36万公顷。森林覆盖率53.57%，活立木蓄积量280.88万立方米。1992年提前两年实现绿化达标，森林覆盖率60.6%。2000年，全县有林面积13.16万公顷（不包括国有林场），绿化率94%，森林覆盖率66.9%。商品林面积9.39万公顷，占山地面积的71.3%。经济林面积4.7万公顷，占山地面积的33%，山地亩产值229元，总产值4.49亿元。全县生态公益林3.77万公顷，占林业用地面积的28.7％。2004年，郁南县被广东省人民政府授予"广东省林业生态县"称号，2006年被全国绿化委员会授予"全国绿化模范县"称号。

与此同时，县委、县政府还着力抓好森林公园、湿地公园建设。1985年，经广东省人民政府批准，全县建立了第一个自然保护区——同乐大山省级自然保护区（副处级事业单位）。原保护区面积仅有4005亩，保护对象为亚热带常绿阔叶树及珍稀动植物，位于平台镇水台村，距县城约20千米。2008年，扩大到95295亩，范围涵盖平台镇、建城镇、历洞镇、宝珠镇、南江口镇5个镇8个村委。该保护区拥有丰富的动植物、风景资源，有植物351科1314属2386种，其中有国家重点保护植物桫椤、金毛狗、格木等16种，桫椤（号称"恐龙时代活化石"）为国家一级保护植物。还有天然次生林、桫椤群落、古树群落，形成该保护区内独特的植物群落景观，同时有神仙滩、百坑瀑布群、石古瀑布等景观资源；有动物260种，其中国家重点保护动物33种（国家一级保护动物3种，国家二级保护动物30种）。随后，全县还建设了小流坑市级自然保护区、望君山县级自然保护区等6个自然保护区，全县保护区总面积18.92万亩，占林业用地面积的9.5％。多年来，郁南县切实贯彻自然保护区相关条例，加强森林资源的巡查管护，打击区内各类涉林违法犯罪，妥善处理保护区保护与发展之间的矛盾，使保护区动植物资源持续增长。

2000年，郁南县开始森林公园建设工作，建立第一个森林公园——大王山森林公园。2003年，郁南县大王山森林公园被批准为省级森林公园，2004年，被国家林业局批准升格为国家级森林公园。公园位于县城东面，为城郊型社会公益性森林公园，总面积12090亩，森林覆盖率达到98％以上。公园建设有樱花园、桃花园、梅花园、紫荆花园、仪花园等花木园和南江文化园、财政园、天窝顶景区等多个景区以及8千米环园主干道、20多千米林中观光休闲小径、10多座林中观光休闲亭等基础设施，实施林分改造5000多亩，是郁南县的一张生态名片，是郁南县及周边地区市民休闲、娱乐、健身、旅游的好去处。另外，至2014年底，全县还建设有连滩天池庵、建城龙井、千官笔架山、平台狮山4个镇级森林公园，总面积约8130亩，占林业用地面积的1%。多年来，郁南县切实加大对森林公园的林木管护，并对针叶纯林套种了适生的乡土阔叶树，同时加强森林公园道路等基础设施建设。

2012年，郁南县建成了第一个湿地公园，即九星湖省级湿地公园。位于县城北部水塘村，面积384亩，为城市型生态湿地公园，已成为县城居民节假日、茶余饭后休闲、健身的好去处。

## 八、教育事业

1979年全县有幼儿园5所，小学223所，普通中学21所，在校学生86513人，专任教师3304人。1979年全县有61人被大学专科以上院校录取。1980年普及小学教育，并调整中学布局。至1981年普通中学增至36所，小学增至229所。1984年起，加大学校建设投入，全县逐步建立和完善基础教育的分级办学、分级管理体制。1986年实现学校"一无两有"（校校无危房、班班有教室、人人有课桌凳），1988年，郁南县被省政府确认为"校舍建设一级县"，1991年完成校舍危房改造任务。1993年起，开展普及九年义务教育，1995年如期通过省政府的验收。1995年，在加拿大华侨蔡秉龙支持下，在县城创办蔡朝焜纪念中学，形成西江中学、蔡朝焜纪念中学、连滩中学"三足鼎立"的高中阶段学校教学布局。1998年，郁南县西江中学被评为广东省一级学校。1999年建设占地近11万平方米、建筑面积3万平方米的西江实验学校。1994—2000年，全县学校建设投入资金2.7亿元，校舍建筑总面积66.2万平方米，全县中小学校实现教学楼房化。2000年全县有等级学校11所，其中广东省一级学校2所，省级示范性成人中专学校1所，市一级学校2所，县一级学校6所。全县中小学在校学生94724人。1979—2000年，全县有3779人入读大学专科以上院校，有8443人入读中专学校。2000年全县考上大专以上的学生有1118人。

老区学校改造方面，从2012年开始推动教育强县创建工作，全县共投入教育创强资金2.73亿元，占计划投入的100.04％，先后获得"全国义务教育发展基本均衡县""广东省教育强县""广东省教育收费规范县"等荣誉称号；全县15个镇均为"广东省教育强镇"。全县所有义务教育阶段学校都达到标准化学校的办学水平。其中7个老区镇共投入教育创强资金12145万元，占全县创强总投入的44.69％，7个老区镇都被省授予"广东省教育强镇"称号。

## 九、文化体育

1979年全县有电影放映单位45个（其中影剧院3个），电影观众785.1万人（次）。有艺术表演团体2个、文化馆1间、图书馆1间、博物馆1间，文化馆、图书馆和博物馆均免费对外开放。改革开放后，全县文艺创作硕果累累，文化活动异彩纷呈，图书发行与借阅量每年成倍增长，广播电视事业稳步发展，新编《郁南县志》1995年出版发行，并获省地方志优秀成果奖。文物保护和旅游开发进展成效显著，档案工作上新台阶，文化市场经营管理秩序良好，文化产业建设全县已具雏形。1998年推进文化设施建设。1999年楼高7层、建筑面积5950平方米，集办公、培训、展览、娱乐于一体的郁南县文化艺术中心建成投入使用。至2017年底，全县有镇级文化站15个、村级文化室200个、农家书屋190个，镇文化站、村文化室全部免费对外开放。全县共有省一级文化站1个，省二级文化站2个，省三级文化站12个。建设完善镇级文体广场示范点4个，行政村（社区）基层综合性文化服务中心200个。郁南县文化馆先后被评为省一级文化馆，国家二级文化馆；县图书馆被文化部评为二级图书馆。1999年连滩镇被广东省评为"广东省民族民间艺术之乡"，2000年被文化部授予"中国民间艺术之乡"称号。体育工作成绩喜人，1979年起，全县广泛开展多项体育运动，特别是举重项目，英才辈出，在国内外重大比赛中屡创佳绩，何英强、严章群（女）、陈爱珍（女）等分别夺得男子、女子举重世界冠军。2000年郁南县通过"全国体育先进县"验收。

## 十、医疗卫生

1979年全县有卫生事业机构47家，病床421张。卫生事业各类人员937人，其中卫生技术人员818人（中医师20人，西医师102人，护士132人，其他卫生技术人员564人）。20世纪80年代，县委、县政府根据省、市关于深化卫生体制改革的精神，把发展卫生事业纳入国民经济与社会发展总体规划，动员全社会参与，多渠道、多形式筹集卫生发展资金，加强医疗卫生用房、设备、技术三项建设，充实完善县、镇、村三级医疗防疫、保健服务体系。1996年县农村医疗"三项"（医疗用房、设备、人员）建设工作基本达标，1999年郁南县初级卫生保健工作通过省级考核验收，实现基本达标。2000年全县投入卫生事业经费346.19万元，医疗卫生系统总建筑面积78928平方米，新建扩建的有楼高8层的郁南县人民医院综合大楼，郁南县第二人民医院门诊大楼及住院大楼，郁南县卫生防疫站、县疾病预防控制中心的6层综合大楼以及18个镇卫生院的住院、门诊综合大楼（均在3层以上）。

# 构筑梦想，以新发展理念建设美丽郁南

　　党的十八大召开后，郁南县委、县政府坚持以党的十八大精神为指导，乘省委、省政府《关于进一步促进粤东西北地区振兴发展的决定》和建设粤桂经贸合作试验区的发展战略给力东风，努力实现经济快速崛起。2013年，全县完成工业总产值108.9亿元，其中，规模以上工业完成工业总产值83.8亿元，比上年的63.7亿元增长了31.6%。2014年，全县100家规模以上工业产值完成119.43亿元，同比增长31.5%，产值超亿元的工业企业有28家。2017年，全县规模以上工业完成总产值138.69亿元，比2016年增长5.8%；全县新引进工业、商业、现代特色农业等项目共21个，项目计划总投资25.15亿元，其中，乔晶电子科技有限公司、鑫国泰科技公司等12家企业已建成投产，以上项目的落地投产新增工业产值5亿元以上，为全县的经济建设作出了重要贡献。

## 一、积极推进重大项目建设

　　2012年以来，郁南县积极推进项目建设。2016年，郁南县新上、引进工业、旅游、酒店、农业、新能源等项目18个，总投资21.27亿元，其中亿元以上项目8个，分别是郁南县水上光伏项目、天悦生态休闲农业观光基地、南江温氏公司配套产业基地项目、郁南县LNG（液化天然气）储存气化站及天然气城市配套项目、年产3亿块页岩烧结砖项目、郁南康福综合医院、人造石英石生产建设项目、年产过氧化氢15万吨项目。2016年，郁南县有云浮市2016年重点建设项目7项（其中投产项目1项、续建项目5项、新建项目1项），总投资41.25亿元。

2017年上报争取中央资金及省级资金项目共7个，计划争取中央资金5703万元、省级资金1551万元，成功争取到（东坝镇龙塘至高村镇黄沙村公路之郁南段新建项目）省级资金500万元。列入国家重大建设项目库"三年滚动计划"项目9个，总投资6亿元。2017年列入省、市重点建设项目共11项，总投资63.35亿元，年度计划投资14.39亿元，完成投资16.85亿元，完成年度投资计划的117.07％。其中省重点项目3项，总投资40.02亿元，年度计划投资8亿元，完成投资9.5亿元，完成年度投资计划的118.75％。

## 二、交通巨变，实现融入珠三角"一小时经济圈"

2012年云罗高速公路双凤至双东段建成通车，南广铁路郁南段进入铺轨阶段，县道高东线、河苹线、栗广线等工程加快推进，全年投资1118.25万元，完成农村公路硬底化27条共44.73千米。

2013年在建的南广铁路郁南段60千米的铺轨工程全部完成，电气工程等全面推进，平台、南江口两个高铁车站建设紧张施工。重点项目完成良好，全年新开工和续建项目10个，累计完成投资4550万元，着力推进高东线、河苹线、栗广线、省道279线等公路建设，完成农村公路路面硬底化改造45千米，进一步强化对外交通连接；2013年底，全县拥有公路通车总里程2045千米，公路密度为104公里/百平方公里，接近全省平均水平。

经过6年努力，南广高铁2014年12月26日开通营运，郁南拥有南江口、郁南两个高铁站场，大大缩短了与珠三角及桂东南地区的时空距离，正式融入珠三角"一小时经济圈"，高铁拉动全县经济增长的时代正式开启。高铁大道、大千公路抓紧征地筹建，省道279线（都城至宝珠大用段）及县道472线、874线、473线等路面改造顺利进行，全年完成农村公路硬底化改造57千米。

"十二五"期间，全县交通基础设施建设取得重大突破。5年来，共完成交通建设资金投入4.04亿元，是"十一五"期间完成的3.03倍。广梧高速、云岑高速公路和南广高速铁路分别先后建成通车。其中广梧高速公路途经郁南县8个镇，路线长68千米，设连滩、建城、都城3个出入口；云岑高速公路途经郁南县内4个镇，路线长23千米，设宋桂出入口及河口预留出入口；南广高速铁路途经郁南县6个镇，分别设郁南站和南江口站（客货两用）。

### （一）南广高铁南江口站

南江口站站址在郁南县境内，位于南江口镇南瑶村，是南广高铁的一个客、货车站，为南广高铁广东云浮段3个站场之一，隶属广州铁路（集团）公司（简称"广铁集团"）广州南站管辖。项目于2013年动工建设。2014年12月26日，南广高铁通车，南江口站正式开站迎客售票。

### （二）南广高铁郁南站

郁南站站址在郁南县境内，位于平台镇古勉村，是南广高铁的一个客、货车站，为南广高铁广东云浮段3个站场之一，隶属广州铁路（集团）公司广州南站管辖。

郁南高铁站于2013年动工建设。2014年12月26日，南广高铁通车，郁南站正式开站迎客售票。南广高铁郁南站站房建设面积7000多平方米，站台长约450米，为2站台5线，候车室设计可容纳500人同时候车。

2015年春运，因为南广高铁开通，广东地区"一票难求"

的局面得到缓解，珠三角往广西方向可日新增运力3万余人。同时，因为南广高铁的开通，2015年春运广铁集团将与广西籍员工较为集中的珠三角企业合作，在节前客流高峰期，开行广州南往南宁方向的外来工动车返乡专列，提供多样化乘车选择，方便外来工集中返乡。

2016年，全国铁路执行新的列车运行图后，南广铁路图定开行的动车组列车最高每天可达50对，计100列，其中南宁东站和广州南站间每天开行4列"一站直达"动车，最快3小时19分即可到达对方城市。

### 三、建设美丽乡村，推进绿色发展

郁南县委、县政府积极推进农村人居环境整治，深刻认识农村人居环境整治是提高农民健康水平和生活质量的有效途径，是一项惠及农村千家万户的民心工程，也是全面建成小康社会的重要内容，是缩小城乡差别，促进农村发展的必由之路。

#### （一）深入推进农村生活垃圾治理

郁南县紧紧围绕建设"全省绿色崛起示范县"发展定位，制定了《郁南县全面推进农村生活垃圾处理工作方案》，投入专项资金用于农村生活垃圾处理、保洁示范村建设、村庄保洁等方面，使污水治理覆盖率、禽畜分离与圈养、主体村道和入户路硬底化率，完成卫生改厕，实现雨污分流达100%。建立了"户主收集、村组保洁、县镇转运、统一处理"的农村垃圾治理模式，健全农村生活垃圾治理机制，实现农村生活垃圾收集清运市场化，利用微信平台创新村庄保洁收费模式，农村生活垃圾治理工作成效显著。

#### （二）突出重点抓好农村危房改造工作

郁南县高度重视，把农村危房改造工作列为十大民生工程之一，明确要加大对农村危房改造建设的力度，并实行农村危房改造工作网格化管理。采取精心组织、深入摸底、突出重点、优先安排、加强沟通、部门联动等多项措施扎实推进农村危房改造工作，确保按时按质完成农村危房改造任务。

### （三）积极创建生态文明示范镇和宜居城乡

郁南县委、县政府不断推进生态文明示范镇和宜居城乡建设。2017年，全县共创建宜居镇10个、生态文明示范镇4个，宜居村141个，宜居社区14个，保洁示范村286个。全县4个生态文明示范镇均已通过市验收，包括千官镇、南江口镇、建城镇和大湾镇，其中在2017年底验收全市7个镇中，郁南县大湾镇获得第二名，建城镇获得第三名。郁南县南江古水道被确定为2017年南粤古驿道保护利用8个示范段之一，郁南县兰寨—大湾古水道示范段作为全省示范段之一。2016年，郁南县大湾镇五星村、连滩镇兰寨村被列入第四批公布的中国传统村落名录；都城镇夏袭村被评为全国14个省区第一批"绿色村庄"；都城镇城东社区（2015年已创建）、中山社区、城北社区、城南社区、城西社区被评为"广东省宜居社区"。2018年全县空气质量达到国家二级标准。连滩、南江口镇成功申报为省级生态镇。全县95个重点（新增）减排项目全面得到落实，污染物减排项目取得新成果。加快推进大王山国家森林公园、大河国家湿地公园、西宁湖以及九星湖省级湿地公园升级建设。推进河长制、湖长制工作，开展"五清"专项行动，全县水生态环境得到有效保护。

### （四）深入推进各项民生项目建设

2013年，郁南县认真贯彻落实党的十八大精神和省、市推进农村工作的重要部署，以"党员干部联系群众共谋共建生态文明示范村"项目被列入省级"书记项目"库为契机，以开展"千干建千村"活动为抓手创新工作机制，围绕"产业带动、土地流转、金融支撑、协同共治、生态文明"五位一体的农村综合改革的要求，凝聚各方力量扎实推进生态文明村建设，把全县725名担任领导职务的副科以上干部全部安排挂钩联系到自然村（一般是原籍村），以"六个一"（印发一张民情联系卡，记好一本民情记录本，组织一次乡贤座谈会或参加一次村务工作会，牵头制订一个生态文明村规划建设方案，指导发展一个特色产业，帮助建立一套协同共治的机制），要求促使每个党员干部深入基层、深入群众，进村入户开展生态文明村建设工作。全县共投入生态文明村建设资金达1.77亿元，建设了914条生态文明村和95条生态文明村示范村，突出"整合资源、整体推进"，连片打造"八大片区连线"示范，带动全县的新农村建设。兰寨村在2014年5月成为云浮市唯一入选全国"美丽乡村"创建的试点村。

2014年，郁南县被列入2014年第一批14个省级新农村示范片。示范片由3个镇4个行政村（连滩镇西坝村委，河口镇佛子坝、和都村委，大湾镇五星村委）的19条村组成，以"南江古韵新村"为主题，坚持"政府主导、农民主体、社会参与、城乡融合"的原则，按照南江古韵新村主题定位进行打造，以改善农村人居环境为主线，以促进农民农业增收为核心，整合资源、资金，扎实推进示范片各项民生工程建设。

2017年，围绕"加快农村建设、补齐农村短板"的要求，按照"生产发展、生活宽裕、乡风文明、村容整洁、管理民主"社会主义新农村建设总体要求，在全县25个省定贫困村（平台镇中村村、平台村，桂圩镇平全村、桂圩村、蒌口村、罗顺村，通门镇冲梅村、玉堂村、冲台村、顺塘村，建城镇合村村、东坑村，宝珠镇宝珠村，千官镇登心村、旺玖村、塱济村、古罗村、双龙村，大湾镇䗬葛村，河口镇河口寨村，历洞镇历洞村、里城村、旺冲村，南江口镇黄岗村、河塱村）开展"三清理""三拆除""三整治"工作，鼓励村民开展村道、庭院及房前屋后绿化美化，实行清旧补绿、拆旧建绿，改善村容村貌，打造美丽田园。

2018年以来，郁南县制定出台了《郁南县社会主义新农村建设项目资金使用管理办法》（修订版）、《郁南县社会主义新农村建设项目以奖代补管理办法》（修订版）等政策文件。在云浮市先行先试，率先建立"以奖代补"激励机制，鼓励各镇、村采取"以奖代补"方式，项目的立项、建设、监督、验收等全过程都由群众参与，最大限度发挥"政府引导、群众主体、市场运作、社会参与"的投资机制作用。25个省定贫困村中有17个村实行"以奖代补"，8个村实行EPC"一体化"招标形式建设。

**（五）切实加强森林保护与绿化**

从2013年开始，郁南县深入贯彻《中共广东省委、广东省人民政府关于全面推进新一轮绿化广东大行动的决定》，印发了《郁南县新一轮绿化广东大行动工作方案》，明确通过十年左右的努力，将郁南县建设成为森林生态体系完善、林业产业发达、林业生态文化繁荣、人与自然和谐的全省绿色崛起示范县。

森林碳汇林工程。加快纯松林、低效林及不合理的桉树林的改造，至2017年，全县共完成造林更新22.89万亩，其中森林碳汇重点生态工程造林11.65万亩，在纯松林、低效林中套种樟树、荷木、米老排等乡土阔叶树种，营建结构优、功能强、效益高的混交林，同时完成森林抚育36.25万亩。

生态景观林带工程。推进高速公路、沿江和绿道网的生态景观林带建设，在广梧高速公路（郁南段）和云岑高速公路（郁南段）共91.8千米的两旁第一重山及可视范围种植了紫荆、黄槐、紫薇等观赏性树种共40.67万株（4960亩），形成了高速公路优美的生态景观林带。

森林进城围城工程。在县城、圩镇及其周边见空增绿，见缝插绿，加大投入，推进建设大王山国家森林公园。该森林公园于2014年被评为AAA级景区。新建了蒲芦山市级森林公园、连滩五指山县级森林公园、河口盘古山镇级森林公园、宝珠镇级森林公园等12个森林公园。开展了大河国家湿地公园（试点）建设工作，该湿地公园于2016年被评为市级科普教育基地。新建了向阳湖县级湿地公园和西宁县级湿地公园。

乡村绿化美化工程。加快乡村绿化美化，建设环村绿化带，村内绿化景点，营造风景林、水源涵养林。全县建设乡村绿化美化示范村共106条，其中10条为省级示范村。

森林资源保护。严管森林资源，加强林地、林木的保护管理；严格林木采伐、更新；严禁两江三岸、高速公路、省道、三大水库（向阳、云霄、大河）可视范围毁林开垦、乱挖乱种；严厉打击乱砍滥伐林木、乱征滥占林地、乱捕滥猎野生动物等涉林违法行为。加强森林防火，落实森林防火各项措施，严防森林火灾发生，森林防火工作取得好成绩。2015年全省森林防火工作现场会在郁南县召开（宝珠镇设参观现场点），在全省推广郁南县防火经验。严控森林病虫灾害，做好松材线虫病、薇甘菊、松突圆蚧、松毛虫的防治，没有发生森林病虫灾害。全县森林资源持续稳定良性增长，至2017年底，郁南县森林蓄积量达808.8万立方米，森林覆盖率为72.63%，成为全市森林覆盖率最高的县。

林业产业发展。郁南县林业用地面积13.32万公顷（有林地面积9.35万公顷），活林木蓄积量571.81万立方米，森林覆盖率70.78%。全县15个镇均有林地，以南江口、建城和千官镇面积最大，占全县林地面积的35.27%。全县有生态林5.565万公顷，商品林7.755万公顷，用材林主要以松、杉、桉、藜蒴为主，经济林以肉桂、沙糖橘、无核黄皮为主，年林业总产值14亿元之多。全县有国有林场2个，总经营面积1.11万公顷，活立木蓄积量163.76万立方米，年创产值2834.226万元。有苗圃18处，育苗面积44.66公顷，年可创产值1050万元。

### （六）积极创建省级卫生县城

县城都城镇（老区镇）2013年获"广东省卫生县城"荣誉称号，2017年成功通过"广东省卫生县城"复审工作；都城、大方镇被评为"省级卫生镇"；连滩镇被评为"省级卫生先进镇"；东坝镇龙塘村被评为"省级卫生行政村"。全县共有"省级卫生村"75个、"市级卫生村"460个。2018年，创建广东省卫生村110个，云浮市卫生村185个。全县农村卫生厕所普及率、无害化厕普及率均达96.84%。

### （七）突出抓好精准扶贫、精准脱贫工作

自广泛开展精准扶贫、精准脱贫攻坚工作以来，县委、县政府认真贯彻落实中央、省、市扶贫开发工作的部署和要求，围绕金融扶贫、产业扶贫、智力扶贫、党建扶贫、光伏扶贫、社会扶贫等措施，出台相关政策和实施办法，将脱贫攻坚工作纳入全县科级领导班子和领导干部工作实绩考核评价指标细化方案，对各镇、各帮扶单位的脱贫攻坚工作进行考核。真抓实干，主动作为，攻坚克难，全力以赴做好精准脱贫各项工作。

与此同时，在对口帮扶单位三水区的大力帮助下，建立健全工作机制，以郁南产业转移工业园大湾片区、都城片区为产业载体，加快园区基础设施建设，推进招商引资，促进项目落地投产，加快郁南产业集聚发展。

突出抓好产业扶贫。扎实推进"整村整镇推进、区域联动发展"的产业帮扶理念，通过推行"公司+合作社+种养小区+贫困户"产业帮扶模式，突出抓好高效养殖、本地特色农业和乡村生态旅游三大产业发展，全面提升脱贫攻坚的"造血"功能，促进贫困户稳定增收脱贫。一是继续扩大温氏肉鸡养殖小区项目。通

过引进广东温氏家禽有限公司，在全县规划建设温氏肉鸡高效生态养殖小区，投入近1000万元，建成7个养殖小区（平台镇2个，桂圩镇4个，建城镇1个）。还计划由县国有资产管理运营中心专门成立一个公司与广东温氏家禽有限公司合作，继续投入3000万元，选址规划建设5个规模相对较大的养殖小区（均已落实用地，其中东坝镇2个，宋桂镇1个，河口镇1个，平台镇1个），由县扶贫办负责统筹全县相关镇、村的资金投入，县国有资产管理运营中心下属的公司获取固定收益分红。二是加快发展蛋鹌鹑养殖小区项目。加快发展蛋鹌鹑养殖和产业链（产品深加工、养蛇、生物有机肥厂），该项目总投资1.18亿元，2017年已投入1209万元扶贫资金，建成5个养殖小区。

扶贫管理方面，从制度层面规定全县新时期精准扶贫精准脱贫资金使用范围、资金的划拨程序和管理，为资金的有效监管提供制度依据。加强队伍建设，强化对驻村工作队队员的日常管理，并定期或不定期采取专门督查、远程视频监控、明察暗访等形式，对驻村工作队员在岗情况、工作开展情况进行督查。强化监督问责，杜绝扶贫乱象和扶贫干部不良行为的出现。

合理布局本地特色农业产业。一是发展南药种植。二是发展水果种植。三是发展辣椒种植。四是加快建设河口寨村蛋鸡养殖项目。五是大力推进碧桂园绿化树苗种植项目。

与此同时，还突出抓好就业扶贫、光伏扶贫、金融扶贫等，确保全县贫困户如期脱贫。

### （八）全民创建省级文明县城

自2015年来，在省、市精神文明建设委员会办公室的指导下，县委、县政府始终坚持以人民为中心的创建理念，大力弘扬文明新风，扎实有效地开展文明创建活动，市民文明素质和城市文明程度明显提升，城市管理和城市环境日臻完善，社会治安秩序良好，群众的幸福感和获得感明显增强。2015年底经省精神文明建设委员会评定，获得创建"广东省文明县城先进单位"称号，2017年获得创建"广东省县级文明城市"提名。

在推动省级文明城市创建工作中，主要注重做到"五个加强"：一是加强道德宣传教育，营造文明创建浓厚氛围。二是加强县、镇、村三级精神文明创建，推动全民创建常态化。三是加强城市管理，提升城市品位。四是加强社会治安综合治理，保持社会秩序稳定。五是加强文明新风引领，倡导崇德风尚。

2018年以来，县委、县政府在创建广东省县级文明城市工作中，立足加强城市管理，提高城市品位。组织"创文"成员单位持续开展六大整治行动，成立"十乱"整治专责工作组，整治城区"十乱三违规"现象。

### （九）全省首个整县污水处理PPP项目在郁南县建成

全省启动15个示范性的镇村污水处理项目建设被纳入2016年广东省十件民生实事加强污染治理和生态建设项目，是省委、省政府对全省人民的庄重承诺。云浮市郁南县认真贯彻落实财政部和发改委《关于进一步共同做好政府和社会资本合作（PPP）有关工作的通知》精神和省委、省政府重要部署，抓住当年被住建部确定为"全国农村生活污水治理示范县"的契机，不断深化改革，转变政府职能，引入社会资本，在全省率先开展整县生活污水处理捆绑，采用PPP模式进行治理的实践探索。郁南县政府正式与PPP项目中标单位签订协议，标志着全省首个整县污水处理PPP项目落地郁南，并正式进入实施阶段。该项目在2016年9月底前动工建设，2017年底建成试运行，2018年1月正式运行。至2018年末，全县PPP项目累计完成投资41000万元，完成投资比例81.62%。新增镇区污水收集管网主管52.49千米、支管约29.6千米；规划建设的11个镇12座污水处理厂，已有宝珠、大方、桂圩

3个老区镇的污水处理厂建成投入运营，9个镇级污水处理厂正在动工建设，11个人居环境综合样板村基本完成，全县268个自然村分别建成农村污水处理设施。

采取整县捆绑PPP模式对生活污水进行治理，不但有效减轻财政压力，解决投资吸引力弱、规模效应有限、管网建设滞后、运营管理不专业等难题，还可有效降低招标和建设成本，提高污水治理效能。郁南县在采用PPP模式开展项目建设时，通过完善的考核机制和退出机制，牢牢把握项目建设的主动权。同时，通过多方努力，有效突破部门认识不足、项目吸引力不够、用地指标难、项目融资难、政府必须入股参与等难点，推动PPP项目成功落地。

郁南县先后荣获"全国农村生活污水治理示范县""广东省农村环境连片综合整治示范县""全省农村生活污水治理示范县"等称号。

**（十）坚持以党建引领开发"红色旅游"景点**

党的十八大以来，郁南县委、县政府坚持以党建引领抓好"红色旅游"景点建设。

**1. 桂圩镇龙岗村——实施"1+3"模式推进乡村共建共治共享**

龙岗村是郁南县革命老区村之一，2017年以来，该村在县、镇党政部门及挂扶单位的大力支持下，深入实施乡村振兴战略，积极探索建立"党组织+公司+合作社+基地+村民（贫困户）"的"龙岗模式"——党组织发挥统筹引领作用，主导规划建设、招商引资等工作；公司负责开发、运营、管理，让整体工程产生效益；合作社负责组织村民（贫困户）参与公司生产，组织资产、资金、资源入股，让农村"三变"（资源变资产、资金变股金、农民变股东），全力打造美丽乡村振兴发展新样板，努力实现乡村"产业兴旺、生态宜居、乡风文明、治理有效、生活富裕"。

资源变资产。"三变"构建田园综合体，促进乡村产业兴旺。通过党员代表带头发动群众，将村里零散分布的闲置土地，通过土地流转，整合起来承包给合作社建设全县首个田园综合体。

资金变股金。将贫困户的上级扶贫资金，村民闲置土地、房屋的折现资金，以及财政投入完成生态环境建设的折现资金，整合量化为村集体或农民的股金，通过村内党组织带头组建的合作社入股公司发展产业，获得稳定的股份收益。

农民变股东。在田园综合体发展运营过程中，通过优先聘用有劳动能力的贫困户、贫困户土地流转租用、贫困户产业扶持资金入股等形式，让贫困户既得到劳务性收入，又能获取土地租金收入和股金分红。

全面整治提升人居环境，促进乡村生态宜居。按照"开门就是花园、全村都是景区"的标准，确立了村庄园林化、庭院花园化、道路林荫化的设计理念，依托"一河两岸"自然景观，以"三清三拆三整治"为抓手，全力打造美丽乡村新样板。同步开展基础设施工程项目，抓好村道硬化、环境美化、污水净化等公共服务设施建设，加快补齐农村基础设施短板。至2018年末，文体广场、文化楼、停车场、景观湖、六角休闲亭、石头山公园休息平台和人行绿道、党建文化广场、展示馆等设施建设完成并投入使用。

积极培育践行"三风"，促进乡村乡风文明。由村内的老党员带头，以"美丽乡村·文明家园"建设为载体，广泛开展"好家风好家训活动"，厚植"诚孝俭勤"和崇德向善新民风，在群众中内化于心、外化于行，形成良好的乡风、民风、家风。

探索推行"1+3"模式，促进乡村治理有效。探索"党组织+社会组织、自治组织、经济组织"的"1+3"模式来推进乡村振兴工作，突出党组织的统筹引领。2017年4月11日，桂圩村率先在全市成立的首个乡村振兴促进会，是一个"支部主导、群众主体、企业参与、乡贤支持、社会协同"的机构。通过成立促进会把社会组织搭建起来，把村里外出乡贤、退休老师、企业代表、村民代表等凝聚起来，以促进会为平台，吸引更多的人才为家乡发展作贡献，发挥"共谋经济发展、共建基础建设、共创平安村居、共育文明新风、共帮困难群众"的"五共"作用，带动群众建设美丽宜居乡村。

打造"红色旅游"精品，促进乡村生活富裕。依托村内革命烈士故居、旧布厂等红色文化资源以及荷池古井、香樟古树、古建筑等"古味"十足的风景风物，糅合农家乐、民宿、南药产品、有机蔬菜、特色工艺品等配套元素，大力发展红色乡村旅游，促进农村繁荣、农民富裕。2018年，完成了党建示范工程建设点的"旧一八"武装起义纪念广场、郁南（桂河）革命纪念馆等设施建设。

2. 河口镇河口寨村——实施产业振兴共建美丽乡村

河口寨村位于河口镇东南面，与镇政府一河之隔，是革命老区村。2017年，被列为广东省2277个省定贫困村创建新农村示范村之一，也是云浮市唯一的美丽乡村建设试点村。

充分发挥党员先锋模范作用。在"三清三拆三整治"活动中，党员率先响应党委、政府的号召，召集群众召开村民代表大会商议新农村建设事项，带头主动拆除自家危旧瓦房、废弃猪牛栏等，积极投工投劳参与村庄的环境综合整治，建设了一系列党建引领的红色教育基地，起到了良好的模范带动作用。

密切联系外出乡贤，集多方力量搞好新农村建设。一直与外出乡贤等保持密切的联系，及时向他们传达家乡新农村建设的各项进展，激发起乡贤们建设家乡的热情，他们对家乡建设均表示支持，主动拆屋让地，还为新农村建设出钱出力、出谋划策，极大地推动了新农村建设。

加大宣传，发挥群众主体作用。坚持把宣传发动、调动群众参与建设的积极性作为推进工作的突破口。通过召开动员会、村民代表大会、开展"乡村振兴大家谈"活动等，共同商议新农村建设事项。镇党委、政府主要领导多次带领镇村工作人员，联合村部分老党员、退休老干部、外出乡贤等逐家逐户进行走访，了解群众意愿，并综合上级部门及设计公司意见，科学合理进行建设规划。

打造南江"百亩百果"体验园，实施乡村产业振兴。以租地的形式在河口寨村委大木口自然村打造一个集生态观光、休闲度假、参观体验为一体的南江"百亩百果"体验园。该体验园的开发建设，既可以完善河口镇以磨刀山遗址为主的生态文化旅游区的服务功能，又充分挖掘了其旅游价值，将磨刀山遗址生态文化旅游区有机结合起来，形成类型丰富、形式多样的旅游线路，提升河口镇生态文化的总体品位，又可丰富河口镇旅游产品组合，建成河口镇著名的乡村旅游示范区，为吸引返乡务工人员和当地贫困户创业就业创造条件，并为周边乡村旅游业发展打下基础，促进了河口镇无核黄皮和金煌芒的种植和销售，带动了当地经济发展，为当地群众开辟一条新的致富之路。

3. 宝珠镇早禾村——党群联动打造美丽幸福新村

早禾村坐落于宝珠镇的西北部，属于老区村，位于省道279线旁，距离广昆高速出入口3千米。该村通过"党员引领、乡贤协作、群众参与"的党群联动，带领广大村民齐心协力绿化、美化、亮化了最美小山村，打造乡村振兴"早禾模式"。

建设新农村样板村，在发展中作为。通过实施乡村振兴战略，促进美丽乡村建设提档升级，特色小村发展日新月异。已采取多渠道筹集资金的办法，实现了村道全面硬底化，安装了路灯。制定了全村人居环境示范工程建设规划，建成了集休闲娱乐于一体的荔枝公园和观赏池。修葺完善了村文体广场和文化古屋，修筑了景观式安全防护挡土连城墙和社会主义核心价值观宣传长廊，安装了大理石村标。建成村级无动力厌氧污水处理系统，包括50立方米的污水处理池、60平方米的人工湿地及集污管网1000米，日处理污水能力35吨。此外，该村还制定完善了《村规民约》《卫生公约》等规章制度，聘请保洁员1名，形成了保洁长效机制。通过农村人居生态环境综合整治，村内及周边环境更加优化、美化，社会更和谐稳定。

建设党建文化公园，在引领中发力。利用荔枝公园道路、广场、草坪，建设一个兼有文化气息和生活风味的党建文化公园。党建文化公园由"十大板块"构成，即党史、新时期治国理政、党风廉政建设、社会主义核心价值观、党建特色亮点、村发展规划、村规民约、平安创建、党员实用技术教育、党员工作坊。以艺术的形式把新时期治国理政、廉政警示教育、党建特色亮点等先进思想文化，图文并茂地展现在党员群众面前，成为一个集思想教育、陶冶情操于一体的党群教育、党员干部廉政教育、青少年爱国主义教育基地，成为展示全村风貌的新窗口、宣传党建知识的新载体、建设新农村的新亮点，起到示范引领的作用，使党建文化宣传达到润物细无声的效果。

建设"妇女儿童之家"，在互助中关爱。早禾村"妇女儿童之家"活动阵地有办公室、活动室、姐妹谈心室和室外篮球场、舞台，设置了室外宣传专栏和好家风好家训经典格言宣传摆设，为广大妇女儿童提供一个休闲舒适的活动场所，为她们搭建权益维护、创业就业、学习交流、关爱帮扶、健身表演的综合大平台。组建广场舞蹈队2支，留守妇女互助小组3个，通过开展丰富多彩的文体活动和走访慰问贫困群众、老人活动，传承好家风好家训，弘扬孝文化，切实提高妇女儿童对"妇女儿童之家"的认可度和参与度。

探索富民新路子，在开拓中奋起。该村先进党员积极发挥先锋模范作用，主动为全村产业结构调整和增收致富路子探索积累经验。现任庞寨村党支部书记、主任钟钊良，是早禾村党员工作坊坊长，也是一位致富返乡的先进党员，他自费到茂名市电白区沙琅镇学习养龟经验，投入28万元，在家中建起养龟池和孵化房，向群众传授养龟致富经验，带动了6户村民进入养龟产业。早禾村村主任钟镜新，积极探索种植鸡心黄皮，在2016年获得超过50万元的销售额后，带动指导村民种植鸡心黄皮300多亩。

通过积极实施农村人居生态环境综合整治和大力调整农业结构，村内及周边环境更加优化、美化，村民收入实现稳步提升，社会更加和谐稳定。

**（十一）打造南江传统文化特色小镇建设**

以南江流域的腹地连滩镇为中心建设南江传统文化特色小镇，这是郁南县政府积极探索旅游供给侧改革、牵手广域集团共同打造乡村旅游的一项重点工程。

南江传统文化特色小镇计划总投资约18亿元，以岭南文化发源地，南粤古驿道、古水道，南江河畔的山林、田园与古村落、古建筑群等逾万亩规模资源为产业基础，以传承和发扬南江文化为核心，在"艺术乡建"的理念指导下，打造集文创、艺术、体验、休闲、观光、度假等多功能于一体的"大文化、大生态、大旅游"的综合文旅特色小镇，实现乡村振兴，推动郁南县新型城镇化建设。

**（十二）加快南江古水道保护与利用，助力"郁南副中心"腾飞**

南江古水道示范段是广东省南粤古驿道的重要文化线路，是南粤古驿道对接海上丝绸之路的重要通道。北起于兰寨，南至大湾五星村，途经连滩镇、宋桂镇、河口镇、大湾镇，全长28.5千米，规划面积约17平方千米。

南江古水道历史遗存丰富、文化底蕴深厚，沿线自然、人文景观丰富，保护利用工作基础良好，作为古驿道示范地区建设条件成熟。南江右水道示范段规划打造两条水路文化线路和"一主三支四连接线"的陆路文化线路。

以弘扬南江文化，以丝路商贸文化为引领，以旧石器文化为亮点，以古百越文化、科举文化、侨乡文化等多元文化交融为目标，打造郁南特色的南粤特色古水道。

水路文化线路。南江古水道示范段的南江流域，被该流域内的电站设施划分成3个河段，规划选取了南北两端作为水路感受南江文化风情的线路。北段丝路商贸水上文化线路：兰寨五显庙古码头—连滩张公庙古码头，途经光二大屋古码头，该流域历史遗存资源较为集中；南段美丽乡村水上体验线路：河口佛子坝古码头—大湾江边村码头，途经磨刀山遗址公园，该流域自然景致优美，沿途果林较多。

陆路文化线路。一条主线：由兰寨至大湾，途经连滩镇、宋桂镇、河口镇等，串联兰寨、一甲街、张公庙、康少培大屋、佛子坝、磨刀山遗址、狮子庙、五星村等。三条支线：白石河文化线路、千官河文化线路、云安古道文化线路。四条连接线：盘古线（磨刀山遗址—盘古山森林公园—天池庵）、天池线（替葛村—天池庵—螺山）、古官线（龙岩村—龙岩祖庙—文广庙—朱屋—甲街—龙溪村）、东坝线（龙岩庙—恒道书舍—蒲芦山森林公园—河滩桑园）。

### （十三）磨刀山遗址的保护与利用

郁南磨刀山遗址位于郁南县河口镇和都村，发现于2013年

1月，是广东省考古新发现的旧石器时代文化遗存。2014年4月至8月，广东省文物考古研究所联合北京大学考古文博学院、云浮市博物馆、郁南县博物馆及罗定市博物馆等单位对郁南磨刀山遗址第一地点进行抢救挖掘，在原生网纹红土堆中发掘出土各类石制品近400件，揭露出较大面积的古人类活动区域。

2014年7月，来自全国的旧石器时代考古专家对磨刀山遗址与南江旧石器地点群考古成果进行了系统考察与讨论，专家组一致认为：郁南磨刀山遗址与南江旧石器地点群的考古发现具有重大的科学价值与社会影响力，该成果是广东史前考古的重大突破，也是中国旧石器考古的重大进展，填补了广东旧石器时代早期文化的空白，将当地人类活动的历史提前至距今10万年前，是岭南史前考古的重大突破。

"广东郁南磨刀山遗址与南江旧石器地点群"被列入2014年度"全国十大考古新发现"。2015年12月，磨刀山遗址被广东省人民政府公布为"广东省文物保护单位"。

近年来，郁南县委、县政府高度重视磨刀山遗址的保护与利用，完成了遗址本体保护与山体治理工程设计方案。同时，为充分利用独有的磨刀山古人类活动遗址，结合乡村振兴和南粤古驿道南江古水道示范区建设等工作，统筹规划，高起点、高标准建设磨刀山遗址公园文化生态旅游产业园，打造独特的文化品牌。该项目以磨刀山遗址及其保护范围和建设控制地带为核心向周边辐射，北依盘古山森林公园，南邻南江北岸，包括和都、古甑、罗埇3个自然村。一期工程计划投资3600万元，项目已纳入云浮市"十三五"规划重大项目。该项目规划约7071平方米，主要规划基础设施建设、人文科普设施建设和旅游观赏区建设三大块，内有入口广场、遗址展示馆、生态停车场、商业街、环山道、考古发掘现场模拟展示、景观雕塑、艺术田园景观等。

### （十四）全面从严治党

2018年，郁南县牢固树立"四个意识"，增强"四个自信"，坚决做到"两个维护"，严明政治纪律和政治规矩。牢固掌握意识形态工作领导权，压实意识形态工作责任。全面建设基层党组织，制定落实加强基层党建三年行动计划和系列制度，实施"头雁"工程、先锋工程、强基工程，探索"一组两化"工作模式，以基层党建引领基层治理与乡村振兴。树立正确选人用人导向、加强人才的引领和培养，注重选拔使用实干担当、在急难险重任务中表现出色的基层干部。做好巡视整改落实工作，加强巡视组移交信访件和问题线索办理，促进巡视整改与各项工作紧密结合，以巡视整改落实推动改革发展稳定。持之以恒正风肃纪反腐，严格落实中央八项规定精神，发挥巡视利剑作用，完成4轮县级常规巡视和2轮专项巡视。落实意识形态工作责任制，开展社会主义核心价值观教育和精神文明创建活动。持续整治"四风"问题，抓党风廉政建设，落实"两个责任"，运用监督执纪"四种形态"，加强领导干部监管，整治群众身边腐败问题。在广东省率先开展县级巡察工作，开展四轮巡察。加强民主政治建设，完善县委议事规则，发挥人大、政协作用，健全统战工作机制，加强依法行政、公正司法、普法教育，创新发展工会、共青团、妇联等群团工作，强化人武、双拥、史志等各项工作。

## 四、各老区镇社会经济发展简况

### （一）都城镇

都城镇是郁南县城所在地，位于西江中游南岸，是全县政治、经济、文化中心。全镇总面积92.6平方千米，辖11个村民委员会和5个社区居委会，户籍总人口8.71万人。2018年，全镇实现规模以上工业产值20.75亿元，农业总产值5.91亿元，增长8%；

农村常住居民人均可支配收入（自行测算）14292元。

2018年，镇工业有电池、机械、制药、冶炼、建材、服装加工、食品等30多个门类，有300多种，部分产品远销欧美、日本、东南亚、中东等国家和地区。其中电池机械特色经济产业链是镇最具特色的支柱产业之一，有各类企业20多家，是中国最大的电池机械设备和相关配套设备生产交易中心之一。

该镇是农业大镇，建有水果、蔬菜、水产、竹子、松脂等农业商品基地，商品率达95％以上。2018年全镇有无核黄皮2600多亩、金煌芒1000多亩、台湾珍珠石榴1800多亩、香蜜梨600多亩。都城镇是县内最早开始种植沙糖橘的镇，最高峰时全镇沙糖橘种植规模达到5万多亩。此外，该镇群众还探索种植其他优良作物，全镇建立了金煌芒基地、富窝台湾珍珠石榴基地、夏袭油茶基地、四季蜜芒基地等多个种植示范基地，发展南药种植业，辐射带动全镇新型农业发展，促进现代农业和观光旅游农业、多元经济发展。2006年，都城镇被评为"中国优质沙糖橘基地乡镇""广东省技术创新专业镇"。

### （二）平台镇

平台镇位于郁南县的西北边缘，东部与都城镇相连，南部与桂圩镇相邻，西南部是国有同乐林场，省级自然保护区同乐大山位于其中，西部与广西梧州市的龙圩区大坡镇交界，北部毗邻肇庆市的封开县平凤镇。全镇总面积132平方千米，辖13个村民委员会和1个社区居委会，总人口2.86万人。

2018年，全镇实现规模以上工业总产值3545.7万元，农业总产值2.61亿元。

旅游景点有省级自然保护区同乐大山生态景区，还有国家湿地公园大河国家湿地公园，拥有丰富的水资源及生物资源。新开发的景点有狮山镇级森林公园、河溪公园、大地七堡义勇祠、银岩坑、厂上峡、铜锅瀑布等。

特色农产品有健乐大米、野生红菌、肉桂、蜜丝枣、无核黄皮、沙糖橘、稻米、鸡蛋等，引进种植的经济作物有火龙果、台湾石榴、香蕉、三华李、黄桃、黄栀子、鹰嘴桃等，有油粘米、三收豆（眉豆）、酥胸三黄鸡、甘泉双蒸米酒及肉鲊、鱼鲊[①]、酸菜（芥菜、豆角、黄瓜、姜芋）等地道农家菜。

2018年，平台镇有郁南县豪辉沥青混凝土有限公司、郁南县汇通建材有限公司埔林界石场、郁南县琼台建材有限公司等多个企业。2018年，新引进企业4家，引资共计1.98亿元。

### （三）桂圩镇

桂圩镇位于郁南县西北部，东北界接都城镇，东邻建城镇，南与通门镇接壤，北与平台镇交界，西与广西壮族自治区的梧州市龙圩区广平镇交界，辖20个村民委员会和2个社区居民委员会，总人口约3.87万人，全镇总面积166.9平方千米。

2018年，全镇工业总产值54318万元，农业总产值26885万元，农村常住居民人均可支配收入（自行测算）15268元。

桂圩镇是农业大镇。2018年，有耕地面积1880公顷、水田面积1266公顷、林地1.2公顷、肉桂4200公顷、荔枝980公顷，大宗产品有木材、桂皮、桂油、松香、荔枝、稻谷、生猪等。

桂圩镇革命红色遗址较多，大部分都已得到有效保护，龙岗村革命红色遗址正结合乡村振兴建设工作，多渠道投入资金，整合革命遗址、原始生态、自然景观等，把该村建设成为红色旅游景点示范村。

### （四）通门镇

通门镇位于郁南县西南部，东连建城镇、大方镇，南接千官

---

① 鲊，用鲜肉腌制而成带酸味的一种食物。

镇和罗定市附城街道办，西邻广西岑溪市勒竹镇与梧州市龙圩区广平镇，北接桂圩镇。全镇总面积158.7平方千米，辖11个村民委员会和1个社区居委会，总人口1.9万人。

2018年，全镇工农业总产值3.14亿元，其中工业总产值0.95亿元，农业总产值2.19亿元。主要农产品有肉桂、水稻、沙糖橘、茶叶、竹笋、巴戟等。

镇内向阳水库蓄水量9600万立方米，水面面积466公顷，既适宜观光旅游，又是郁南县重要后备饮用水水源。

**（五）宝珠镇**

宝珠镇位于郁南县中部偏北，与建城镇、大方镇接壤。全镇总面积96.9平方千米，辖5个村民委员会和1个社区居委会，总人口1.49万人。

2018年，全镇工业总产值3769万元，农业总产值14251万元，农村常住居民人均可支配收入1.5万元。

该镇农业产业以荔枝为主，种植面积达3.8万亩，种植历史悠久，故有"荔乡"之称，最主要的品种——庞寨黑叶荔枝是国家地理标志保护产品。其他经济作物以无核黄皮、鸡心黄皮、沙糖橘、肉桂、巴戟、竹笋和茶叶为主。

该镇将革命红色遗址与古荔枝林结合起来，在乡村振兴工作中，着力打造特色美丽乡村。

**（六）大方镇**

大方镇位于郁南县中部，全镇总面积65平方千米，辖6个村民委员会和1个社区居委会，总人口1.39万人。

2018年，全镇工业总产值1.308亿元，农业总产值2.777亿元，城乡居民常住人口人均可支配收入14355元。

该镇以种植南药为主，有"南药之乡"美誉，是"广东省南药专业镇"。有桂皮厂1个，巴戟加工厂2个，以"专业合作社+基地+农户"的形式，提升产业化经营水平和农民的组织化程度。

### （七）河口镇

河口镇位于郁南县南部，罗定市、云安区交界处，北接连滩镇，南连云安区白石镇，东与宋桂镇接壤，西至千官镇、大湾镇两镇，总面积76.5平方千米，辖11个村民委员会和1个社区居委会，总人口3.44万人。

2018年，全镇工业总产值4900万元，农业总产值2.5亿元。镇工业主要有环保建材、石场、电子加工、皮具、灯饰等企业45家。财政收入1182.998万元；农民人均纯收入13490.2元。

该镇名优特产有吕宋芒、无核黄皮、荔枝、沙糖橘、金煌芒、香港番薯、百香果等，水果种植面积达到1万亩以上。

南粤古驿道的南江古水道示范段、南江古韵新村、河口寨红色革命遗址建设项目，已完成并投入使用。郁南磨刀山古人类遗址生态文化旅游产业园建设项目，正有序地按建设方案实施。

### 五、再接再厉，再创辉煌

2018年，是深入贯彻落实党的十九大精神之年，又是决胜全面建成小康社会、实施"十三五"规划承上启下的关键一年。中国特色社会主义进入了新时代，全国经济发展已由高速增长阶段转向高质量发展阶段。郁南县委、县政府立足新时代，科学谋划全县经济社会发展新开局，关键要做到三个方面：一要坚持以创新驱动为发展第一动力，重点推动技术创新；二要坚持保护好环境，走绿色发展之路；三要坚持区域协调发展，解决发展不平衡不充分的问题。

当前和今后一段时期，是冲刺完成"十三五"规划目标、决胜全面建成小康社会第一个百年奋斗目标的关键时期，特别是

2019年，是郁南落实高质量发展理念，实现全面振兴、绿色崛起的重要一年。

2019年全县工作的总体要求是：高举习近平新时代中国特色社会主义思想伟大旗帜，全面贯彻落实习近平总书记视察广东重要讲话精神，紧扣省委、省政府和市委、市政府的部署要求，坚持稳中求进工作总基调，全面贯彻新发展理念，在大保护中加快发展，坚持生态立县、产业兴县、文旅旺县、法治安县，大力实施乡村振兴战略，打好三大攻坚战，以"一城二核三区四化"为突破口，全面建设"生态之都、宜居之城"，为市委打造"两新一前列"、推进"美丽云浮、共同缔造"战略目标作出郁南贡献、彰显郁南担当。

**（一）坚持以习近平新时代中国特色社会主义思想统领郁南一切工作，全面深入学习贯彻总书记重要讲话精神**

坚持以习近平新时代中国特色社会主义思想作为统揽郁南一切工作的总纲，按照学懂弄通做实的要求，把习近平新时代中国特色社会主义思想、习近平总书记重要讲话和对广东工作一系列重要指示精神一体学习领会、整体贯彻落实，通过持续深入学习进一步树牢"四个意识"，坚定"四个自信"，坚决做到"两个维护"。坚持推进学习教育常态化制度化，用好县委中心学习组、镇级党校、新时代农民讲习所、新时代文明实践中心等平台载体，对全体党员干部群众进行集中轮训和经常性教育，做到内化于心、外化于行。坚持开展"不忘初心、牢记使命"主题教育，持续开展"大学习、深调研、真落实"工作，教育引导广大党员干部自觉肩负"为人民谋福祉"的历史使命和"走在前列"的时代重任，坚定对标、笃信力行，坚决推动习近平总书记重要讲话精神和省委全会、市委全会的重大决策部署在郁南落地生根，结出丰硕成果。

### （二）坚持生态立县、产业兴县、文旅旺县、法治安县，在打造粤北生态建设发展新高地上走在全市前列

紧紧抓住省委、省政府构建"一核一带一区"区域发展格局的大好机遇，按照市委立足"一区"（北部生态发展区）、融入"一核"（引领全省发展的核心区，即珠三角地区）、协同"一带"（沿海经济带）的安排部署，全力推动区域协调发展，力争在打造粤北生态建设发展新高地上走在全市前列。

坚持生态立县，走好绿色崛起之路。立足北部生态发展区这个功能定位，推动生态产业化、产业生态化，真正把绿水青山变成金山银山。要大力发展林下经济，加快制定林下经济发展规划，支持每个镇打造森林公园发展林下观光，构建"林木种植和林下养殖同步发展的立体农业"新模式，在全县建设4个连片1000亩以上的林下经济示范基地，在各镇建设200亩以上的林下经济示范基地，实现林下经济产值和农民林业综合收入稳定增长。深入推进农业供给侧结构性改革，推动农业与旅游、文化、康养等产业融合发展，培植壮大乡村旅游、观光农业、养生休闲等新型产业业态，实现全产业链转型增效。深入推进污染防治攻坚战，抓好生态治理，筑牢绿色生态屏障，坚决打好碧水攻坚战，全面落实河长制和湖长制，加强中小河流综合治理；打好蓝天保卫战，严把项目准入关，大力发展清洁能源和推广绿色产品，有效减少工业污染排放；打好净土防御战，实施土壤污染分类管控和治理修复。深入推进生态景观林、森林进城围城、森林碳汇等生态工程建设，进一步完善大王山森林公园、同乐森林公园、大河国家湿地公园、向阳湖湿地公园以及同乐大山自然保护区的规划建设，打造一批城市绿地公园、城市山水生态景观等项目。

坚持产业兴县，推动经济高质量发展。抓住县工业园成为

省级产业转移工业园，列入广东省循环化改造试点园区的政策机遇，借力佛山对口帮扶的契机，进一步完善园区基础设施，启动扩园申报工作，加快入园项目建设进度，加快支柱产业布局和龙头带动项目引进，重点发展高技术、高性能化工新材料，培育先进装备制造业和生物医药等节能环保产业。走工业绿色化之路，按照产业政策和环保标准，推进电池、化工、建材等优势传统制造业绿色化改造。重点抓好碧桂园新型材料项目落地，充分发挥西江黄金水道在大型工业品运输的突出优势，大力发展沿江经济，推动临港经济产业带形成；加快温氏高效智能生态养殖小区建设，以平台、大湾为核心在全县布局规划7000亩养殖小区，带动第一、二、三产业融合发展；加快推进"黄皮小镇"项目，打造黄皮产业带，建设郁南县黄皮产业园，确保省级现代农业产业园在郁南县落地。着力构建广东省现代特色南药试验区，进一步完善南药产业布局，加快引进和培育生物医药龙头企业，推进南药生产加工、仓储物流等项目建设。加快推进现代服务业发展，依托高速公路、高铁站场等载体，布局打造一批特色型生产性服务业集聚区，培育形成研发设计、信息技术、金融服务、商务服务等新商业模式。

坚持文旅旺县，推动全域旅游发展。迅速编制全县旅游发展总体规划，进一步整合磨刀山遗址、大湾古建筑群、兰寨古村落等众多优质的文化旅游资源，加强旅游整片串联开发，打造精品旅游线路，完善沿线乡村旅游"八小工程"①建设，全力推动旅游全域化发展。依托连滩镇油菜花基地、兰寨南江文化创意基地、光二大屋等景点，突出抓好南江小镇建设，打造富有南江文

① 指旅游厕所、购物商店、停车场、医疗站、垃圾站、旅游标牌标识、旅游咨询服务中心、A级旅游景区在内的乡村旅游。

化特色的精品路线；充分发掘桂圩龙岗"三罗革命第一村"、河口寨省级"红色村"等红色旅游资源，打造富有红色革命气息的旅游精品路线。要结合生态宜居美丽乡村建设，规划建设一批特色产业、休闲旅游、生态宜居、文化创意等新型特色小镇，重点抓好南江小镇、黄皮小镇、磨刀山遗址公园、西宁小镇等项目建设，以南江小镇为载体，争创省级文化旅游融合发展示范区。要发挥文化品牌优势，利用好南江文化艺术节、无核黄皮文化节等平台，实施优秀传统文化传承发展工程、红色基因传承工程、文化产业培育工程，开展全方位旅游形象宣传，促进文化旅游深度融合。

坚持法治安县，推动建设"三最"郁南。按照"三最"广东、"三最"云浮的要求，对标对表，着力把郁南建设成为全市最安全稳定、最公平公正、法治环境最好的地区之一，让53万郁南人民的获得感、幸福感、安全感更加充实、更有保障、更可持续。始终把维护国家政治安全特别是政权安全、制度安全放在第一位，牢牢掌握意识形态领导权，做到守土有责、守土尽责。全面推进依法治县工作，健全和落实依法决策机制，深化执法权力运行机制改革和司法体制综合配套改革，加大全民普法力度。要坚决打赢扫黑除恶专项斗争三年攻坚战，深入推进平安郁南建设，健全多元化社会矛盾纠纷化解机制，完善综治网格服务管理，推进"雪亮工程"和综治视联网建设，全面构建立体化信息化社会治安防控体系。坚决打好防范化解重大风险攻坚战，重点对非融资性担保公司、P2P网络借贷等做好动态监管，严厉打击非法集资、网络传销等违法活动。全面推广"党组织+社会组织、自治组织、经济组织"的"1+3"党建引领模式，全面铺开新时代农民讲习所建设，把社会主义核心价值观融入"三治"，全面提升基层社会治理。

**（三）坚持全力推动乡村振兴走在全省前列，提高发展平衡性和协调性**

实施乡村振兴战略，切实解决发展不平衡不充分问题。

深化"1+3"党建引领新模式。按照市委"探索建立支撑乡村振兴的新机制"的要求，全面深化推广"党组织+社会组织、自治组织、经济组织"的"1+3"党建引领乡村振兴模式，以乡村振兴促进会为抓手，把农村基层党组织建设成为引领乡村振兴的坚强战斗堡垒，切实发挥基层党组织带领农民群众、引领各类组织参与乡村振兴工作的领导核心作用，以抓党建促脱贫攻坚、促乡村振兴、促基层治理。充分发挥乡村振兴促进会的补位和辅助作用，弥补基层政府和自治组织提供公共产品和公共服务的不足，形成有益补充。继续实施"头雁"工程，持续推进"三个一百"等计划，选优配强村党组织书记，选派用好驻村第一书记，建强后备干部队伍，加强教育培训，探索完善激励机制，为全县乡村振兴工作走在全市前列提供坚强的组织保证和人才支撑。

培育产业振兴新动能。坚持在大保护中加快发展，着力打造特色农业、乡村旅游、观光休闲、健康养生和林下经济等新型业态。以国家级农村集体产权制度改革试点为契机，探索通过农村"三变"模式，将贫困户的上级扶贫资金、村民闲置土地等整合量化为村集体或农民的股金，通过村内党组织带头组建的合作社入股公司，因地制宜打造各具特色的农业公园、田园综合体等发展乡村休闲旅游，探索建立健全城乡融合发展的体制机制。加快创建省级现代农业产业园，发展壮大无核黄皮、柑桔、蚕桑等名优特色农产品，延伸产业链条，推动农业增效、农民增收。要深入开展"万企帮万村"行动，积极引导、支持每条村对接或引进一个以上龙头企业，以龙头企业带动"一镇一业、一村一品"特色产业发展，重点做大做强做优现代畜牧、特色水果、道地南药等主导产业，发展农村电子商务等新型业态。以乡村产业振兴为着力点和突破点，加快发展壮大镇域经济，使镇域经济成为促进县域经济高质量发展的新引擎。

共造美丽乡村新颜值。继续发扬充实"共谋、共建、共管、共享"的共同缔造理念，积极探索建立推进实现"美丽云浮、共同缔造"的体制机制。从"美丽郁南、共同缔造"做起，发挥群众主体作用，激发群众参与活力，共建生态宜居美丽家园。全域推进农村人居环境综合整治，持续推进"三清三拆三整治"工作，着力抓好整县生活污水处理捆绑PPP项目和农村"厕所革命"，加快实现生活垃圾、生活污水处理全覆盖。加快补齐农村基础设施短板，提升农村电网、通信网络、安全饮用水等基础设施建设水平。积极响应市委实施"十村精品、百村示范、千村整治"新农村建设提质升级行动，突出抓好25个省定贫困村创建示范村和省级新农村示范片巩固提升工作，保护古驿道、古建筑、古村落等历史文化遗迹，保持乡村韵味。在更广领域探索"以奖代补"激励机制，鼓励各镇村开放创新思维，采取竞争性"以奖代补"办法建设新农村，最大限度发挥"政府引导、群众主体、市场运作、社会参与"的投资投劳机制作用，真正做到"共谋、共建、共管、共享"。

培植文明淳朴新乡风。坚持物质文明和精神文明一起抓，大力弘扬和践行社会主义核心价值观，以人民群众喜闻乐见的方式加强社会主义核心价值观宣传教育，增强农村凝聚力。以创建广东省县级文明城市为契机，广泛开展文明村镇、文明家庭创建，深入开展移风易俗行动，发挥乡村振兴促进会、乡贤理事会、村规民约的积极作用，引导农村树立勤俭节约的文明新风。深入实施文化惠民工程，充分发挥乡村舞台、文化广场、农家书屋等作用，加强基层文化阵地建设，广泛开展"农村春晚"、广场演出、农民体育等群众性文化活动。深入挖掘禾楼舞、舞狮、连滩山歌等非物质文化遗产，活化利用磨刀山遗址、兰寨古村落、大湾古建筑群、南江古水道等文化资源，以及桂圩村、河口寨村等老区村项目载体，把优秀传统文化与文明乡风、淳朴民风互相融合促进，着力构建"三共三治"乡村治理体系，推动乡村治理体系和治理能力现代化。

提升脱贫攻坚新成效。围绕"镇镇有扶贫产业、户户有产业带动"的目标要求，大力推行"公司+合作社+种养小区+贫困户"产业帮扶模式，突出龙头引领作用，支持温氏集团在全县布局发展，强化与广东顺诚畜牧有限公司合作，大力发展肉鸡养殖小区、生猪养殖小区、蛋鹌鹑养殖小区及产业链（养蛇场）等高效生态养殖产业。重点推进温氏生态高效智能养殖小区建设，着力建设一批产业扶贫基地、乡村创业孵化基地等平台载体，实现村村有扶贫产业、户户有扶贫项目、有劳动能力的贫困人口能够就近就地就业。加快推进25个省定贫困村创建新农村示范村工作，补齐农村基础设施和基本公共服务短板。进一步落实"三保障"政策，统筹推进教育、健康、危房改造、社会救助等工作，实现应保尽保、应扶尽扶。

**（四）坚持以人民为中心，切实保障和改善民生**

始终把人民放在心中最高的位置，积极回应群众对美好幸福生活的新向往新期盼，坚持均衡优质、公平普惠原则，切实增进民生福祉。

统筹推进城乡协同发展。继续按照"一城二核"思路，以县城为主核，以连滩镇为副核，加快新型城镇化建设，全面提升城市建设水平。持续推进县城扩容提质，加快推进新城区建设和扩展，重点推进大王山西宁湖、西江中学新校区、西江博雅学校、九星湖湿地公园二期和周边项目、高铁大道、九星新城及路网基础设施配套以及"五馆一院一中心"等项目建设，完善公共服务配套设施，增强县城承载力、辐射力和带动力，真正建成生态宜居县城。把连滩镇作为县域副中心，进一步扩大镇区面积，与周边各镇实行规划共绘、交通共联、市场共构、产业共兴，实现全县各镇"功能互补、区域联动、一体发展"。加强城市管理，提升群众文明素养，确保县城创文工作顺利通过省的验收。

加强和改进公共服务。进一步完善交通网络，加快推进"农村四好公路"建设，以及怀阳高速郁南段、国道234线改线、南江大桥改建、省道368线升级改造、双千线和承平大道、三环路、环城东路等一批重点交通项目和市政道路建设，补齐交通基础设施短板。积极推进民生水利工程建设，抓好中小河流域综合整治，将西江、南江沿岸堤坝进行升级改造、立体开发，实现防洪功能与旅游休闲功能的综合利用，践行可持续发展的治水理念。推动医疗卫生资源向镇村下沉，充分发挥158间规范化建设的村级卫生站作用，加大力度引进医疗卫生专业人才，加快医联体试点、分级诊疗、家庭医生、结对帮扶等工作，让群众在家门口能看上病、看好病。推动教育提质提速，加快县管校聘改革，促进教师资源均衡配置；加快西江中学新校区、西江博雅学校、都城镇初级中学升级改造等项目建设，缓解城区和中心镇学位紧缺困境。进一步推动基本公共服务均等化，完善新时代文明实践中心（所、站）等基础设施建设，加快推进县体育馆规划建设和农村体育场地设施建设，促进城乡文体事业发展。

稳步提高社会保障水平。确保财力向民生倾斜，全力办好2019年十件民生实事。加强社会保障体系建设，不断完善社会救助服务体系，加强社会救助、低保五保等工作，健全残疾人社会保障和服务体系，全面完成县养老机构公建民营社会化改革工作。积极落实各项就业创业惠民政策，完善公共创业服务体系，加快推进全县首个科技企业孵化器建设，增强创新发展动力。加快创建广东省食品安全示范县，强化食品药品安全监管，确保不发生重大食品药品安全事故。全面落实安全生产责任，持续推进安全生产社会共治，坚决防范遏制重大安全事故，营造和谐稳定的社会环境，增强人民群众的获得感、幸福感和安全感。

**（五）坚持和加强党的建设，营造敢于担当奋发有为的新风正气**

按照新时代党的建设总要求，全面推进党的政治建设、思想建设、组织建设、作风建设、纪律建设，举旗铸魂，凝聚民心，振奋精神，努力把全县各级党组织锻造得更加坚强有力，为推动郁南高质量发展提供坚强政治保证。

旗帜鲜明讲政治抓政治。始终牢固树立"四个意识"，坚决做到"两个维护"，在政治上、思想上、行动上同党中央保持高度一致。坚持以党章为遵循，严格落实新形势下党内政治生活若干准则，不断提升党内政治生活的政治性、时代性、原则性、战斗性。坚决做到"三个决不允许"，杜绝"七个有之"。

抓好宣传思想和意识形态工作。深入学习贯彻习近平总书记关于宣传思想工作重要论述，聚焦举旗帜、聚民心、育新人、兴文化、展形象的使命任务，全面加强宣传思想工作。贯彻落实《郁南县党委（党组）意识形态工作责任制检查考核实施方案》，构建党委统一领导、党政齐抓共管、宣传部门组织协调、有关部门分工负责的工作格局。抓住互联网这个桥头堡，深入开展维护意识形态安全专项行动，加强意识形态网络阵地建设。抓好融媒体中心平台建设，持续加强新闻媒体、网络媒体等重点领域和校园等重点区域整治，依法加强宗教、文化、学术等活动管理，坚决阻断各类意识形态渗透。

加强基层党组织建设。全面实施基层党组织"头雁"工程，选优配强党支部书记，注重把致富能手、农业好手、行家里手，培养吸纳到支部书记队伍中，带动富农兴村。以提升组织力为重点，认真落实加强党的基层组织建设三年行动计划，推动基层党组织全面过硬、全面进步。继续深化党建"1+3"模式和"一组两化"（党小组、网络化、信息化）模式，发挥党组织在打赢"三大攻坚战"、推动乡村振兴、开展扫黑除恶、建设平安郁南等重大工作中的领导作用。深入实施基层党建示范工程，开展"十百千"支部示范提级等行动，精准整顿软弱涣散村（社区）党组织，推动各领域党组织达标创优。深入推进南粤党员先锋工程、基层基础保障工程，抓好镇街党校和基层党组织活动阵地建设，创新优化基层党组织设置，全面推行组织生活"1+N"模式，推动党的组织生活与乡村振兴深度融合。

着力建设一支高素质干部队伍。认真贯彻好干部标准，把那些政治品德、职业道德、社会公德、家庭美德都过硬的干部，及时发现出来，合理使用起来。以机构改革为契机，对领导班子队伍进行综合分析研判，选优配强各级领导班子。强化实践锻炼，选派优秀年轻干部到乡村振兴、精准扶贫、扫黑除恶等基层一线和艰苦岗位挑担子、受考验。全面贯彻落实中央《关于进一步激励广大干部新时代新担当新作为的意见》，努力造就一支忠诚干净担当的高素质干部队伍。同时，深入实施"三个一百""千人计划"等引育工程，坚持推进"人才+项目"柔性引进，建立高素质人才引进优惠政策机制，注重引进旅游、规划、农业经济等镇、村急需人才，推动人才发展与地方发展深度融合。

持续推进正风肃纪反腐。以巡视反馈意见整改落实工作为抓手，持续深化全面从严治党，始终保持政治清醒和战略定力，把党风廉政建设和反腐败斗争不断引向深入。认真贯彻落实省委《关于加强对各级党组织一把手监督的意见》，紧紧拧住各级领导干部尤其是"一把手"这个关键少数，切实解决部分党组织

"一把手"自律意识不强、监督意识薄弱、管党治党不够担当等突出问题。持续打好作风建设持久战，巩固和拓展落实中央八项规定精神成果，把整治形式主义、官僚主义作为正风肃纪、反对"四风"的首要任务、长期任务。加大力度惩治群众身边的不正之风和腐败问题，深入开展基层正风反腐三年行动，坚决惩治扶贫领域、涉黑涉恶腐败及保护伞等八方面重点问题。坚定不移深化政治巡察，从破除"圈子文化"、维护政治生态的高度，深入整治官商勾结问题，构建"亲""清"的新型政商关系，坚决斩断官商勾结利益链，积极营造风清气正的良好政治生态。

（本章参考文献资料：《郁南县志》《郁南年鉴》）

附　录

附录一 **大事记**

## 1924年

钟世强（郁南县第六区妙门村人）、龙师侯（郁南县第六区河田村人）、张礼冶（郁南县第十一区张屋村人），先后在广州求学，同于1924年加入中国共产党，成为郁南县最早的中共党员。

## 1925年

**5月和9月** 中共党员、广州农民运动讲习所第三届学员、国民党中央农民部特派员陈均权、冯保葵先后被派至西江地区，负责领导郁南农民运动和创建中共郁南地方组织工作。

**9月** 龙师侯率先在其家乡河田村组织成立村级农民协会。

**10月24日** 陈均权等在妙门大胜宫主持召开郁南县第六区妙门乡农民协会成立大会，标志着郁南县第一个乡级农民协会正式诞生。

**11月** 郁南第六区其他13个乡（河田、练村、平台、古同、福留、罗埌、石塘、在田、古勉、建新、石台、大屋地、新乐）相继组织成立农民协会，有会员近千人。

**冬** 钟炳枢加入中国共产党，成为郁南党组织在农民运动中发展的第一位中共党员。

**12月** 郁南县首个中国共产党组织——中国共产党郁南县支部在第六区妙门村成立。郁南是西江地区最早成立中共组织的县之一。支部书记为陈均权，支部其他成员有冯保葵、钟世强、龙师侯、钟炳枢。

**同年**　张礼冾、莫奇标（郁南县第七区沙木村人）等郁南籍中共党员在其他地区的中共党组织参加革命工作。

### 1926年

**年初**　郁南第四区进步人士廖翔仪（郁南县都城街人）加入中国共产党。

**1月**　中共西江地方执行委员会（简称"中共西江地委"）成立，周其鉴（广东广宁人）为书记，李芳春（广东罗定人）、陈均权为委员。与此同时，广东省农民协会西江办事处也在肇庆成立，统一领导郁南等14个县的农民运动。周其鉴兼任主任，李芳春兼任书记（文书），陈均权兼任委员。

**2月16日**　郁南县第六区农民协会暨农民自卫军在第六区大地乡七堡义勇祠成立，选举龙师侯为第六区农会会长，莫桂生为农军队长。这是郁南县最早成立的区级农会和农军组织。

**2月**　根据中共广东区委的指示，龙师侯偕同钟世强、龙新华等以宗亲和邻居关系来到毗邻的封川县第二区思礼乡开展农运宣传活动。翌月，思礼乡农民协会宣告成立。

**3月**　由廖翔仪、聂应时领导的郁南第四区农民协会，由袁秀成、林士登领导的郁南第五区农民协会，由陆长雄、余广成领导的郁南第三区农民协会先后宣告成立。各区还组建农民自卫军。郁南县工会联合总会、妇女解放协会和学生联合会等革命群众团体先后宣告成立。

**3月8日**　郁南县工会联合总会向省港罢工委员会发出慰问信，亲切慰问参加省港大罢工的工友。

**4月25日**　郁南县各区、乡农民协会推选的代表，在都城锦江书院举行郁南县农民协会暨农民自卫军成立大会。

**6月18日** 郁南县第五、第六区和封川县第二区的土豪纠集民团、土匪围攻第六区农会机关七堡义勇祠。

**7月至年底** 由张礼冶领导的第十一区农民协会，由邓泽、邓葵、杨晓云等领导的第八区农民协会，由何琼佳领导的第九区农民协会先后成立。

**8月17—24日** 龙师侯代表郁南县农民协会出席广东省农民协会执行委员扩大会议。

**8月** 冯保葵奉命前往广州参加省农会举办的农村调查训练班学习。后奉派南海县工作。同年11月，因积劳成疾在广州病逝，年仅19岁。

**10月** 郁南党组织及农会集结1000多人，在都城举行武装示威游行，响应省农会关于谴责破坏农民运动的呼吁。

## 1927年

**4月16日** 国民党广东守备军第一团团长严博球率两个营及机枪连坐镇都城，控制郁南、封川两县。

**4月21日** 郁南县第八区农民协会被捣毁，农会领导人邓葵、杨晓云被杀害。

**4月25日** 陈均权、钟世强、龙师侯、钟炳枢、廖翔仪及其长子廖炳耀、次子廖熙耀和3名县农军骨干在廖翔仪家秘密召开会议时被严博球包围。廖翔仪及其次子和3名县农军骨干不幸被敌人逮捕（廖熙耀时年15岁，后被释放）。4月29日，廖翔仪及三名县农军骨干在都城被敌人杀害。廖翔仪是大革命时期郁南县最早牺牲的首位农会领导人和共产党员，时年40岁。

**5月初** 为及时取得上级的指示，中共西江地委临时领导机关派出陈均权等前往广州向中共广东区委请示报告工作，在高要禄步乘船时不幸被敌人逮捕。

**5月18日**　聂应时、钟世强、龙师侯、钟炳枢等组织郁南县第四、第五、第六区农军，联合封川县、云浮县农军，分三路攻打驻守西江的国民党广东守备军第一团严博球部（史称都城"五一八"武装暴动）。聂应时担任郁南县农民自卫军队长和"五一八"武装暴动总指挥，在激战中中弹，英勇牺牲。

**5月下旬**　严博球部纠合平台民团共600多人，袭击郁南县第六区农会机关七堡义勇祠，七堡义勇祠被烧毁。随后，第六区农会会址迁至罗梵宫，两个月后再迁至妙门大胜宫。

**6月30日**　钟世强、钟荫庭兄弟俩在都城被敌人用铁线穿掌过膊，串联在一起游街，鲜血淋漓，惨不忍睹。在敌人的酷刑面前，钟氏兄弟坚贞不屈，视死如归，壮烈牺牲，时年分别为35岁和40岁。

**9月**　中共西江特别委员会成立，黄学增任书记，周济任副书记，龙师侯任委员，负责组织领导西江11个县的武装暴动。此后，龙师侯奉命秘密前往广西梧州，计划与广西地委领导的农民武装联合举行中秋暴动。由于叛徒出卖，粤桂暴动计划未能实现。

**9月10日**　陈均权在广州被敌人杀害，年仅24岁。

**10月下旬**　郁南县第六区农军与封川县第二区农军联合，以妙门为中心举行武装暴动。26日国民党广东守备军第一团纠合郁南、封川、苍梧三县反动民团2000多人，向驻守在妙门村的郁南、封川两县农军发动疯狂"围剿"，两县中共组织主要领导人钟炳枢、龙师侯指挥率领农军600多人，布下三道防线，与敌人斗智斗勇，展开血战，整整坚持了十日十夜，击毙击伤敌80余人。11月5日凌晨，农军突围撤退至铜镬大山继续坚持斗争。

**11月18日**　中共广东省委决定，成立中国共产党郁南县委员会（简称"中共郁南县委"）和中国共产党封川县委员会（简称

"中共封川县委"），任命钟炳枢为中共郁南县委书记，龙师侯兼任中共封川县委书记。

**11月22日** 郁南县第五区农民协会会长袁秀成被杀害。

## 1928年

**1月8日** 罗定县在郁南县第十区（现千官镇）西埇村召开党团员大会，选举产生中共罗定县委领导班子（县委机关设在西埇村），张礼洽等7人当选为县委执行委员。

**3月** 中共西江上游特别委员会成立。黄钊、赖金章、王欧、唐公强以及3名农民任委员，黄钊任书记，负责领导指挥罗定、郁南、封川、云浮、德庆五县的武装暴动。特委机关与罗定县委机关合署办公，设在罗定与郁南交界的千官镇西埇村。

**4月上旬** 改组中共郁南县委，钟炳枢继任书记。

**4月14日** 郁南、罗定两县党组织共同策划在罗定联合举行武装暴动。郁南方面参加暴动的有第八区、第九区、第十区、第十一区的农军和农民群众数百人，与罗定方面共1000余人。由于敌探混入暴动队伍，致使暴动计划泄露并遭到国民党右派的镇压而失败。

**5月26日** 罗定张礼洽、郁南钟炳枢、封川龙师侯、云浮陈剑夫等县委主要负责人在香港出席由省委主持召开的西江上游各县负责人会议。会后，张礼洽受命担任中共罗定县委书记。

**8月** 据守铜镲大山的郁南、封川两县农军被严博球、黄绍竑反动军队以及郁南、封川、苍梧三县民团围攻，他们除少数突围外，大部分被捕或壮烈牺牲。此后，封川县委书记龙师侯取道广西往广州、佛山等处寻找省委组织，途经佛山时不幸被敌人逮捕，是月被杀害，年仅27岁。

**11月** 由于敌强我弱，中共郁南党组织及农会领导人大部分被杀害或被迫离开郁南，郁南党组织暂停活动。

## 1929年

**初夏**　钟炳枢被派至新会恢复党组织，同年9月重建中共新会县委，并任县委书记；11月调任广州市委郊区巡视员。

## 1930年

**9月上旬**　钟炳枢在广州中央公园门前宣传农民革命时，被特务秘密跟踪，不幸被捕。不久后，被敌人杀害，时年28岁。

## 1938年

**7月**　根据中共广东省委的部署，中共党员李福海（广州人）、吴子熹（郁南人）组成中山大学医学院回乡服务团来到郁南县城，组织抗日宣传队，开展抗日宣传活动。

**8月**　以建城抗日救亡巡回宣传队的名义，由李福海、吴子熹任队长，队员有李曼晖、王仁才、岑彪、刘莲、张梓棋等17人，通过演戏、演讲、唱革命歌曲等形式到全县各地演出，有力推动了全县抗日救亡工作开展。

**9月**　经过培养考察，进步青年吴健（又名吴显慧，今建城车滘村人）被吸收加入中国共产党，成为郁南县重建党组织后最早入党的党员。

**10月**　根据中共广东省委部署，吴子熹奉命开展郁南县地方组织的重建工作，先后吸收廖根培（建城人）、李曼晖（大湾人）、吴耀枢（都城人）、黎曼青（桂圩人）、卢鉴坝（桂圩人）、周文焯（宝珠人）加入中国共产党。

**11月**　中共广东省委青年工作委员会副书记梁嘉（广东开平人，公开身份为省抗先队副队长）在郁南县立第一小学魁星阁楼主持召开党员会议，宣布成立中国共产党郁南县中心支部委员会（简称"郁南县中心支部"），任命吴子熹为书记，廖根培为组织委员，赵约文（广东斗门人）为宣传委员，有党员9人，除3名支委成员外，还有吴健、黎曼青、吴耀枢、卢鉴坝、周文焯、李曼晖。从此，中共郁南县地方组织自1928年冬中断活动10年后，又重新建立起来。

**12月** 在郁南县中心支部的领导策划下，郁南县青年抗日先锋队（简称"郁南县抗先队"）成立，推选刘梓材为名誉队长，曾迺桢为队长，黄世传（国民党县党部秘书）、吴子熹（郁南县中心支部书记）为副队长，王仁才（建城人）为秘书，还有刘莲（女）等21名队委。

## 1939年

**1月** 都城、桂圩、通门、罗沙、连城、罗旁、冲强7个抗先支队先后成立，队员发展至800多人。

**春** 省抗先队在新兴召开会议，表扬郁南县抗先队工作，认为郁南的统战工作做得好。

**5月** 罗沙抗先支队在陈克（陈隆基）、陈鹏（陈美材）的领导策动下，组建成立40多人的武装队伍，任务是维持地方治安。该组织为日后郁南党组织领导开展武装斗争做了准备工作。广东省抗先队副总队长、中共西江特委组织部部长梁嘉曾给予肯定和赞扬。

**6月** 国民党郁南县党部执行上级限制共产党活动方案，限令抗先队主要领导人吴子熹、赵约文、李曼晖、梁荣新4名中共党员离开郁南县境，企图瓦解抗先队。

**9月** 鉴于国民党反共逆流猖狂，中共西江特委决定，让吴子熹等4人撤离郁南，郁南县中心支部书记由刘铭标（又名刘汝民，建城人）担任，廖根培继续担任组织委员，由卢鉴埙接任宣传委员。

**同月** 郁南县立第一中学学生刘莲（女）被吸收加入中国共产党，成为郁南县首位女党员。

**9月、10月** 广东省立庚戌中学迁至郁南县三堡乡河口寨村复办。上级党组织派党员教师余明炎、赵元浩、冯蓉笙（女）到该校任教，并成立党支部。党支部的任务是开展抗日救亡宣传，发展新党员，扩大党的组织。余明炎、伍基然先后任支部书记。至1942年5月、6月中共南委、粤北省委事件发生后，党员先后撤离，停止活动。在此期间，该支部先后发展一批党员和培养一批建党对象。

**11月** 国民党郁南县政府强行以武力解散县抗先队，并逮捕了郁南县抗先队秘书王仁才，后经郁南党组织和爱国民主人士李光汉（郁南桂圩人）等出面营救出狱。

## 1940年

**1月** 中共西江特委书记刘田夫到郁南，指示郁南地下党的工作转向隐蔽。

**5月** 通门罗沙村农民陈德英加入中国共产党，成为郁南县党组织在农民群众中发展的第一位中共党员。

**6月** 郁南党组织领导体制改为特派员制，郁南县中心支部书记刘铭标调离，黄子彬（广东新会人）任中共郁南县特派员。

**7月** 全县成立5个中共支部，即：建城支部，书记陈其荣；都城支部，书记吴耀枢；桂圩支部，书记李云（女，黄子彬妻子）；通门支部，书记陈鹏（又名陈美材）；连城支部，书记周鉴澄（又名周立人）。各支部由特派员直接领导，全县有党员36人。

**下半年** 刘俊英奉命停止参加社会上的公开政治活动，以"德兴昌"作为党的交通联络站和经济活动基地秘密开展地下工作。至1948年"四一八"武装起义爆发前，该站以中共党员刘俊英为主要负责人，其堂妹刘坚（1941年加入中国共产党）协助工作，该交通站成为三罗党组织的联络站和经费筹集基地。

## 1942年

**1月、2月** 三罗党组织在中共党员吴耀枢位于都城中正路（今四一八路）的家中秘密举办有10多名党员骨干参加的学习班。

**5月、6月** 中共粤北省委、南委机关被叛徒出卖而遭受破坏。此后，转移到郁南的省、地、县的干部，如李殷丹、张华、王炎光、欧新、潘祖岳、黎百松、李见心、汪绥祚、汪梅等二三十位同志及其家属，以及民主人士李燮华、梁霭怡和唐章的母亲、弟弟、亲戚等10多人，先后转移到郁南来隐蔽，政治上得以安全隐蔽，生活上得以安定，没有一个共产党员和民主人士及其家属遭受损失，直至1944年11月恢复党组织活动后重返原工作岗位。

**11月** 中共郁南地方组织奉命暂时停止组织活动。

### 1943年

**夏** 国民党郁南县成立临时参议会，李光汉得到中共党员和地方民主派的支持，就任临时参议会议长（至1946年2月）。

### 1944年

**年初** 中共党员李荣欣当选郁南县桂圩镇镇长，并成立桂圩镇自卫班。

**6月** 原粤北省委秘书潘祖岳（广东紫金人）奉命与妻子林玲撤退至郁南，通过时任桂圩镇镇长、桂圩镇中心学校校长李荣欣的关系，安排在龙岗小学教书，以教师职业进行隐蔽活动，领导民众开展抗日斗争。至1946年6月，潘祖岳先后担任桂圩镇常备自卫队指导员、中共三罗中心县委书记兼郁南特派员等职。

**8月** 在西江特派员冯燊（广东恩平人）、三罗中心县委书记唐章（广东中山人）等人的直接领导下，把桂圩镇自卫班扩大发展为桂圩镇常备自卫队（简称"桂常队"）。这是抗日战争时期，由郁南党组织直接领导的第一支抗日武装，随后成为郁南县民众武力指挥部的主力中队和核心力量。

**9月16日**　由国共两党共同领导的郁南县第一支地方抗日武装部队——郁南县民众武力指挥部成立，李振业为指挥官，李光汉为顾问，共300多人。下设5个中队和1个荣誉队：第一中队在都城编成，中队长林若星；第二中队在桂圩编成（即"桂常队"），中队长李荣欣；第三中队在县城编成，中队长余镇铺；第四中队在通门编成，中队长陆良醒；第五中队在峡上编成，中队长阮韶华；由伤愈荣誉军人组成的荣誉队，队长关云。

**9月19日**　连城乡自卫队设伏于大用村牛揾口孔家大屋附近的密林中，袭击进犯县城的日军先头部队，击毙日本军官1人，打响郁南人民抗击日本侵略者的第一枪。

**9月20日**　日军第二十二师团第八十四联队从连滩出发，分两路向郁南县城进犯。

**9月21日**　南武将士于建城青山庙、迴龙庙一带阻击日军，击毙日军20余人，南武将士阵亡14人。

**9月23日**　南武将士于都城的象山、金鱼山、石头山、黄雾涌、虎头山一带阻击日军，击毙日军10余人，南武将士阵亡3人，伤4名。

**9月24日**　南武将士于桂圩栗子岗卧龙寮一带伏击日军，击毙日军6人，南武将士阵亡2人。

**9月25日**　南武将士于通门羊兰坑、思栗坑一带阻击日军，击毙日军10余人，南武将士阵亡3人。

**11月**　在西江特派员冯燊、中共三罗中心县委书记唐章等的策划领导下，改组南武，派李镇靖任南武参谋长，掌握南武的行政和军事指挥的实权，使之成为中共领导的人民武装，并成立中共南武党支部，由李镇靖任书记。

**同月**　冯燊在桂圩金螺村刘俊英家里主持召开会议，宣布省临委关于成立中共西江临时工作委员会的决定，王炎光（广东东莞人）任书记；同时宣布恢复郁南县的党组织活动，由潘祖岳任郁南县特派员，吴子熹任副特派员。

**12月** 郁南县西区行政自治委员会成立，李光汉任主任，吴子熹（中共党员）、吴健（中共党员）分别为秘书、干事，负责处理委员会的日常工作。这是抗日战争时期由中共地下组织在郁南西部地区建立的抗日民主新政权。至此，西江地区首个"有党的领导，有抗日武装，有民主政权"的敌后抗日游击根据地诞生。

**冬** 南武派出突击队夜袭都城镇，打死打伤敌伪数人后，又派突击队队长黄江海带领手枪组进入都城，捕杀都城镇伪警察所所长莫尚武。

## 1945年

**3月** 撤销中共西江临工委，分别成立中共广宁中心委员会和中共三罗中心委员会。潘祖岳任三罗中心县委书记兼郁南县特派员，黄子彬任组织部部长兼罗定县特派员，麦长龙任宣传部部长兼云浮县特派员。三罗中心县委机关驻地设在郁南县桂圩镇龙岗村。

**同月** 广东省临委派遣李嘉人（广东台山）以东江纵队代表身份与李济深会面，商讨组织华南民主联军抗日事宜。李嘉人路经郁南县，刘俊英负责接待并找可靠人士护送李嘉人到罗定；同时，李镇靖以南武参谋长的身份和爱国民主人士李光汉一起到罗定拜会李济深，并邀请李济深亲临南武视察。

**同月** 中共广东省临时委员会书记、东江纵队政委尹林平分别致电中央军委和中共中央南方局书记周恩来，充分肯定南武部队，称之为"西江特委在郁南用李光汉（即谭启秀部）名义组织的灰色武装"，是党领导的抗日统一战线形式的武装队伍。

**3月31日** 三罗党组织在南武驻地通门新街举行盛大的欢迎会。会上，李济深将军发表激昂的抗日讲演，并称赞南武是真正抗日的爱国部队。欢迎会后，三罗党组织还举行有郁南各界代表37人出席的茶话会，李济深勉励郁南人民坚定抗战的信心。

**4月** 郁南党组织以南武名义在通门罗沙光华小学举办军政干部训练班，培训对象是各中队的骨干、青年党员及进步青年。共60人参加学习，其间发展了一批党员。

**8月15日** 日本宣布无条件投降。李镇靖立即带领南武部队进军并光复都城，缴获日伪大米20多万斤。

**10月** 为加强对郁南党组织的领导工作，中共三罗中心县委特别成立中共郁南桂圩区委员会，作为县一级的工作机构，由黄浩波（黄文彬，罗定人）任区委书记，陈家志任组织委员，徐文华任宣传委员，肖敏（许秀琼）任妇女委员。区委下设1个党总支、9个党支部。同时成立中共郁南县统战领导小组，由李荣欣任组长，成员有吴耀枢、卢鉴埧、周文焯、黎曼青、陈其荣。

## 1946年

**春** 国民党整顿乡镇，选举乡镇长，党组织抓住这个机会，做好统战工作，使吴耀枢当选国民党都城镇镇长（后又兼任国民党第四区分部书记），卢鉴埧当选为国民党桂河乡乡长，周文焯当选为国民党连城乡副乡长，陈鹏当选为国民党通门乡副乡长。

**5月** 郁南副特派员吴子熹被捕，后党组织通过各种关系，保释其出狱。

**6月** 已暴露的中共三罗地下党干部撤退工作基本结束，保存了革命力量。

**7月** 谭丕桓（广西玉林人）调任中共三罗特派员。

**同月** 中共三罗中心县委书记兼郁南县特派员潘祖岳撤离郁南，由黎百松（广宁人）担任中共郁南县特派员。此后，郁南党组织为开展武装斗争做准备工作。

## 1947年

**2月**　在中共三罗特派员谭丕桓的领导下，中共党员谭机佳（罗定人）在郁南县三堡乡河口寨康广泉、康星辉的家秘密设立地下交通总站。韦敬文、冯月庭、张梓棋、康广泉、卓家斌、李大林、康星辉等同志先后开辟通往西山、都骑、罗镜、都城、加益等地的交通线。

**冬**　李光汉任国民党郁南县民众自卫常备队经费筹给委员会主任委员，负责组织郁南县自卫大队，其儿子李荣开为县自卫大队副大队长。

## 1948年

**2月**　原中共罗定县特派员李保纯（余鸿均，广东斗门人）调任郁南县副特派员，加强桂河武装斗争的领导。

**3月**　为组织发动郁南武装起义，中共中央香港分局决定成立中共三罗地区总工作委员会，由唐章任书记，机关驻地设在郁南县。同年7月，改称中共三罗地区工作委员会。1949年6月，改称中共三罗地区委员会。

**4月15日**　郁南特派员黎百松率领罗沙地区参加武装起义的武装队伍20多人到达桂圩，在李光汉的良岌山庄取枪械弹药，隐蔽待命。

**4月18日**　在中共三罗党组织和郁南党组织的领导策划下，爱国民主人士、时任国民党郁南县自警团委员会主任李光汉密令其儿子李荣开率领国民党郁南县自卫大队官兵70多人，携带轻机枪1挺、步枪60多支起义。是日深夜，中共党员、国民党都城镇镇长吴耀枢率领都城镇自卫队和县自卫大队都城分队，携带轻机枪2挺、步枪30多支；中共党员李荣欣和中共党员、国民党桂河乡乡长卢鉴埧率桂河乡自卫班，携带轻机枪1挺、步枪40多支，与起义军事指挥吴桐、郁南特派员黎百松、副特派员李保纯等率领的武装小分队和通门罗沙地区的武装人员等集结桂圩，宣告起义，并袭击桂圩警察所和破仓分粮，拉开三罗地区解放战争的序幕（史称"郁南'四一八'武装起义"）。

**4月19日**　郁南"四一八"武装起义队伍挺进峡上乡（今罗顺）沙村卢氏大宗祠集会，庆祝起义成功。起义军事指挥吴桐（广东东莞人）宣告成立中国人民解放军粤桂边三罗总队，由李镇靖任总队长，将起义队伍整编为3个中队和1个武工组，兵力200人。

**4月20日**　三罗总队指战员进军通门，在通门又一次破仓分粮。合计在桂圩、峡上、通门三地，打开粮仓4座，发动群众共1500人，分发粮食40多万斤。

**4月23日**　三罗总队在峡上薄刀界与国民党西江水上保安警察总队莫汉部200多人相遇，发生战斗，在吴桐指挥下，以火力压制敌人，然后安全转移。

**5月23日**　国民党广东省保警独立团第六营和护县保警中队共300余人，向驻守在通门里龙顶的三罗总队分两路发起多次冲锋，三罗总队战士居高临下，多次击退敌人进攻。战斗从中午开始，激战至下午，毙伤敌军10余人，三罗总队第三队队长李平（广东高明人）、班长李万生（郁南桂圩人）英勇牺牲。

**5月27日**　三罗党组织和总队领导在加益召开会议决定，三罗总队兵分三路，开辟游击根据地。

**6月初**　李保纯、吴耀枢、刘俊英、李荣开等率领起义部队第二队（命名为"北平队"），从加益挺回桂圩，在桂河乡到广西边境一带山区，坚持游击战争。

**同月**　中国人民解放军粤桂边三罗总队改称广东人民解放军三罗支队，下辖云浮、郁南两县武装力量，包括郁南起义后整编而成的3个中队和云浮2个大队。

**9月5日午夜** 李保纯等率领第二队首次攻打国民党桂河乡公所战斗，但未成功。

**10月** 中共罗云郁边区工委成立，书记韦敬文，委员冯月庭、康星辉。

**11月7日** 通过里应外合，第二队发动第二次攻打国民党桂河乡公所战斗，突袭驻桂圩的谢御群的警卫排，全歼马排，毙敌1人，俘敌27人。队员刘苏英勇牺牲。

**12月21日** 第二队发动第三次攻打国民党桂河乡公所战斗，消灭林建三自卫队40多人，敌桂河乡公所正、副乡长唐秉权、唐秉英被击毙。"三打桂圩"战斗的胜利，是"四一八"武装起义后，又一次规模较大赢得胜利的战斗，受到中共中央香港分局和粤中分委的表扬。从此，桂河地区基本解放。

**同月** 三罗支队郁南第三队改为第三连，由陈德英任连长，陈林任指导员。

**同月** 罗云郁边区成立"黄河队"。

## 1949年

**1月中旬** 由粤中分委书记兼粤中军分委主席冯燊（广东恩平人）、粤中分委常委兼粤中军分委第一副主席吴有恒（广东恩平人）率领中国人民解放军粤中主力部队独立第一团（黄东明任团长兼政委）与广东人民解放军三罗支队在云浮富林会师。宣布三罗支队扩编为中国人民解放军粤中第四支队，由李镇靖任司令员，吴桐任副司令员，唐章任政治委员，谭丕桓任政治部主任。

**1月15日** 陈德英等挺进大方、千官等地活动，打开四宁乡马路头的粮仓，把粮食分给群众，发动群众开展反"三征"（征兵、征粮、征税）斗争。

**2月2日** 郁南特派员黎百松率领粤中第四支队十一团武工组12人，与周文焯、周文坊、骆沛源、黄权芳等发动连城起义。

起义后，20多名青年报名参加起义队伍，编入十一团建制，命名"天鹰连"。

**2月5日**　以吴桐、李荣欣、陈凤堃率领的部队为主力，调遣替滨附近各地人民武装配合行动，分三面向国民党替滨乡公所、警察所和商团夹攻，解放替滨，并宣告成立中国共产党领导的中良乡事务委员会，委任雷子和为主任；同时成立中良乡自卫大队，黄鼎元为大队长，禤特夫为副大队长。

**2月8日**　由吴桐、谭丕桓、李荣欣率领郁南第一队（命名"贺兰队"）和中良乡自卫大队第三中队，解放新乐。

**2月12日**　中共罗云郁边区工委书记韦敬文率领武工队护送粤中独立第一团副政委陈军等18人伤愈归队。

**2月**　李荣欣奉命在峡上乡传达上级关于组建粤中第四支队十一团指示，宣布中国人民解放军粤中第四支队第十一团成立，由李荣开任团长，李荣欣任政委，吴耀枢任副政委，刘俊英任政治处主任。

**2月16日**　粤中第四支队第十一团三营奉命参加罗定连州战斗，担任侧翼掩护，据守白苏顶。

**4月**　粤中第四支队司令部由唐章、李镇靖率领两个连的直属部队挺进郁南。

**同月**　粤中第四支队第十一团团长由政委李荣欣兼任，增加朱开任副团长和陈家志任政治处副主任。

**同月**　中共郁南县工作委员会成立，由黎百松任书记。同年6月，由李荣欣担任书记。

**同月**　郁南县人民政府成立，由李荣欣任县长。10月后增加吴耀枢为副县长。县人民政府下设东区、中区、南区和西区4个行政委员会。

**7月22日**　国民党郁南建城自卫队、联防队近百人包围连城村心寨,搜捕武工人员并杀害骆根,宣布强征夏粮。天鹰连连长左庄侠、天豹连连长刘辉等率领200多人,团长李荣欣、副团长朱开以及刘俊英、陈牧汀、吴子熹、周文焯等配合作战,毙敌2人,伤敌数人,第十一团战士李金章、骆树牺牲,保卫了夏收。

**8月1日** 中国人民解放军粤中纵队正式宣布成立,司令员吴有恒,政治委员冯燊,副司令员欧初,副政委兼政治部主任谢创。下辖3个支队、1个总队和1个独立团,共1.6万人。其中,粤中纵队第四支队下辖新编第一团和第三、第十一、第十四团。粤中纵队第四支队由李镇靖任司令员,唐章任政委,谭丕桓任政治部主任,周钊任政治部副主任。11月粤中纵队第四支队撤销,被编入广东省第五(西江)军分区第十四团和各县县大队。

**10月1日** 中华人民共和国中央人民政府在北京宣告成立。粤中纵队第四支队司令部及所属第十一团指战员在驻地峡上乡举行庆祝大会,并将新制作的一面五星红旗高高升起,欢呼中华人民共和国诞生。

**10月14日** 粤中纵队第四支队司令部及所属第十一团在铜东乡(今平台)举行庆祝广州解放大会。

**10月18日** 粤中纵队第四支队司令部率领第十一团以及部分民兵进入县城,东区、西区、中区各地的武装民兵先后进城。至此,郁南县城宣告解放。

**同日** 中共郁南县委员会、郁南县军事管制委员会成立,同时组建新的郁南县人民政府,李荣欣任县委书记、县长、军事管制委员会主任。

**10月26日** 国民党连滩自卫中队中队长黄绍杰率队前来投诚,连滩宣告解放。

**同日** 粤中纵队第四支队司令部驻连滩支前办事处成立,由陈家志兼任主任,陈云、陈其荣、康星辉、黄鼎元任副主任。

**11月4日**　3日深夜，南下大军第二野战军第四兵团第五军四第十五师某部，由粤桂湘边纵队绥贺支队第二团做向导，从德庆溯江直指都城。4日拂晓，大军在都城强行登陆，向敌专署、保安司令部等要地攻击，击溃驻敌都城西江水警大队。下午，李荣欣率部进驻都城，与大军四十五师和绥贺支队胜利会师，都城宣布解放。至此，郁南全境解放。

**11月21日**　凌晨4时，国民党第七军二二四师在莫汉残部的配合下，从梧州扑来，分东西两路夹击都城。粤中纵队第四支队司令员李镇靖亲临前线指挥新一团、第十一团奋力迎击，夺取了都城保卫战的胜利，保卫了新生的人民政权。

## 附录二 革命遗址和革命文物

### 一、革命遗址

#### （一）钟炳枢故居

位于郁南县平台镇妙门村。钟炳枢是郁南县首个中共支部的重要创建者、农民运动的重要领导人，中共郁南县委第一任县委书记。

钟炳枢故居

#### （二）钟世强、钟荫庭故居

位于郁南县平台镇妙门村。钟世强是郁南县首个中共支部的重要创建者、农民运动的重要领导人。钟荫庭是郁南县农民自卫军宣传委员。

钟世强、钟荫庭故居

**（三）郁南县首个村级农民协会旧址（已损毁）**

位于郁南县平台镇中村村委会河田村。此民宅建于清朝。1925年9月，中共党员龙师侯在此召开群众大会，成立全县第一个村级农民协会。

**（四）郁南县第六区练村农民协会旧址（已损毁）**

位于郁南县平台镇妙门村委会练村。建于民国初期，正方形建筑，有中西结合的骑楼。1925年11月，陈均权、冯保葵、钟世强、龙师侯、钟炳枢等郁南早期革命领导人建立妙门乡农会后，在这里召开群众大会，成立练村农民协会，开展减租减息斗争。

练村农民协会旧址

### （五）郁南县第六区古同乡农民协会旧址（已损毁）

位于郁南县平台镇古同村委会古同村。原为庙宇，始建于清朝。1925年11月，陈均权等革命领导人在此成立古同乡农民协会。

古同乡农民协会旧址（已损毁）

### （六）郁南县第六区福留乡农民协会旧址（已损毁）

位于郁南县平台镇古同村委会福留村。原为庙宇，始建于清朝。1925年11月，陈均权等革命领导人宣布成立福留乡农民协会。2012年3月，该旧址被郁南县人民政府列入不可移动文物名录。

### （七）郁南县第六区农民协会会址暨农民自卫军驻地旧址（七堡义勇祠）

位于郁南县平台镇大地村，始建于清咸丰六年（1856年），咸丰九年（1859年）落成，建筑面积993平方米。先后于1928年和2016年重修。2003年4月，该旧址被郁南县人民政府列为文物保护单位。2015年和2016年，郁南县老促会先后争取上级和有关单位资金支持50万元，对该旧址进行了第一期修缮（重建前座）。2017年底后，中共郁南县委宣传部争取上级资金支持166万元，对该旧址进行第二期修缮（修缮后座）。

　　1926年2月16日，在中共郁南党组织的领导下，郁南第六区农民协会暨农民自卫军在七堡义勇祠宣告成立，选举龙师侯为农会会长，莫桂生为农军队长。这是郁南县第一个区级农会和第一支农军。此后，七堡义勇祠成为农会领导人和农军战士的主要驻地，大地村也成为郁南第六区农民运动的中心。1927年5月下旬，国民党郁南县反动军队袭击第六区农会农军，并放火烧毁七堡义勇祠。农会农军驻地被迫迁至平台赐步村罗埌村罗梵宫，两个月后再迁至妙门村大圣宫。抗日战争时期，七堡义勇祠曾为郁南县地方抗日队伍郁南县民众武力指挥部的重要根据地；解放战争时期，为郁南县支前粮食存放中心之一，为解放全中国作出了应有贡献。

2016年重建前的七堡义勇祠全貌

## （八）郁南县农民协会暨农民自卫军成立旧址（锦江书院）

　　位于郁南县都城镇第一小学校内。大革命时期，在以陈均权为首的中共郁南党组织领导下，开展了轰轰烈烈的农民运动。1926年4月，全县各区、乡农民协会选派代表80多人，集中在锦江书院举行大会，选举产生郁南县农民协会领导机构。同时，组建成立县农民自卫军。大会选举廖翔仪为县农会主席，聂应时为县农军队长。该旧址中、后座已损毁，现只剩下前门厅。2010年12月，该旧址被郁南县人民政府公布为县级文物保护单位。

锦江书院（前门厅）

**（九）郁南县农民协会暨郁南县第四区农民协会机关驻地遗址（原都城康帅庙）**

位于郁南县都城镇新生路郁南县总工会所在地（今新生路38-40号），为原都城康帅庙所在地，建于清朝道光年间，同治年间重修。1926年4月郁南县农民协会成立后至1927年4月间，郁南县农民协会和郁南县第四区农民协会在此合署办公。1952年该旧址遭损毁。

**（十）中共西江上游特委机关驻地遗址（原书馆）**

位于郁南县千官镇金版西埇村（20世纪70年代被损毁）。1928年3月，中共广东省委在该村一座名叫"书馆"的楼房秘密成立中共西江上游特委机关（与中共罗定县委联合办公），特委辖罗定、郁南、云浮、封川、德庆五县党组织。同时，特委改组罗定县委，制定暴动计划及策略，成立罗定暴动委员会，下设总指挥部。由于暴动计划被混进内部的奸细告密，暴动遂告失败。（1928年10月撤销中共西江上游特委，重建中共西江特委。）

西垌村原书馆所在位置（今为晒地）

### （十一）广东省立庚戌中学暨中共庚戌中学支部旧址（康少培大屋）

位于郁南县河口镇河口寨村。1939年9月，为躲避日寇战火，广东省立庚戌中学搬迁至郁南县三堡乡河口寨村康家大屋复办，中共西江党组织指示在庚戌中学秘密成立中共支部，任务是开展抗日宣传，培养发展新党员，扩大党的组织。从1939年至1940年，余明炎、伍基然先后任庚中支部书记。在党支部领导下，庚中师生积极开展抗日救亡宣传和反逆流斗争等革命活动。先后吸收了一批进步师生加入党组织和培养了一批建党对象，正式党员从成立时的12名增加到15名。庚戌中学是郁南县最早成立党组织的中学，又是郁南县西江中学的前身，为西

179

康少培大屋外貌

江中学的发展奠定了良好基础。2010年12月，该旧址被郁南县人民政府公布为县级文物保护单位。2017年12月，河口寨村被定为广东省重点打造的60个红色村之一，该旧址得到修缮保护和开发利用。

**（十二）中共三罗中心县委机关驻地旧址**

位于郁南县都城镇四一八路一巷31号。1940—1944年，中共三罗中心县委书记唐章先后在都城田屋、埇头村黄屋、"十皇殿"后朗小学等地居住，秘密领导郁南、罗定、云浮三县党组织的工作。

中共三罗中心县委机关驻地旧址

### （十三）中共三罗组织联络站旧址（都城原"德兴昌"车衣店）

位于郁南县都城镇中山路198号。从1940年下半年开始，中共党员刘俊英遵照中共西江特委和三罗党组织的指示，以经营都城"德兴昌"车衣店为掩护，为党组织从事秘密联络工作和筹集活动经费。先后接待和掩护了省、地、县委一大批干部及家属，为1948年中国共产党领导发动郁南人民"四一八"武装起义筹措经费10余亿元国币，为三罗人民的解放事业作出了重大贡献。

原"德兴昌"车衣店

### （十四）郁南县桂河抗日战争解放战争革命活动驻地旧址（文武庙）

位于郁南县桂圩镇桂连村。抗日战争时期，郁南县地方抗日武装郁南县民众武力指挥部曾驻扎在桂圩六保学校，文武庙是南武的最前哨，是南武直属第一中队驻地，并以此为活动中心，把桂圩金螺、木薯、联珠、白鸽、鸡娄、龙藏、大白界、大林青、黄占、野塘、山禾地、银岩坑等地发展成为党领导的革命活动地。文武庙于2005年在原址重建。2005年9月，该旧址被郁南县人民政府公布为县级文物保护单位。

桂圩镇桂连村文武庙

**（十五）桂圩镇常备自卫队队部旧址、"四一八"武装起义集结地（桂河书院）**

位于郁南县桂圩镇政府大院内。1944年8月，由冯燊、唐章、潘祖岳、李荣欣等中共领导人组建的郁南县桂圩镇常备自

桂河书院外貌

卫队成立，后成为郁南县民众武力指挥部的主力中队之一，队部驻桂河书院。1948年4月18日深夜，县城、都城、桂河及通门罗沙等多地的武装队伍共200多人抵达桂河书院集中，宣布武装起义，并袭击国民党桂圩警察所和破仓分粮（史称"郁南'四一八'武装起义"）。2003年4月，该旧址被郁南县人民政府公布为县级文物保护单位。

**（十六）中共西江临时工作委员会成立旧址（刘俊英祖屋）**

位于郁南县桂圩镇金旺村委会金螺村。1944年11月，中共西江特派员冯燊在此主持会议，宣布省委关于成立中共西江临时工作委员会的决定。同时，宣布恢复西江各县和郁南党组织活动。至1946年间，党组织多次在此举行重要会议，举办干部培训班。1945年3月，根据周恩来和中共广东省临委的指示，东江纵队代表李嘉人，经郁南到罗定与李济深会谈，商量组织成立华南民主联军有关事宜，曾在此隐蔽数天，并由刘俊英护送绕道封川泗科离开。2010年12月，该旧址被郁南县人民政府公布为县级文物保护单位。

刘俊英祖屋外貌

## （十七）中国人民解放军粤桂边三罗总队成立旧址（卢氏大宗祠）

位于郁南县桂圩镇江咀村委会沙村。1948年4月19日上午，郁南"四一八"武装起义队伍挺进峡上乡沙村卢氏大宗祠，举行集会，宣布中共三罗总工委决定，起义队伍整编成立中国人民解放军粤桂边三罗总队，由李镇靖任总队长，下辖3个中队1个武工组。为了摆脱敌人的"追剿"，起义部队转移到罗定、郁南、岑溪边界的加益进行整编，分片发展，开辟游击根据地。2006年11月，该旧址被郁南县人民政府公布为县级文物保护单位。

卢氏大宗祠

## （十八）郁南县南区行政委员会办事处暨南区区队旧址（街边村陈氏祖祠）

位于郁南县大方镇大方村。1949年5月，郁南县人民政府南区行政委员会暨南区区队在大方村陈家祠成立，管辖加益（设南区驻加益办事处）、替滨、连滩、千官、大方等乡。1949年7月21日，南区行政委员会办事处、区队机关驻地遭到国民党千官自卫队200多人的"围剿""扫荡"。在保卫战斗中，中共党员、粤中第四支队十一团特务员廖淑培（郁南建城人）在战斗中壮烈牺牲。7月22日，驻守在南区驻地的粤中第四支队第十一团三连连长陈德英，带领战士和民兵会同第四支队第十一团团长李荣欣、副团长朱开等参加连城夏收保卫战。10月，陈德英率队50多人参加解放县城和参加解放连滩战斗。2010年12月，该旧址被郁南县人民政府公布为县级文物保护单位。

大方镇大方村陈氏祖祠

## （十九）都城保卫战指挥部遗址（象山）

位于郁南县都城镇象山公园。1949年11月4日，郁南重镇都城宣告解放。11月20日，敌十二区保安司令部参谋长李友尚和保安第二总队总队长莫汉率残部，勾结国民党第七军二二四师李本一部，从梧州进犯都城。粤中纵队第四支队司令员李镇靖立即部署粤中纵队新一团和第十一团参加保卫都城的战斗，并将战斗指挥部设在都城象山上。21日凌晨4时，敌人分水陆两路进犯都城。水路莫汉部用炮艇驶至鹅公山脚江面，企图占领鹅公山制高点，当即遭到新一团二连和迫击炮连火力的封锁。敌艇又企图驶往都城码头登陆，受到新　团一连阻击，也未能得逞。同时，国民党二二四师以一个团为前锋，两个团

位于都城城区的象山（右边山头）

为后续部队，由梧州乘拖渡轮船在都城均冲口登陆，配合水路之敌，企图对都城实行钳形夹攻。天刚拂晓，敌人首先向守卫棺材嘴山一带的天鹰连阵地冲锋，战士们英勇顽强阻击，在六连与炮连继以猛烈火力支援下，粉碎了敌人5次冲锋。炮连延伸射程，集中火力猛轰敌人山后的预备队，给予敌人重大打击。敌人不甘心受阻，又集中强大兵力继续冲击，在紧急情形下，指挥部命令守卫兵房山的六连和炮连以火力支援守卫棺材嘴一带阵地的天鹰连，梯次撤至飞凤山，以居高临下之势对敌人进行阻击。这次战斗从凌晨4时战至当天下午2时，敌死伤十几人，终不得逞，遂向梧州方向溃退。是役，新一团参战部队牺牲战士多名，受伤多名。

**（二十）郁南县遥翰乡支前粮仓旧址（俊显莫公祠）**

位于郁南县历洞镇内翰村。中华人民共和国成立初期，郁南县奉命征集粮食，支援解放海南岛作战，分别在内翰乡俊显莫公祠和裕义乡历洞村堡联庵（已损毁）等设立粮仓。1950年2月19日深夜和20日，先后遭到武装土匪围攻。在保卫国家粮食的战斗中，四区中队副班长梁伟等16名原粤中纵队第四支队第十一团战士、县四区中队战士和县征粮工作队员被土匪杀害，俊显莫公

历洞镇内翰村俊显莫公祠全貌

祠、堡联庵内的支前粮食被抢夺。2010年12月，该旧址被郁南县人民政府公布为县级文物保护单位。

## 二、革命文物

### （一）郁南县第六区建新乡农民协会会旗

质料为大红棉布，以犁头为旗徽。旗长1.66米、宽1.08米，为郁南县大革命时期（1924—1927年）各级农民协会机构标志。该文物是1983年由都城镇建新村大寺塘农民聂文波向郁南县博物馆捐赠。

郁南县第六区建新乡农民协会会旗

**（二）郁南县农民协会会员证章**

铜质，圆形，直径3厘米，上刻"广东郁南县农民协会会员证章"字样。

郁南县农民协会会员证章

**（三）郁南县农民协会使用的布章、印章字模**

质料为棉白布，长12厘米，宽8厘米。该布章（左下图）为郁南县第六区妙门乡农民协会执委主任钟惟初使用，布章上盖有"郁南县第六区妙门乡农民协会印"字样。右下图为郁南县第六区在田乡农会印章的印模。

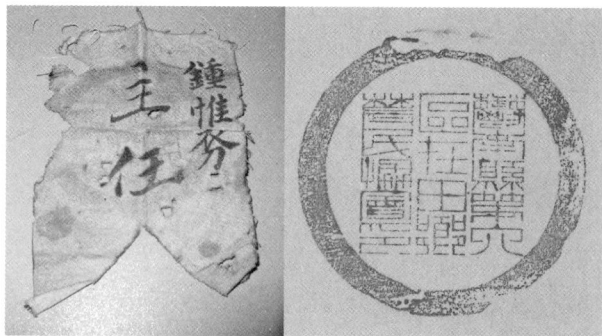

郁南县农民协会使用的布章、印章字模

**（四）历史上首位中共郁南县委书记钟炳枢的照片、遗物**

钟炳枢（1902—1930年），郁南县妙门村人。1927—1930年历任中共郁南县支部书记、郁南县委书记、新会县委书记、广州市委郊区巡视员等职。左下图照片为1913年锦江小学校高级生第16次毕业师生合影（前排右一为在该校任教的钟炳枢的父亲钟伯桃，中间小孩为11岁的钟炳枢，该照片是迄今发现的钟炳枢与其父的唯一照片）。右下图为钟炳枢生前穿过的唐装衫，衣料为麻布。该衣物钟炳枢夫人岑梅馨同志于1990年向郁南县博物馆捐赠。

钟炳枢与其父

钟炳枢的唐装衫

## （五）"军政名扬"锦旗

历史上，今罗定市加益、辖滨、新乐等地均为郁南县管辖。1949年2月，加益、辖滨、新乐等地先后解放，成立中国共产党领导的中良乡人民政权，该地区的人民武装随即整编成立中良乡自卫大队，后改编为中国人民解放军粤中第四支队第十一团第三营。为表达对人民子弟兵的感激之情，当地劳苦大众特制作此锦旗送给子弟兵。锦旗质料为大红棉布，长81厘米，宽37厘米。旗正中镶有"军政名扬"字样，左右两侧镶有"中国人民解放军粤中第四支队第十一团第三营营长兼郁南县南区行政委员会委员黄鼎元暨全体同志惠存""郁南县中良乡辖滨市商民全体敬赠"字样。该文物为1983年6月由黄鼎元向郁南县博物馆捐赠。

"军政名扬"锦旗

# 附录三 纪念碑亭和纪念场馆

## 一、纪念碑亭

### （一）郁南抗日阵亡将士纪念碑

位于郁南县建城镇西宁公园内。1938年7月，为纪念抗日战争一周年和在抗战中牺牲的郁南籍将士，由郁南县各界人士在原县城东门外兴建。碑身高4.3米，碑座占1.7米，呈"圭"字形。1985年11月，该纪念碑被郁南县人民政府列为重点文物保护单位。1992年，因道路扩建而迁移至今建城镇西宁公园内按原貌重建。2010年9月重修，并镶嵌花岗石。2015年9月，在郁南县首位女共产党员、抗战老同志刘莲的资助下，增设了抗战纪念园标志石和郁南抗战历史展览室，是云浮市中共党史教育基地和郁南县爱国主义教育基地。

2010年重修后的郁南抗日阵亡将士纪念碑

2015年新建立的抗战纪念园标志石和抗战历史展览室

### （二）宋桂解放战争烈士纪念碑

位于郁南县宋桂镇塘埔山（花果山）。1959年9月，为了纪念在解放战争中为革命献身的宋桂籍烈士而兴建，2014年10月重修。碑通高4.36米。2003年4月，该纪念碑被郁南县人民政府公布为县级文物保护单位。

宋桂解放战争烈士纪念碑

### （三）历洞革命烈士纪念碑、纪念坟

分别位于郁南县历洞镇历洞村庙角屋背山坡和内翰村委会路下村。1971年和1976年，县、镇人民政府为纪念中华人民共和国成立初期因保护支前粮食而牺牲的16位烈士，分别在历洞村和内翰村修建革命烈士纪念碑、纪念坟（坟内安葬有烈士遗骨）。2010年12月，历洞革命烈士纪念碑、纪念坟被郁南县人民政府列为县级文物保护单位。

历洞革命烈士纪念碑      历洞革命烈士纪念坟

## （四）罗沙革命烈士纪念碑

位于郁南县通门镇罗沙村。1984年4月，为纪念在革命战争中英勇牺牲的烈士，由县、镇两级政府拨款兴建。2003年4月，该纪念碑被郁南县人民政府列为县级文物保护单位。

罗沙革命烈士纪念碑

## （五）罗沙革命老区纪念亭

位于郁南县通门镇罗沙村。2005年10月，为纪念在革命斗争中牺牲的烈士，由县、镇两级政府拨款兴建。2008年1月，被批准为云浮市爱国主义教育基地。

罗沙革命老区纪念亭

### （六）桂河革命纪念亭

位于郁南县桂圩镇政府背山坡。2005年12月，为纪念在抗日战争、解放战争中作出了重大贡献的革命烈士而建。

桂河革命纪念亭

### （七）连城革命纪念亭

位于郁南县宝珠镇中心小学校内。2015年春，为纪念在抗日战争、解放战争中作出了重大贡献的革命烈士而建。

连城革命纪念亭

### （八）大方革命纪念亭

位于郁南县大方镇街边村陈家祠侧面。2015年春，为纪念在抗日战争、解放战争中作出了重大贡献的革命烈士而建。

大方革命纪念亭

### （九）中共郁南县中心支部纪念亭

位于郁南县建城镇初级中学内。1938年11月，中共广东省委青年工作委员会副书记梁嘉（公开身份为省抗先队副队长）来到郁南，在县立第一小学魁星阁楼（今建城中学内）宣布中国共产党郁南县中心支部成立。由吴子熹任书记，廖根培任组织委员，赵约文任宣传委员，有党员9人。从此，中共郁南县党组织在1928年冬中断活动10年后，又重新建立起来。2001年7月，中共郁南县委在原中共郁南县中心支部遗址建立纪念亭。2003年4月，该纪念亭被郁南县人民政府公布为县级文物保护单位。2016年4月，县委依托纪念亭在建城中学建立了"郁南革命摇篮——建城中学"纪念室。

中共郁南县中心支部纪念亭

原县立第一小学魁星阁楼

## （十）冯鉴泉烈士纪念亭

位于郁南县宋桂镇车岗村委会高坎村。冯鉴泉（1904—1949），郁南县宋桂镇高坎村人。1947年加入中国共产党。受党组织安排，在家中建立秘密联络情报站。1949年7月被国民党云浮县白石镇自卫队围捕，后被敌人杀害，

2011年4月8日中共郁南县委为重修的冯鉴泉烈士纪念亭隆重举行落成揭幕仪式

时年45岁。为纪念冯鉴泉烈士，1979年，当地政府及冯氏兄弟筹资兴建了一座纪念亭，还被列入郁南县第三次文物普查名录。现纪念亭为2010年10月冯氏后人重新选址兴建。

## 二、纪念场馆

### （一）郁南革命烈士陵园

位于郁南县城鸭山，占地面积3.5万平方米，是1963年郁南县委、县政府为纪念郁南县在革命、建设、改革发展等历史时期英勇牺牲的英雄烈士而建立。主要设施包括：陵园牌坊、烈士纪念碑、纪念广场、烈士墓、烈士纪念碑记群，以及新民主主义革命时期郁南革命斗争历史展览室和党员教育宣传墙廊等，是云浮市两个省级中共党史教育基地之一。1985年11月，郁南革命烈士陵园和烈士纪念碑被郁南县人民政府列为郁南县重点文物保护单位。2000—2013年，先后被上级有关部门批准公布为广东省中共党史教育基地、云浮市爱国主义教育基地、云浮市中共党史教育基地、云浮市国防教育基地等。

郁南革命烈士陵园正门牌坊

陵园内烈士纪念碑群

### （二）郁南县民众武力指挥部纪念馆

位于郁南县通门镇街坊村，是抗日战争时期南武领导机关旧址所在地。1944年9月，日军进犯西江。驻扎西江的国民党第三十五集团军邓龙光部发起成立郁南县民众武力指挥部（简称"南武"），由退役团长李振业（郁南桂圩人）任指挥官。1944年11月，中共郁南党组织通过统战关系，派中共党员李镇靖（郁南桂圩人）任南武参谋长，并通过改组，使南武成为中共郁南党组织掌控的抗日武装。根据抗日斗争形势发展的需要，1944年底至1945年10月，南武领导机关和直属队伍由峡上乡迁至通门乡，驻扎在通门中心小学和附近的五庙。1945年3月底，三罗党组织以南武的名义在通门举行千人大会，欢迎李济深将军莅临南武视察，李济深发表抗日演讲并召开茶话会。1945年四五月间，党组织以南武名义在通门罗沙光华小学举办军政干部训练班，培养骨干和发展党员。南武立下了坚持抗日、打击敌伪，掩护中共党组织骨干、保护人民生命财产和光复都城等功绩，为解放战争时期举行郁南人民"四一八"武装起义准备了干部基础。该纪念馆占地面积213.5平方米，楼高两层，总建筑面积413平方米，被批准为云浮市中共党史教育基地、郁南县中共党史教育基地。展馆内容主要包括：抗战时期的省、地、县党组织及部分领导人简介，郁南抗战大事简介，南武部队序列、领导人及部分骨干简介，部分英烈及抗战老党员、老战士、老同志简介等。

2012年10月15日，郁南县委在通门镇隆重举行云浮市中共党史教育基地衔牌揭幕暨"南武"纪念馆落成仪式

### （三）郁南（桂河）革命纪念馆

位于郁南县桂圩镇桂圩村委会龙岗村，由中共郁南县委依托原抗日战争时期中共三罗中心县委机关驻地旧址，打造而成的一座革命历史纪念馆，全馆建筑面积195平方米。2017年9月，该旧址被郁南县人民政府公布为县级文物保护单位。2018年7月开始向广大党员干部和群众开放参观，被批准公布为云浮市中共党史教育基地和郁南县

中共党史教育基地、爱国主义教育基地。纪念馆主要设施包括：中国共产党与广东地方党组织的创建简介、新民主主义革命时期中国共产党历史图片展示、新民主主义革命时期郁南重要党史人物雕像及简介、抗日战争和解放战争时期郁南重大历史事件简介、郁南英雄烈士名录以及中共三罗中心县委机关及其领导简介等。

郁南（桂河）革命纪念馆内部分展览设施

郁南（桂河）革命纪念馆正门

（四）郁南县第一个中共支部暨第一个乡农会成立地遗址纪念室、纪念亭

位于郁南县平台镇妙门小学内（原大胜宫庙已于"文革"期间被拆毁）。1925年10月24日，在中共党员陈均权、冯保葵等领导下，在大胜宫（又名大圣宫）庙宣告成立郁南县六区妙门乡农民协会，这是郁南县第一个乡级农民协会。1925年12月，中国共产党郁南县支部在此宣告诞生，有陈均权、冯保葵、钟世强、龙师侯、钟炳枢5名党员。1927年"四一二"反革命政变发生后，郁南党组织领导人及第六区农会领导人及其农军被迫迁至大胜宫庙驻扎。1927年10月26日至11月4日，郁南、封川及广西苍梧的两省三县反动武装2000多人，向驻守妙门一带的农军发起大规模的"围剿"进攻，党组织领导农军坚持与敌人展开了十日十夜的反"围剿"斗争，终因敌强我弱被迫转移至铜镬大山坚持斗争一年多时间。2010年6月，中共郁南县委在该遗址建立了郁南县中共党史教育基地，设有郁南革命先驱陈均权烈士雕像、大革命和土地革命斗争历史展览室、"妙门十日十夜反'围剿'战斗（国画）"等。2014年在佛山市高明区有关扶贫单位的支持下，新建了妙门革命老区纪念亭。

原大胜宫庙所在地遗址（今平台镇妙门小学）　　妙门革命老区纪念亭

（五）张礼冶故居

位于郁南县大湾镇替蓬张屋村。2010年12月，张礼冶故居

被郁南县人民政府公布为县级文物保护单位。2011年9月,中共郁南县委通过对故居修缮,将其建设成为郁南县中共党史教育基地。

2011年9月16日郁南县中共党史教育基地——张礼洽故居修缮竣工仪式现场

## (六)平台革命烈士陵园

位于平台镇平台村狮山公园。2001年7月,郁南县委、县政府为纪念大革命和土地革命战争时期牺牲的革命烈士而建立。陵园占地面积3000多平方米,内有革命烈士纪念碑等设施(纪念碑高7.9米)。2005年12月,该陵园被批准为云浮市国防教育基地。2010年12月,平台革命烈士陵园被郁南县人民政府公布为县级文物保护单位。

平台革命烈士陵园内的革命烈士纪念碑

## （七）龙师侯故居

位于郁南县平台镇中村村委会河田村。2013年5月，中共郁南县委通过对故居修缮，将其建设成为郁南县中共党史教育基地。

2013年5月8日郁南县中共党史教育基地——龙师侯故居对外开放参观仪式现场

红色歌谣

在革命斗争和战斗中，广大战士和人民群众创作了不少红色歌谣，在部队、在城乡、在群众中广泛传唱，红色歌谣不但生动描述了革命队伍的日常生活和战斗历程，还表达了战士们的革命情怀。同时，反映了广大人民群众支持正义斗争，反抗压迫，对美好生活的向往和追求，表达了对革命胜利的喜悦。在革命斗争年代，这些红色歌谣，对鼓舞革命斗志、激励人们向往光明发挥了积极作用。

以下歌谣原载于《郁南民歌歌谣》。

### 三罗①游击战争路线歌

（连滩山歌）

三罗四八年仲春，革命四处起风云，
游击活动含含滚②，抗打土豪兼敌军，
抗打敌军良谋施，郁南四一八起义③，
会同四方的同志，举旗反蒋志不移。
反蒋桂圩到平台，通门新乐粮仓开，
千官替滨同敌忾，征途同心除祸害。
征途同心黄亚癸，父子勇猛杀敌人，
加益新用直推进，夺粮开仓济贫民。
救济贫民创战功，游击同志似蛟龙，
罗镜连州仗英勇，击退敌人的进攻。

攻打敌军到泗纶，船步沙塱摆战阵，
四方志士配合紧，个下敌军失晒魂。
敌从金鸡退苹塘，游击战士打蒋帮，
富林直达到高塌，筋竹个处又开仓。
开创新兴深山田，和尚洞中来训练，
尼姑和尚笑相见，欢呼解放乐绵绵。
快乐绵绵又动身，上级有令到阳春，
合江巢洞向前进，云浮石井来安顿。
安排渡江根竹塘，东坑个处扎营房，
转到三洞出栗塌，合乡民众喜争光。
天光行军到信宜，四村乡民笑嘻嘻，
敬茶助谷表心意，途经大垌好顺利。
荏到黄泥塘个埇，回头返转到新用，
经过下麦吉星拱，军民合作好通融。
通融上赖到友山，士绅请埋一大班，
扶合就在廿六晚，民众苦情诉一番。
转返行军到牛头，经过峒里早筹谋，
定出计划到河口，穷追顽匪断其后。
穷追顽匪到车田，替滨同志得会面，
湾峒告捷行庆典，武装个个早预便。
预便行军到竹塘，珠称原来有夜光，
天明举步鸥鸪塌，返到沙口间学堂。
学堂行军到黄沙，队伍精神顶呱呱，
地主恶霸闻风怕，减租退押冇二话。
减租退押得胜利，穷人个下笑微微，
三罗解放齐报喜，处处挂起五星旗。
红旗高升迎风扬，游击战争不寻常，

配合大军灭老蒋④，够坚强，

历史谱新章，喂！祖国江山万年长。

①三罗，即罗定、云浮、郁南3个县。

②含含滚，踊跃之意。

③四一八起义，指于1948年4月18日午夜发动的武装起义。

④老蒋，指蒋介石。

## 桂河起义反老蒋①

### （连滩山歌）

春风沐浴桂河乡，斧镰旗帜迎风扬，

万众一心反老蒋②，革命起义谱诗章。

革命起义势如虹，人民怒火荡心胸，

土豪压迫剥削重，世间天理实难容。

情理难容死老蒋，迫人苛政丧天良，

走狗繁枝③当县长，征兵征税又征粮。

征税征粮好交关，剥到人民断晒餐，

倘有不依大脚板（踢），拉人封屋当便饭。

拉丁封屋得人惊，仲要七十多名兵，

有钱财主请人顶，穷人个下至捞命。

捞命好比生阎王，穷佬日夜好心慌，

鉴埧④即寻地下党，商量对策治蛇狼。

商量对策拟良谋，吴桐荣欣⑤频点头，

光汉俊英⑥好拍手，同订起义计一兜。

起义举旗反伪总，革命烈火燃乡中，

四八年春北斗拱，四月十八就行动。

行动打击蒋江山，县队希文⑦配合返，

都城耀枢⑧一同返，起义队伍起狂澜。

起义队伍遍山乡，有老有嫩有姑娘，

没有真枪棍顶上，兵士"七九"当机枪。

机枪拉返桂河内，即刻就把粮仓开，

穷人同仇同敌忾，粮归农民好应该。

农民受压难当家，乡长秉权⑨的确差，

一味只听县长话，只顾自己向上爬。

只顾上爬请官兵，联同土豪更不应，

筹款一千万元正⑩，广州个处请行营⑪，

行营带兵谢御群⑫，两连共有百多人，

气势汹汹桂河进，妄图消灭起义军。

消灭义军阴谋定，衰公秉英⑬最卖命，

梓均伯和两死顶，企图挽救蒋朝廷。

挽救伪权钟进英，另立乡长共乡丁，

伯龙建三⑭共执政，枪仔突突得人惊。

枪仔突突好嚣张，刮尽民财抽民抢，

每保三支并粮饷，大石砸蟹民遭殃。

民众遭殃讲冲坡⑮，桂河霎时传悲歌，

罪名话接共军过，封屋又重把人拖。

拖返乡所来拘留，强迫村民把监瘟，

罚谷三千话唔够，签字担保要人头。

转头出兵剿龙岗⑯，封屋拉人猪姆剀，

拆烂桂园良心丧，运走砖瓦建联防。

联防统治苦无边，苛政迫人惨过煎，

卢银⑰被拉打到扁，一保伦贤⑱苦连天。

叫苦连天真冇修，毒打更兼灌水油，

周身黑肿冇得救，跟住阮牙被扣留，

扣留阮在六保校，捆绑又重鸡翼稍，
肉在砧板任制炮，马仔还重粗棍敲，
马仔心肝似豺狼，旁人唔敢来张望，
骨拆肉飞胆水丧，霎时打死在当堂。
当堂又捉卢鉴楷，不分皂白将佢拉，
罪名话共产党派，竟然将佢命收埋。
收埋又去围吉丁，捉到边个就上绳，
反动家伙坏透顶，杀尽几多冤枉命。
杀死人命权势恃，揾的人民咁做猪，
刮一刮二又返注，民间好比田冰鱼。
冰鱼正经任佢捉，搅得民心无下落，
抄完房间抄楼阁，财产搬清又挽镬。
挽完镬头笠鸡仔，火钳薄刀拧到齐，
被帐猪牛数唔计，撸埋箩斗共糠筛。
拧走糠筛又担箩，谷种倒清无奈何，
贡柜砸烂来睇过，衫裙衣物一并拖。
粮食拖尽冤呀冤，条命比佢正心愿，
人财两空点打算，胸中怒火转团团。
团结起来报冤仇，穷人咁正有出头，
高声呼吁革命友，不如去把共产投。
齐众投奔共产党，参加革命驱匪帮，
合力同心把敌抗，誓把害虫一扫光。
害虫扫光还心愿，秉炳秉英照脑穿，
土豪恶霸地窿钻，今调穷人得雪冤。
穷人雪冤政权掌，作主当家笑眉扬，
毛泽东同志指方向，好理想，
共产主义香，喂！人民江山万载长。

①此歌作于1948年，原歌名为《四一八起义山歌》。流传于桂圩、罗顺、通门、建城、平台等地。

②反老蒋，反对当时以蒋介石为代表的国民党反动派。

③繁枝，指孔繁枝，曾任国民党郁南县县长。

④鉴坝，指卢鉴坝，地下共产党员，当时党组织派他打入郁南县桂河乡担任乡长职务。

⑤吴桐荣欣，指吴桐、李荣欣，他们都是"四一八"武装起义的领导人。

⑥光汉，即李光汉，桂圩龙岗人，是一位开明士绅。俊英，即刘俊英，是游击队政治指导员。

⑦希文，即李荣开，当时任郁南县自卫大队副大队长，由于受中国共产党思想的影响，于1948年4月18日晚响应号召起义。

⑧耀枢，即吴耀枢，当时党组织派他打入国民党都城镇政府担任镇长。

⑨秉权，即国民党桂河乡乡长唐秉权。

⑩一千万元正，指当时的货币。

⑪行营，是国民党总统派出的权力机关。

⑫谢御群，国民党西江第三区专员分署保安副司令。

⑬秉英，即国民党桂河乡副乡长唐秉英。

⑭伯龙、建三，都是桂河乡的反动地主恶霸。

⑮冲坡，今建城镇便民村的一个自然村。

⑯龙岗，今桂圩镇的村名。

⑰卢银，游击队员。

⑱伦贤，即卢伦贤，游击队员。

## 抗日救亡

人民愤怒斥日伪，破坏我国好山河，
七七卢沟点起火，强行无理动干戈。
动起干戈风火燎，奸淫抢劫房屋烧，
屠杀人民捉三鸟，"三光"政策无情烧。
无情炸轰我桥梁，攻打南京作战场，
大炮飞机隆隆响，三军浩荡声势张。
声张海陆空进攻，关东军又侵广东，
蚕食鲸吞野仔种，激愤同胞一致同。
同奋雄心众志城，直指白刃不放松，
敌忾同仇把命拼，枪林弹雨势不惊。
不怕牺牲血染袍，杀敌何畏断头颅，
半壁山河尽焦土，誓要收返归版图。
版图完收孚众望，中共合作巩中邦，
抗战多年谋解放，游击战争把寇荡。
荡平敌寇息烟氛，凯歌乐奏庆三军，
五星飘扬传喜讯，收复河山振国魂。

## 收复失地归版图①

（抗日民歌）（数目回文）

一声炮响震卢沟，两国交锋战云愁，
三军奉命齐奋斗，四野战军共策筹。
五岳三山轰动后，六朝金粉付东流，
七七风云锄敌寇，八路军兵展奇谋，
久持抗战而不朽，十足胜利失地收。
十亿同胞气雄豪，九州齐奋动枪刀，

多年抗战消敌耗，出齐兵马杀强暴。

六续调兵师远劳，五洲震荡波涛高，

四海陆空翻腾舞，三山推倒日落暮，

二愤填膺收领土，一统山河归版图。

①此歌在抗日战争时期在平台流传，收集者在小学时期曾唱过此歌宣传，根据回忆整理。

## 郁南县县歌①

锦江之南，苍梧之东，

纵横二百里，云罗云盖。

天标天马，位为群山之雄。

它蕴藏着丰富的物产，

它孕育着纯朴的民风。

民众，民众，

发挥力量，擎起铁拳，

向着我们的敌人进攻，进攻！

①此歌为抗日战争时期流行于郁南的县歌。

## 重要革命人物

### 一、早期革命先驱

陈均权（1903—1927年），广东东莞虎门人。郁南县第一个中共支部的主要创建者，郁南农民运动的主要领导人，第一届中共西江党组织重要领导成员。1925年初在广州第三届农民运动讲习所学习期间加入中国共产党。1925年5月由中共广东区委派至郁南工作。同年10月，在第六区妙门乡组织成立郁南县第一个乡农会。12月，与冯保葵、钟世强、龙师侯、钟炳枢创建中共郁南县支部，并任书记。1925—1927年，组织和领导郁南县开展农民运动，成立县、区、乡各级农会和农军组织，并参与组织和领导西江地区党组织创建和农民运动等工作。1927年"四一五"反革命政变后不幸被敌人逮捕，9月10日在广州被杀害，年仅24岁。2010年7月，郁南县委、县政府在他当年最早工作的地方（妙门村）树立了烈士雕像，建立了纪念室，让郁南人民永远铭记英烈功勋。

冯保葵（1907—1926年），广东鹤山雅瑶人。郁南县首个中共支部的重要创建者，郁南农民运动的重要领导人。1925年初加入中国共产党，同年9月，奉派到郁南工作，与陈均权等创建郁南党组织，参与组织领导建立郁南县、区、乡农民协会及农军组织。1926年8月，被抽调参加广东省农民协会农村调查训练班，后派遣南海工作。因积劳成疾，于1926年11月在广州就医，不幸病故，年仅19岁。

钟世强（1892—1927年），郁南县平台妙门村人。郁南县接受和传播马列主义的第一人，郁南县首个中共支部的重要创建者、农民运动的重要领导人。1912年入读广东公立法政专科学校，与新兴县籍的叶季壮是同窗好友。1919年在广州参加五四爱国运动，1924年加入中国共产党，是郁南县最早的中共党员之一。1925年与陈均权等创建中共郁南县第一个党组织，此后参与组织领导建立县、区、乡农民协会及农军组织。为了支持革命，钟世强和胞兄钟荫庭不惜变卖自己的家产，资助农会装备农军。"四一二"反革命政变后，参与策划和领导都城"五一八"武装暴动。暴动失败后，钟世强与胞兄钟荫庭秘密赴广州联系上级党组织而被敌人缉捕。1927年6月30日，敌人用铁线将兄弟两人穿掌过膊游街并杀害。是年，兄弟俩年仅35岁和40岁。

龙师侯（1898—1928年），郁南、封川两县农民运动重要领导人，中共封川县党组织创建者、第一任县委书记，中共西江党组织早期领导成员。郁南县平台河田村人。毕业于两广优级师范学校，1924年加入中国共产党，是郁南县最早的党员之一。历任郁南县第六区农民协会会长、郁南县农民协会执委书记、中共西江特委委员、封川县委书记。1925年9月，率先在其家乡河田村成立全县第一个村级农民协会。同年底与陈均权等，创建中共郁南县第一个党组织，此后参与组织领导建立县、区、乡农民协会及农军组织。1927年1月，组建成立封川二区农民协会和农军。同年9月奉命担任中共西江特委委员。同年11月，兼任中共封川县委书记。"四一二"反革命政变后，敌人第一次进攻河田村时，龙师侯以自己的楼房作指挥部，居高临下抗击敌人。1927年5月和10月，参与组织领导都城"五一八"武装暴动和妙门反"围剿"战斗。1928年前往香港寻找省委组织，在佛山被国民党军警逮捕，同年底被杀害，年仅30岁。

钟炳枢（1902—1930年），郁南县首个中共支部的重要创建者，郁南农民运动的重要领导人，中共郁南县委第一任县委书记。郁南县平台妙门村人。1925年从广州回到家乡积极配合上级领导陈均权等在本村开展农民运动试点工作。1925年10月成立郁南县第一个乡农会（妙门乡农会）。同年冬，加入中国共产党。同年12月，参与创建中共郁南县支部。1927年"四一二"反革命政变后，参与策划领导都城"五一八"武装暴动、七堡义勇祠自卫战、河田反击战和妙门反"围剿"等战斗。1927—1928年，历任中共郁南县支部书记、中共郁南县委第一任书记。1929年奉命赴新会恢复党组织，9月任县委书记，11月调任中共广州市委郊区巡视员。1930年9月，在广州被国民党特务跟踪缉捕杀害，年仅28岁。他的一家原有八口人，在革命斗争中，因被牵连或贫病交迫，先后牺牲或病故7人。

廖翔仪（1886—1927年），郁南县都城街人。郁南农民运动的重要领导人，郁南县农民协会第一任主席。1926年初加入中国共产党。同年3月，组织成立郁南第四区农会并任会长。4月，当选为郁南县农民协会主席。此后，郁南县党组织和农会领导人经常在廖家密谈商议工作。1927年4月25日，县党组织及农会领导人在其家中后座召开紧急会议时遭敌人包围，情况危殆。为掩护其他同志从后门撤退转移，廖翔仪父子挺身而出，在前座与敌人周旋而被捕。4月29日，廖翔仪及3位农军骨干被杀害，年仅40岁。中华人民共和国成立后，中央人民政府为其亲属颁发了由毛泽东主席签发的革命牺牲工作人员家属光荣纪念证。

张礼洽（1903—1947年），郁南县大湾楷蓬张屋村人。郁南农民运动重要的领导人，临危受命的中共罗定县委书记。大革命初期在广州岭南大学求学，其间加入中国共产党，是郁南县最早的党员之一。广州岭南大学毕业后赴延安，后由党组织派回郁南，以教师职业为掩护，组织领导开展农民运动。1926年7月，组织成立大湾农民协会并任会长。1928年1月，当选为中共罗定县委执委；同年4月，参与组织领导罗定"四一四"武装暴动。暴动失败后临危受命担任中共罗定县委书记，带领县委成员转至云浮腰古城头乡云浮县委机关隐蔽。同年8月，国民党反动军警捣毁云浮县委机关后，又转到台山以教师职业隐蔽。1929年，被国民党台山当局逮捕，幸得同学保释。1929年底，被迫离乡前往香港。1947年回乡病故，终年44岁。

聂应时（1895—1927年），郁南县都城富窝乡红花村人。郁南县农民自卫军队长，都城"五一八"武装暴动总指挥。1925年参加革命。1926年3月，任郁南县第四区农民自卫军队长。同年4月，当选为县农民自卫军队长兼四区农民协会会长。1927年5月18日，在指挥郁南、封川、云浮（今云城、云安）三县农军1000多人攻打驻守都城的国民党广东守备军战斗（史称郁南都城"五一八"武装暴动）中壮烈牺牲，时年32岁。

袁秀成（1904—1927年），郁南县桂圩新塘村人。郁南县第五区（今桂圩镇）首位共产党员，第五区农民协会会长。大革命初期，结识了陈均权、龙师侯等同志，并投身革命（后娶龙师侯胞妹为妻）。1926年3月，组织成立郁南县第五区农民协会，任会长，同年加入中国共产党。1926年6月，土豪劣绅假借民团清匪之名，纠集都城反动民团土匪，对新寨等村庄进行洗劫，放火烧屋，枪杀无辜群众。袁秀成带领乡亲掩护转移至第六区古同、福留等地躲避。1927年11月21日，反动军警和民团再次对第五区共产党人及农运骨干进行疯狂搜捕，并使用劝降的办法对付袁秀成等人。为了避免新寨全村再次遭受洗劫，袁秀成挺身而出，被捕后被押回县城，第二天被秘密杀害于建城二家地，年仅23岁。

## 二、抗日战争、解放战争时期部分领导人

冯燊（1898—1970年），广东恩平人。老红军，中共西江特委书记、西江特派员，粤中区党委书记，中国人民解放军粤中纵队政委。1927年参加广州起义。1934年参加红军长征。1940—1944年任中共西江特委书记、西江特派员。1944年夏至1945年初，他奉命隐蔽在郁南桂圩，秘密领导开展抗日斗争。1944年夏，把李荣欣掌握的只有10多人的桂圩镇公所自卫班扩大成为120多人的桂圩镇常备自卫队。这是由西江党组织直接掌握的第一支抗日武装，后发展成为郁南县民众武力指挥部的主力中队和核心力量。1944年9月，他策动李光汉和国民党退役军官李振业向国民党第三十五集团军总司令邓龙光要来一批武器，得以成立南武抗日队伍；随后派遣李镇靖等一批中共党员掌握南武，使之成为中共领导的人民武装。同年12月，领导成立抗日民主政权——郁南县西区自治行政委员会。一个"有党的领导，有抗日武装，有民主政权"的敌后抗日游击根据地在桂河地区率先诞生，为抗日战争的胜利作出了重要贡献。

唐章（1912—1984年），广东中山人。中共三罗中心县委书记、三罗地委书记，中国人民解放军粤中纵队第四支队政委。1937年加入中国共产党。1940—1944年任中共三罗中心县委书记，以郁南县作为三罗中心县委机关驻地，对郁南的工作给予具体指导。他化名徐汉章，以商人身份隐蔽在都城、桂圩等地。其间，布置刘俊英设立地下交通联络站，接待和掩护粤北省委遭敌人破坏而转移到郁南的省地党组织领导人及其家属30多人；团结争取李光汉等统战对象，掌握南武地方抗日武装，领导民众开展抗日斗争。1948—1949年，历任中共三罗地委书记、粤中纵队第四支队政委等职。其间，与谭丕桓、吴桐、黎百松等组织发

动郁南"四一八"武装起义，成立中国人民解放军粤桂边三罗总队，创建以郁南山区为重点的游击根据地。1949年三罗总队发展成为下辖4个团、4000多兵力的粤中纵队第四支队，为解放三罗地区作出了重要贡献。

李镇靖（1920—1996年），郁南桂圩龙岗村人。郁南县民众武力指挥部参谋长，中国人民解放军粤中纵队第四支队司令员。1933年入读广州黄埔海军学校。1937年赴延安抗日军政大学学习。1938年加入中国共产党。1944—1945年，任南武参谋长，通过改组南武，使中共掌握了部队的指挥权，成为西江南岸地区一支重要的抗日武装。1948年初任中共三罗地委委员，负责武装斗争的组织领导工作。1948年郁南"四一八"武装起义后至1949年11月，先后任中国人民解放军粤桂边三罗总队总队长、广东人民解放军三罗支队司令员、粤中第四支队司令员、粤中纵队第四支队司令员等职，指挥部队驰骋于三罗地区，为配合南下大军解放三罗立下了赫赫战功。1949年11月，指挥都城保卫战斗。1952—1953年参加抗美援朝战争。1955年被授予三级独立自由勋章和二级解放勋章，是郁南县唯一一位被授予独立自由勋章和解放勋章的军事将领。

谭丕桓（1912—1997年），广西玉林人。中共三罗特派员，"四一八"武装起义主要组织者，中国人民解放军粤中纵队第四支队政治部主任。1937年加入中国共产党。1946年7月至1948年3月任中共三罗特派员。其间，较多时间在郁南，为开展武装斗争做准备。把南武留下的部分人员和装备重新组织起来，加强由地下党掌握的都城、桂河两支武装力量并争取李光汉的武装力量。派员参加三罗工委举办的党员学习班和广宁、云浮、罗定游击队学习班学习军事知识。开辟罗郁岑边区根据地。在河口寨建立地下交通站，打通与云罗阳边游击队的联系，开辟通往都城、加益等地的交通线。领导群众反对国民党"三征"，激发群众的斗争热情。为开展武装斗争筹集经费，做好物质准备。

吴桐（1920—2003年），广东东莞人。"四一八"武装起义军事指挥，中国人民解放军粤中第四支队副司令员、第六支队司令员。1939年加入中国共产党。1948年1月指挥打响三罗武装斗争第一枪（富林战斗），同年4月奉命担任郁南武装起义军事指挥。他认为李光汉是这次起义中的关键人物。4月18日，他以党代表、军代表、李镇靖（李光汉的堂侄）代表的身份秘密来到李光汉家中，与其恳谈起义问题，引导李光汉从身边发生的事实和全国形势发展的情况分析时局，做出正确的选择。李光汉觉得共产党对起义考虑得十分周详，在吴桐真挚情感的推动下，同意立即起义。当天深夜，他和李荣欣、卢鉴埧、黎百松等在桂圩组成临时指挥部指挥起义并一举取得成功。翌晨，宣布成立中国人民解放军粤桂边三罗总队。此后他带领起义部队开展了艰苦的反"清剿"的游击战争。1949年5月调任中国人民解放军粤中第六支队司令员。

孔令淦（1902—1992年），广东广宁人。早期党员，加益地区党组织创建者，中华人民共和国成立前后郁南党组织领导人。1925年加入中国共产党。1947年他奉命与妻子郑坚来到加益（1957年后划归罗定管辖）以郁南县立第四中学（今加益中学）教导主任的身份做掩护，建立地下交通联络点，创建和发展党组织。至1948年8月，先后在学校成立中共支部和中共加益中心支部并任书记，组建粤桂边支部，建立交通站点10多个。1948年5月、6月间，为避开敌人的"追剿"，"四一八"武装起义队伍到达加益，从而化险为夷。1949年历任粤中第四支队第十一团三营教导员、太白队指导员、中共郁南县委委员等职。

吴子熹（1912—2002年），郁南建城地心村人。1938年重建郁南党组织主要奠基人之一，中共郁南县中心支部首任书记。毕业于中山大学医学院。1938年初加入中国共产党；同年秋，奉命回郁南开展重建党组织工作；11月，成立中共郁南县中心支部，任支部书记；12月，组织成立郁南县青年抗日先锋队兼任副队长。1939年9月奉命撤离郁南，10月任中山大学特别支部书记和中山大学医学院支部书记。1940年10月至1944年1月，先后在乐昌、苍梧、桂林等地从事卫生及党的工作。1944年重回郁南，先后任南武指挥部驻都城办事处主任、中共郁南副特派员。解放战争期间，参与筹备"四一八"武装起义工作。1949年10月，负责主持粤中纵队第四支队十一团驻南江口支前指挥所工作。

李福海（1917—1990年），祖籍中山，出生于广州。1938年重建郁南党组织主要奠基人之一。1935年入读中山大学医学院（与吴子熹同窗）。1938年初加入中国共产党。同年暑假，与吴子熹受中山大学党组织派遣，以中山大学医学院学生回乡服务团名义来到郁南县城,组织开展抗日救亡宣传工作。其间，首先培养和发展吴健（郁南建城人，中山大学学生）加入党组织；同时把李曼辉、廖根培、吴耀枢、黎曼青、卢鉴坝、周文焯等列为建党对象，为同年11月郁南党组织的重建奠定基础。

刘铭标（1912—2005年），又名刘汝民，郁南建城人。老红军，中共郁南县中心支部书记。1937年春加入中国共产党，此后曾任中共香港市委宣传部部长、组织部部长。七七事变爆发后，任都城地区抗敌后援会干事。1938年7月，率领西江侨港同胞回乡服务团回到西江开展抗日救亡宣传活动。1939年9月至1940年6月临危受命接任中共郁南县中心支部书记。从都城转回县城内迳小学隐蔽，以教师身份为掩护，领导全县党的工作，从抗先队进步青年中积极培养发展党员。其间，领导开展抗击国民党当局破坏抗先队组织、逮捕进步抗日青年等行径的斗争，保存党组织的实力。

　　黄子彬（1918—2004年），广东新会人。中共郁南县特派员。1938年加入中国共产党。1940—1944年任中共郁南县特派员。其间，国民党正掀起反共逆流，他出色地完成稳定党组织、保存党的力量的任务，并发展了一批党员。1945年8月至1946年1月任中共三罗中心县委组织部部长兼罗定特派员。此后至1946年12月任江门至都城地下交通船船长、经理，秘密开展党的地下活动，掩护了大批同志，并加强了中区各县的交通联络。妻子李云（又名李瑞云），省立广州女子师范学校毕业。1940年7月任中共桂圩支部书记，后任郁南县幼儿园园长。其间，安排多名中共党员在园任教，使该园成为党的一个活动据点。

　　潘祖岳（1906—1991年），又名潘健吾，广东紫金人。中共三罗中心县委书记兼郁南特派员。1930年加入中国共产党。1944年6月与妻子林玲奉命撤退至郁南隐蔽，参与组建并担任桂圩镇常备自卫队指导员。1944年11月至1945年3月任中共郁南县特派员。1945年3月至1946年7月任中共三罗中心县委书记兼郁南县特派员。在郁南期间，与冯燊、张华、唐章等领导同志一道，团结抗日进步人士、中共的重要统战对象李光汉，先后组建了领导的地方抗日武装——桂圩常备自卫队，充实郁南县民众武力指挥部装备，派李镇靖、李荣欣等一批党员干部担任常备自卫队和南武领导职务，举办军政训练班，组建成立民主政权等，在桂河地区创建了西江地区首个"有党的领导，有抗日武装，有民主政权"的敌后抗日游击根据地。1945年3月31日，李济深曾亲临南武视察，并予以赞扬。西江党组织在停止党组织生活的两年多期间，郁南县桂河也成为党组织的隐蔽联络站。

黎百松（1912—1989年），广东广宁人。"四一八"武装起义重要领导人，郁南县特派员、县工委书记。1928年加入中国共产党。1942年粤北省委遭破坏后，转到郁南隐蔽。1946年7月至1949年6月任郁南县特派员、工委书记（1948年7月后任中共三罗地工委委员兼郁南县特派员、工委书记）。1947年奉命参加中共中央香港分局举办的游击战争的学习班。1948年初，他除积极协助谭丕桓抓好全面工作外，还到通门罗沙一带开展群众工作，组织成立了一支中共直接领导的武装队伍，开辟一条从河口通往罗沙的交通线，准备作为起义部队的回旋地带。1948年4月18日夜，率领罗沙地区参加起义的武装队伍30多人与卢鉴埧率领的桂圩自卫队，包围桂圩警察所，收缴敌警枪械。起义后率领三罗总队第三队在通门、罗沙、大方等活动，建立游击根据地，粉碎敌人的"围剿"计划。

周钊（1914—2007年），郁南建城地心村人。南武政训室主任，粤中纵队第四支队政治部副主任。1939年参加中国共产党，1939—1941年入读中山大学师范学院，并任学院党支部书记，领导学生运动。1944年任郁南简易师范学校校长。1944—1945年任南武政训室主任、中共南武支部委员。抗日战争胜利后，奉命撤到香港从事教学和党的工作。1948年初，参与筹备郁南武装起义，做好起义的策应工作。1949年任粤中纵队第四支队政治部副主任、新一团政委。同年11月参与领导都城保卫战斗。

李荣欣（1919—2003年），郁南桂圩龙岗村人。"四一八"武装起义重要领导人，粤中纵队第四支队第十一团团长兼政委。1940年加入中国共产党。1944年初，奉命打入国民党，任桂圩镇镇长。1944年在冯燊等领导下，把桂圩镇自卫班扩大为桂圩镇常备自卫队，后成为南武的主力中队。抗战胜利后，任郁南党组织统战领导小组组长，通过各种活动和关系，控制了郁南教育会的阵地，使卢鉴埧、吴耀枢等中共党员当选为乡镇长。1947年下半年，党组织做出郁南准备起义的决定后，奉党组织之命做好父亲李光汉的工作。1948年4月18日夜，他和卢鉴埧依时率领桂圩自卫队与黎百松带领的通门罗沙地区的队伍，包围桂圩警察所，收缴敌警枪械。1949年先后任粤中第四支队第十一团政委、粤中纵队第四支队第十一团团长兼政委、郁南县人民政府县长、郁南县工委书记兼县长。中华人民共和国成立后任郁南县委书记、县长兼县军事管制委员会主任。1951年后历任中共新兴县委第二书记兼县长，全国总工会生活部副部长等职务。

卢鉴埧（1919—2012年），"四一八"武装起义的重要领导人。郁南桂圩龙岗村人。1937年参加革命。1938年加入中国共产党，是郁南县重建党组织时第一批入党的7位党员之一。1940年任中共郁南县中心支部委员。1946年在党组织的安排下，当选国民党桂河乡乡长，加强乡自卫班建设，秘密开展对敌斗争。1948年初，参加筹备武装起义会议，分工负责加强对桂河乡自卫队武装训练。4月18日午夜，与黎百松、李荣欣率领自卫队及通门、罗沙地区的队伍，包围桂圩警察所，收缴敌警枪械。起义后，任中国人民解放军粤桂边三罗总队第一队指导员，参加反"围剿"斗争，先后参加薄刀界、里龙顶及罗定连州等战斗。1949年4月，任郁南县人民政府西区行政委员会主任。10月26日，国民党二十三军败退南撤经过县城，在县长室内埋下手榴弹，他率队搜查时，不幸触弹负伤。中华人民共和国成立初期，桂河一带以国民党桂河乡治安中队中队长林建三为首的土匪十分猖狂，他通过做好其家属工作，最终促使匪首带领余匪向人民缴械。

吴耀枢（1913—1992年），郁南都城人。南武军需主任，"四一八"武装起义的重要领导人。1938年加入中国共产党，是郁南县重建党组织时第一批入党的7位党员之一。1944年任南武军需主任，管理财政金库、部队给养、武器装备和物资供应等。都城被日军占领期间，代表南武部队与日军谈判，提出"约法三章"。1946年春，在党组织的安排下当选为国民党都城镇镇长，建立都城自卫队，派中共党员担任正、副队长，掌控和加强武装。与莫汉合资开办"胜利酒家"，取得其信任后，直接打入莫汉的保安总队担任政治指导员，掌握敌情。1948年，奉命与刘俊英设法筹集武装起义资金。4月18日夜，率领镇公所自卫队20多人和县自卫大队驻都城麦振标分队10多人全副武装参加起义。起义后，任中国人民解放军粤桂边三罗总队第一队队长，随后带领队员坚持参加反"围剿"的游击战争。1949年先后任粤中第四支队第十一团副政委、中共郁南县工委委员和郁南县副县长。

刘俊英（1916—1983年），郁南桂圩人。中共三罗组织（都城）交通联络站负责人，"四一八"武装起义的重要领导人。1938年参加郁南青年抗日先锋队。1939年加入中国共产党。1944年任南武治安保卫队指导员兼情报组组长。1940年起，奉命以经营都城"德兴昌"车衣店为掩护，为中共西江特委和三罗党组织从事联络工作和筹集经费。先后接待和掩护关立、龙世雄、罗创、谢永宽、吴桐、李保纯、李殷丹、冯燊、欧新、张华、李嘉人等领导人及家属，筹措10余亿元国币支持"四一八"武装起义。1949年1月，任粤中第四支队第十一团政治处主任；同年6月，历任郁南县东区行政委员会主任、中共郁南县委委员、东南区临时工作委员会书记。

李荣开（1922—1992年），郁南桂圩人。"四一八"武装起义的主要支持者之一，粤中第四支队第十一团团长。中央陆军军官学校第十七期毕业生。1947年任国民党郁南县自卫大队副大队长。1948年4月18日晚，奉父亲李光汉密令率领县自卫大队70多名官兵参加起义。起义后，任中国人民解放军粤桂边三罗总队第二队队长。1948年9—12月，与李保纯等组织发动"三打桂圩"等战斗。1949年历任中国人民解放军粤中第四支队第十一团团长、粤中纵队第四支队新一团副团长，率队参加保卫都城战斗。

朱开（1922—2005年），广东中山人。粤中纵队第四支队第十一团副团长。1942年3月参加中山抗日游击队。1944年4月加入中国共产党。历任战士、班长、小队长、中队长（连长）等职，善于做群众工作。1947年9月，由吴桐总领导、朱开任队长的粤中挺进"德怀队"开辟云雾山游击区。1948年1月7日，云浮富林一战，打响了三罗恢复武装斗争第一枪，7月任中共云（浮）阳（春）边区西山特区工委委员。1949年4月后任粤中第四支队第十一团副团长。中华人民共和国成立后至1950年任郁南县大队大队长。

黄浩波（1920—2005年），广东罗定人，中共党员。南武骨干，中共桂圩区委书记。1942年中共南委、粤北省委事件发生后，从罗定转移至通门以教师职业隐蔽，开展党的地下活动。1944—1945年，任南武第二中队指导员。1945年10月至1946年9月，任中共桂圩区委书记并兼桂圩中心校支部书记，有效地加强了全县基层党组织工作。妻子陈文英（原名陈慧卿），罗定人。1939年参加罗定青年抗敌同志会，1940年5月加入中国共产党，1941年转到广东省立庚戌中学（时在郁南河口寨村复办）读高中。毕业后至解放战争初期在桂圩中心校任教，以教师身份隐蔽从事党的地下活动。1947年在郁南连滩中心校等地任教。

陈家志（1915—2004年），广东东莞虎门人。南武桂圩常备中队指导员,中共郁南县工委委员。1938年参加革命,同年加入中国共产党。1939年调任中共云浮都骑支部副书记。1945年任南武桂常中队指导员兼中队党支部书记。1946年任中共桂圩区委组织部部长。1947年任中共德庆地下组织负责人。1948年任罗云阳郁边区区委书记。1949年先后任粤中纵队第四支队第十一团政治处副主任、中共郁南县工委委员。中华人民共和国成立后历任中共郁南县委委员、粤中纵队第四支队司令部驻连滩支前办事处主任。

# 革命英烈名录

## 郁南革命英烈一览表

| 姓名 | 性别 | 出生时间 | 籍贯 | 参加革命（入伍）时间 | 牺牲时间 | 牺牲地点及原因 | 牺牲前单位职务 | 牺牲时期 |
|---|---|---|---|---|---|---|---|---|
| 莫奇标 | 男 | 1892年 | 历洞镇沙木大洞村 | 1921年 | 1926年9月 | 在武昌城战斗中牺牲 | 国民革命军第四军独立团第一营第一连连长 | 第一、第二次国内革命战争时期 |
| 关清扬 | 男 | 1896年 | 郁南县平台镇赐步村委罗埌村 | 1925年 | 1926年11月 | 在平台新乐牺牲 | 郁南县农民自卫军队员 | 第一、第二次国内革命战争时期 |

（续上表）

| 姓名 | 性别 | 出生时间 | 籍贯 | 参加革命（入伍）时间 | 牺牲时间 | 牺牲地点及原因 | 牺牲前单位职务 | 牺牲时期 |
|------|------|----------|------|------|------|------|------|------|
| 莫坤其 | 男 | 1908年 | 郁南县平台镇新乐村委古元村 | 1925年 | 1926年11月 | 在平台康埇路斗中牺牲 | 郁南县农民自卫军队员 | 第一、第二次国内革命战争时期 |
| 钟华元 | 男 | 1903年 | 郁南县平台镇妙门村 | 1924年 | 1926年11月 | 在平台被捕后牺牲 | 郁南县农民自卫军号兵 | 第一、第二次国内革命战争时期 |
| 冯保葵 | 男 | 1907年 | 鹤山市雅瑶镇 | 1925年 | 1926年 | 因病逝世 | 国民党中央农民自卫部郁南农运特派员 | 第一、第二次国内革命战争时期 |
| 泅景辉 | 男 | 1875年 | 郁南县平台镇石台村委白社村 | 1924年 | 1926年 | 在平台被捕后牺牲 | 郁南县农民自卫军队员 | 第一、第二次国内革命战争时期 |
| 袁荣兆 | 男 | 1904年 | 郁南县桂圩镇新塘村 | 1926年 | 1926年 | 在建城被捕后牺牲 | 郁南县农民自卫会协会干部 | 第一、第二次国内革命战争时期 |
| 关阅彬 | 男 | 1858年 | 郁南县平台镇妙门村委练村 | 1924年 | 1926年 | 在封川县被捕后牺牲 | 郁南县农民自卫军队员 | 第一、第二次国内革命战争时期 |

（续上表）

| 姓名 | 性别 | 出生时间 | 籍贯 | 参加革命（入伍）时间 | 牺牲时间 | 牺牲地点及原因 | 牺牲前单位职务 | 牺牲时期 |
|---|---|---|---|---|---|---|---|---|
| 袁秀成 | 男 | 1904年 | 郁南县桂圩镇新塘村 | 1926年 | 1927年 | 在建城被捕后牺牲 | 郁南县五区农民协会会长 | 第一、第二次国内革命战争时期 |
| 叟应时 | 男 | 1895年 | 郁南县都城镇富窝村委红花村 | 1925年 | 1927年5月18日 | 在都城斗战中牺牲 | 郁南县农民自卫军队长 | 第一、第二次国内革命战争时期 |
| 羽荣新 | 男 | 1908年 | 郁南县平台镇石合村委白社村 | 1924年 | 1927年5月 | 在平台被捕后牺牲 | 郁南县农民自卫军队员 | 第一、第二次国内革命战争时期 |
| 龙秋利 | 男 | 1890年 | 郁南县平台镇河田村 | 1926年 | 1927年5月 | 在平台河田村战斗中牺牲 | 郁南县农民自卫军队员 | 第一、第二次国内革命战争时期 |
| 叟新其 | 男 | 1898年 | 郁南县平台镇大地村委富力村 | 1925年4月 | 1927年6月 | 在平台被捕后牺牲 | 郁南县农民自卫军队员 | 第一、第二次国内革命战争时期 |
| 钟世强 | 男 | 1892年 | 郁南县平台镇妙门村 | 1919年 | 1927年6月 | 在都城被捕后牺牲 | 广东省农运特派员 | 第一、第二次国内革命战争时期 |

（续上表）

| 姓名 | 性别 | 出生时间 | 籍贯 | 参加革命（入伍）时间 | 牺牲时间 | 牺牲地点及原因 | 牺牲前单位职务 | 牺牲时期 |
|------|------|----------|------|----------------------|----------|----------------|----------------|----------|
| 钟荫庭 | 男 | 1887年 | 郁南县平台镇妙门村 | 1924年 | 1927年6月 | 在都城被捕后牺牲 | 郁南县农民自卫军宣传委员 | 第一、第二次国内革命战争时期 |
| 陈均权 | 男 | 1903年 | 东莞市虎门镇南面村 | 1925年1月 | 1927年9月 | 在高要禄步被捕后牺牲 | 国民党中央农民部西江办事处特派员 | 第一、第二次国内革命战争时期 |
| 黄亚山 | 男 | 1887年 | 郁南县平台镇古同村委福留村 | 1926年 | 1927年9月 | 在桂圩新塘战斗中牺牲 | 郁南县农民自卫军队员 | 第一、第二次国内革命战争时期 |
| 聂章水 | 男 | 1903年 | 郁南县平台镇大地村 | 1926年 | 1927年10月 | 在平台被捕后牺牲 | 郁南县农民自卫军队员 | 第一、第二次国内革命战争时期 |
| 羽振荣 | 男 | 1904年 | 郁南县平台镇石台村委白社村 | 1925年 | 1927年10月 | 在平台被捕后牺牲 | 郁南县农民自卫军队员 | 第一、第二次国内革命战争时期 |
| 莫汝英 | 男 | 1882年 | 郁南县平台镇罗埌村 | 1926年 | 1927年 | 在都城被捕后牺牲 | 郁南县农民自卫军队员 | 第一、第二次国内革命战争时期 |

（续上表）

| 姓名 | 性别 | 出生时间 | 籍贯 | 参加革命（入伍）时间 | 牺牲时间 | 牺牲地点及原因 | 牺牲前单位职务 | 牺牲时期 |
|---|---|---|---|---|---|---|---|---|
| 阮贤彬 | 男 | 1882年 | 郁南县平台镇河田村 | 1925年 | 1927年 | 在平台河田村被国民党当局杀害 | 郁南县农民自卫军执行委员 | 第一、第二次国内革命战争时期 |
| 欧桂纡 | 男 | 1896年 | 郁南县平台镇万洞村 | 1925年 | 1927年 | 在平台万桥头被国民党当局杀害 | 郁南县农民自卫军队员 | 第一、第二次国内革命战争时期 |
| 莫秀松 | 男 | 1903年 | 郁南县桂圩镇桂连南涌村 | 1925年 | 1927年 | 在都城被国民党当局杀害 | 郁南县农民自卫军干部 | 第一、第二次国内革命战争时期 |
| 关北邹 | 男 | 1887年 | 郁南县平台镇妙门村委练村 | 1924年6月 | 1927年 | 在平台被捕后牺牲 | 郁南县农民自卫军队员 | 第一、第二次国内革命战争时期 |
| 王安善 | 男 | 1890年 | 郁南县大湾镇白马坪村 | 1927年 | 1927年 | 在大湾金鱼咀被国民党当局杀害 | 郁南县农民协会干部 | 第一、第二次国内革命战争时期 |
| 王可仁 | 男 | 1891年 | 郁南县大湾镇白马坪村 | 1927年 | 1927年 | 在大湾金鱼咀被国民党当局杀害 | 郁南县农民协会干部 | 第一、第二次国内革命战争时期 |

（续上表）

| 姓名 | 性别 | 出生时间 | 籍贯 | 参加革命（入伍）时间 | 牺牲时间 | 牺牲地点及原因 | 牺牲前单位职务 | 牺牲时期 |
|------|------|----------|------|------------------------|----------|------------------|------------------|----------|
| 廖翔仪 | 男 | 1886年 | 郁南县都城镇新生路 | 1925年 | 1927年4月 | 在都城被捕后牺牲 | 郁南县农民协会主席 | 第一、第二次国内革命战争时期 |
| 关庄谋 | 男 | 1869年 | 郁南县平台镇妙门村委练村 | 1924年6月 | 1927年 | 在封开县平岗被捕后牺牲 | 郁南县农民自卫军班长 | 第一、第二次国内革命战争时期 |
| 聂显科 | 男 | 1900年 | 郁南县平台镇大地村 | 1927年 | 1928年1月 | 在广西梧州市被捕后牺牲 | 郁南县农民自卫军常务委员 | 第一、第二次国内革命战争时期 |
| 林向葵 | 男 | 1897年 | 郁南县千官镇金版村委西冲村 | 1927年3月 | 1928年4月14日 | 在罗定县被国民党当局杀害 | 郁南县农民自卫军爆破员 | 第一、第二次国内革命战争时期 |
| 龙荡儿 | 男 | 1892年 | 郁南县平台镇河田村 | 1927年 | 1928年5月 | 在狮子山战斗中牺牲 | 郁南县农民自卫军队员 | 第一、第二次国内革命战争时期 |

（续上表）

| 姓名 | 性别 | 出生时间 | 籍贯 | 参加革命（入伍）时间 | 牺牲时间 | 牺牲地点及原因 | 牺牲前单位职务 | 牺牲时期 |
|------|------|----------|------|----------------------|----------|----------------|----------------|----------|
| 石尚均 | 男 | 1879年 | 郁南县平台镇河田村 | 1927年 | 1928年5月 | 在广西西胜州被捕后在梧州牺牲 | 郁南县农民自卫军队员 | 第一、第二次国内革命战争时期 |
| 刘伟昌 | 男 | 1909年 | 郁南县平台镇埌厄村 | 1927年 | 1928年5月 | 在都城被捕后牺牲 | 郁南县农民自卫军队员 | 第一、第二次国内革命战争时期 |
| 龙佳美 | 男 | 1884年 | 郁南县平台镇埌厄村 | 1927年 | 1928年5月 | 在都城被捕后牺牲 | 郁南县农民自卫军队员 | 第一、第二次国内革命战争时期 |
| 黄庆美 | 男 | 1875年 | 郁南县平台镇河田村 | 1925年 | 1928年5月 | 在龙塘被国民党当局杀害 | 郁南县农民自卫军执行委员 | 第一、第二次国内革命战争时期 |
| 聂同辉 | 男 | 1910年 | 郁南县平台镇凤尾村 | 1927年 | 1928年6月 | 在都城被捕后牺牲 | 郁南县农民自卫军执行委员 | 第一、第二次国内革命战争时期 |
| 龙师侯 | 男 | 1898年 | 郁南县平台镇河田村 | 1925年 | 1928年8月 | 在佛山被捕后牺牲 | 中共封川川县委书记 | 第一、第二次国内革命战争时期 |

(续上表)

| 姓名 | 性别 | 出生时间 | 籍贯 | 参加革命(入伍)时间 | 牺牲时间 | 牺牲地点及原因 | 牺牲前单位职务 | 牺牲时期 |
|---|---|---|---|---|---|---|---|---|
| 梁经才 | 男 | 1862年 | 郁南县平台镇古同村委福留村 | 1925年 | 1928年9月 | 在福留村战斗中牺牲 | 郁南县农民自卫军执行委员 | 第一、第二次国内革命战争时期 |
| 龙执瑗 | 男 | 1910年 | 郁南县平台镇埌所村 | 1927年 | 1928年 | 在都城被捕后牺牲 | 郁南县农民自卫军队员 | 第一、第二次国内革命战争时期 |
| 羽华章 | 男 | 1890年 | 郁南县平台镇石台村委白社村 | 1927年 | 1928年 | 在平台被捕后牺牲 | 郁南县农民自卫军执行委员 | 第一、第二次国内革命战争时期 |
| 莫端敬 | 男 | 1907年 | 郁南县平台镇河田村 | 1927年 | 1928年 | 在平台被捕后牺牲 | 郁南县农民自卫军队员 | 第一、第二次国内革命战争时期 |
| 莫卓佳 | 男 | 1880年 | 郁南县平台镇下村村 | 1927年 | 1929年 | 在都城被捕后牺牲 | 郁南县农民自卫军常务委员 | 第一、第二次国内革命战争时期 |
| 聂允端 | 男 | 1899年 | 郁南县平台镇埌所村 | 1927年 | 1929年 | 在平台被捕后牺牲 | 郁南县农民自卫军队员 | 第一、第二次国内革命战争时期 |
| 关文扬 | 男 | 1880年 | 郁南县平台镇罗埌村 | 1927年 | 1930年 | 在都城被捕后牺牲 | 郁南县农民自卫军执行委员 | 第一、第二次国内革命战争时期 |

（续上表）

| 姓名 | 性别 | 出生时间 | 籍贯 | 参加革命（入伍）时间 | 牺牲时间 | 牺牲地点及原因 | 牺牲前单位职务 | 牺牲时期 |
|---|---|---|---|---|---|---|---|---|
| 钟炳枢 | 男 | 1902年 | 郁南县平台镇妙门村 | 1924年 | 1930年 | 在广州中央公园被捕后牺牲 | 中共广州市委郊区巡视员 | 第一、第二次国内革命战争时期 |
| 李达民 | 男 | 1905年 | 郁南县连滩镇西坝村 | 不详 | 1937年1月 | 在江苏省抗日时牺牲 | 国民革命军某部连长 | 抗日战争时期 |
| 蔡朝逞 | 男 | 1902年 | 郁南县千官镇双龙村 | 不详 | 1937年11月 | 在江苏省常熟县港口镇谢家桥抗日时牺牲 | 国民革命军第五路军48军176师1051团上校团长 | 抗日战争时期 |
| 谢金泉 | 男 | 1895年 | 郁南县河口镇佛子坝村 | 不详 | 1939年 | 在湖南省衡阳抗日时牺牲 | 国民革命军十九路军战士 | 抗日战争时期 |
| 姚伦德 | 男 | 1925年 | 郁南县建城镇东二水松村 | 1942年 | 1944年1月 | 在高鹤县马山战斗中牺牲 | 粤中人民抗日游击队战士 | 抗日战争时期 |

233

（续上表）

| 姓名 | 性别 | 出生时间 | 籍贯 | 参加革命（入伍）时间 | 牺牲时间 | 牺牲地点及原因 | 牺牲前单位职务 | 牺牲时期 |
|------|------|----------|------|---------------------|----------|----------------|----------------|----------|
| 邓传祺 | 男 | 不详 | 郁南县都城镇 | 不详 | 1944年 | 不详 | 抗日志愿军战士（县立简易师范学生） | 抗日战争时期 |
| 沈剑光 | 男 | 1919年 | 郁南县建城镇新峡新田村 | 1940年 | 1945年8月 | 在东莞市皇村与日军作战负重伤后在送香港治治途中死亡 | 东江纵队第一支队大队长 | 抗日战争时期 |
| 陈三鸡 | 男 | 1918年 | 郁南县东坝镇思磊黄泥村 | 1948年 | 1948年5月 | 在云浮市白石镇作战中牺牲 | 粤中第四支队第十一团战士 | 解放战争时期 |
| 饶流 | 男 | 1917年 | 郁南县大方镇大方正坑村 | 1947年 | 1948年5月 | 在通门里龙顶战斗中牺牲 | 粤中第四支队第十一团战士 | 解放战争时期 |

（续上表）

| 姓名 | 性别 | 出生时间 | 籍贯 | 参加革命（入伍）时间 | 牺牲时间 | 牺牲地点及原因 | 牺牲前单位职务 | 牺牲时期 |
|---|---|---|---|---|---|---|---|---|
| 李万生 | 男 | 1915年 | 郁南县桂圩镇木荫村 | 1947年11月 | 1948年5月 | 在通门里里龙顶战斗中牺牲 | 粤中第四支队第十一团战士 | 解放战争时期 |
| 李平 | 男 | 1919年 | 佛山市高明区明坡镇 | 1944年 | 1948年5月 | 在通门里里龙顶战斗中牺牲 | 三罗总队第三队队长 | 解放战争时期 |
| 李国 | 男 | 1909年 | 郁南县桂圩镇岗罗分界村 | 1947年2月 | 1948年5月 | 在桂圩被捕后牺牲 | 三罗总队通讯员 | 解放战争时期 |
| 黄中唐 | 男 | 1918年 | 郁南县桂圩镇古田大国村 | 1948年4月 | 1948年5月 | 在肇庆被捕后牺牲 | 三罗总队战士 | 解放战争时期 |
| 李亚池 | 男 | 1921年 | 郁南县桂圩镇新塘村 | 1948年4月 | 1948年6月 | 在罗定县金鸡圩被捕后牺牲 | 三罗总队战士 | 解放战争时期 |
| 李伦贤 | 男 | 1914年 | 郁南县桂圩镇平全村 | 不详 | 1948年6月13日 | 在桂圩被捕后牺牲 | 三罗总队情报员 | 解放战争时期 |

（续上表）

| 姓名 | 性别 | 出生时间 | 籍贯 | 参加革命（入伍）时间 | 牺牲时间 | 牺牲地点及原因 | 牺牲前单位职务 | 牺牲时期 |
|------|------|---------|------|---------------------|---------|---------------|---------------|---------|
| 刘苏 | 男 | 1909年 | 郁南县桂圩镇金螺村 | 1947年3月 | 1948年9月 | 在桂圩社村战斗中牺牲 | 三罗总队战士 | 解放战争时期 |
| 卢鉴佳 | 男 | 1918年 | 郁南县桂圩镇龙岗村 | 1948年4月 | 1948年10月 | 在桂圩作战中牺牲 | 三罗总队战士 | 解放战争时期 |
| 李华芬 | 男 | 1899年 | 郁南县桂圩镇木薯村 | 1946年1月 | 1948年11月 | 在桂圩被捕后牺牲 | 三罗总队通讯员 | 解放战争时期 |
| 韦树新 | 男 | 1930年 | 郁南县桂圩镇木薯村 | 1948年1月 | 1948年11月 | 在建城被捕后牺牲 | 三罗总队通讯员 | 解放战争时期 |
| 罗隆沂 | 男 | 1926年 | 郁南县通门镇顺塘村 | 不详 | 1948年11月 | 在通门鸡林蕉更口战斗中牺牲 | 三罗总队战士 | 解放战争时期 |
| 张兆森 | 男 | 1933年 | 郁南县通门镇百贤村 | 不详 | 1948年 | 在通门圩被捕后牺牲 | 三罗总队战士 | 解放战争时期 |

（续上表）

| 姓名 | 性别 | 出生时间 | 籍贯 | 参加革命（入伍）时间 | 牺牲时间 | 牺牲地点及原因 | 牺牲前单位职务 | 牺牲时期 |
|------|------|----------|------|------------------------|----------|------------------|------------------|----------|
| 陈五 | 男 | 1918年 | 郁南县通门镇街坊岭头咀 | 1948年4月 | 1948年8月 | 在通门被叛徒谋杀 | 三罗总队第三队副队长 | 解放战争时期 |
| 李侣纯 | 男 | 1911年 | 珠海市斗门区 | 不详 | 1949年1月 | 在榃滨梅竹村突围时牺牲 | 中共郁南县副特派员 | 解放战争时期 |
| 邓尔楷 | 男 | 1907年 | 郁南县通门镇街坊思栗 | 1946年 | 1949年2月 | 在通门打击被捕后牺牲 | 三罗总队战士 | 解放战争时期 |
| 陈金未 | 男 | 1918年 | 郁南县通门镇罗沙大村 | 不详 | 1949年5月 | 在运粮回通门里龙支前村被捕后遭国民党当局杀害 | 支前民兵 | 解放战争时期 |

（续上表）

| 姓名 | 性别 | 出生时间 | 籍贯 | 参加革命（入伍）时间 | 牺牲时间 | 牺牲地点及原因 | 牺牲前单位职务 | 牺牲时期 |
|------|------|---------|------|------------------|---------|--------------|--------------|---------|
| 李亚章 | 男 | 1909年 | 郁南县通门镇罗沙里龙村 | 1949年4月 | 1949年5月 | 在通门鸡林运粮支前被国民党当局杀害 | 支前民兵 | 解放战争时期 |
| 陈权村 | 男 | 1930年 | 郁南县通门镇罗沙大石垒村 | 不详 | 1949年5月 | 在运粮回通门里龙支前被捕后遭国民党当局杀害 | 支前民兵 | 解放战争时期 |
| 李天德 | 男 | 1927年 | 郁南县通门镇罗沙大埌村 | 不详 | 1949年2月13日 | 在通门鸡林粮支前被国民党当局杀害 | 支前民兵 | 解放战争时期 |
| 廖渌培 | 男 | 1926年 | 郁南县建城镇附城村 | | 1949年7月21日 | 在大方镇龙颈战斗牺牲 | 粤中第四支队十一团特务员 | 解放战争时期 |

（续上表）

| 姓名 | 性别 | 出生时间 | 籍贯 | 参加革命（入伍）时间 | 牺牲时间 | 牺牲地点及原因 | 牺牲前单位职务 | 牺牲时期 |
|---|---|---|---|---|---|---|---|---|
| 骆标 | 男 | 1900年 | 郁南县宝珠镇宝珠村 | 1948年 | 1949年7月22日 | 在宝珠作战负伤后牺牲 | 粤中第四支队十一团战士 | 解放战争时期 |
| 李金章 | 男 | 1929年 | 郁南县宝珠镇大林村 | 1947年7月 | 1949年7月 | 在郁南连城复收保卫战中牺牲 | 闽中第四支队第十一团战士 | 解放战争时期 |
| 冯鉴泉 | 男 | 1904年 | 郁南县宋桂镇高坎村 | 1947年2月 | 1949年7月 | 在云浮市白石沙河咀被国民党当局杀害 | 三罗交通情报站站长 | 解放战争时期 |
| 欧灿 | 男 | 1916年 | 郁南县桂圩镇平全村 | 1949年3月 | 1949年9月 | 在桂圩被捕后牺牲 | 粤中纵队第四支队十一团战士 | 解放战争时期 |

（续上表）

| 姓名 | 性别 | 出生时间 | 籍贯 | 参加革命（入伍）时间 | 牺牲时间 | 牺牲地点及原因 | 牺牲前单位职务 | 牺牲时期 |
|---|---|---|---|---|---|---|---|---|
| 何梅 | 男 | 1910年 | 郁南县都城镇水塘水河村 | 1947年 | 1949年1月30日 | 在禁滚梅门村突围中牺牲 | 三罗总队战士 | 解放战争时期 |
| 卢子银 | 男 | 1924年 | 郁南县桂圩镇江咀村 | 1948年 | 1949年5月 | 在桂圩被捕后牺牲 | 粤中第四支队第十一团战士 | 解放战争时期 |
| 骆根 | 男 | 1902年 | 郁南县宝珠镇骆屋村 | 1948年8月 | 1949年7月22日 | 在宝珠被捕后牺牲 | 粤中第四支队第十一团战士 | 解放战争时期 |
| 周吓 | 男 | 1924年 | 郁南县东坝镇陂角村 | 1949年 | 1949年6月 | 在云浮市镇安被国民党自卫团杀害 | 粤中第四支队第十一团战士 | 解放战争时期 |
| 梅梓珍 | 男 | 1927年 | 郁南县通门镇鸡林旺久村 | 1949年 | 1949年4月 | 在鸡林战斗中牺牲 | 粤中第四支队第十一团战士 | 解放战争时期 |
| 陈郁文 | 男 | 1924年 | 郁南县通门镇鸡林修凤村 | 1947年 | 1949年 | 在鸡林被捕后牺牲 | 粤中第四支队第十一团战士 | 解放战争时期 |

（续上表）

| 姓名 | 性别 | 出生时间 | 籍贯 | 参加革命（入伍）时间 | 牺牲时间 | 牺牲地点及原因 | 牺牲前单位职务 | 牺牲时期 |
|---|---|---|---|---|---|---|---|---|
| 关迪萍 | 女 | 1930年 | 佛山市南海区九江下西村 | 1949年2月 | 1949年3月 | 在宝安县龙华长坡岭战斗中牺牲 | 东江纵队三团油印员 | 解放战争时期 |
| 谢飞雄 | 男 | 1914年 | 郁南县东坝镇深步中寨村 | 1948年 | 1949年3月 | 在连滩镇山庙背被官民党员林文朝枪杀 | 云浮县白石游击队战士 | 解放战争时期 |
| 江金水 | 男 | 1922年 | （云浮市）云安区富林镇 | 不详 | 1949年11月 | 在都城保卫战中牺牲 | 粤中纵队第四支队新一团二连战士 | 解放战争时期 |
| 沈平 | 男 | 1924年 | 罗定市泗纶镇 | 不详 | 1949年11月 | 在都城保卫战中牺牲 | 粤中纵队第四支队新一团二连战士 | 解放战争时期 |

# 郁南县革命老区镇、村统计表

## 郁南县革命老区镇、村统计表

（统计数据截至2017年12月）

| 镇别 | 行政村 | 老区村名称 | 人口（人） | 耕地（公顷） | 山地（公顷） | 类型 | 备注 |
|------|--------|-----------|-----------|-------------|-------------|------|------|
| 都城 | 新城 | 永安 | 87 | 3.28 | 5.8 | 解放战争时期 | 原新城村 |
| | | 十二岭一 | 314 | 6.93 | 41.87 | | |
| | | 十二岭二 | 193 | 5.64 | 19.27 | | |
| | | 明新一 | 260 | 3.99 | 15.6 | | |
| | | 新安 | 135 | 0.73 | 16.2 | | |
| | | 黄屋 | 98 | 0.51 | 11.73 | | |
| | | 新兴 | 183 | 5.86 | 14.6 | | |
| | | 新龙 | 59 | 2.39 | 4.73 | | |
| | 富窝 | 富窝 | 693 | 41.64 | 124 | | |
| | | 汗塘 | 250 | 12.65 | 41.33 | | |
| | | 上案 | 197 | 13.99 | 30 | | |
| | | 河头 | 587 | 34.27 | 80 | | |
| | | 上挽 | 134 | 8.27 | 13.33 | | |
| | | 下挽 | 165 | 10.48 | 23.33 | | |

（续上表）

| 镇别 | 行政村 | 老区村名称 | 人口（人） | 耕地（公顷） | 山地（公顷） | 类型 | 备注 |
|---|---|---|---|---|---|---|---|
| 都城 | 富窝 | 三窝 | 236 | 13.54 | 43.33 | | |
| | | 石洞 | 387 | 20.25 | 56.67 | | |
| | | 埌尾 | 398 | 26.2 | 144 | | |
| | | 红花 | 340 | 17.96 | 146.67 | | |
| | 新建 | 发塘 | 1065 | 52.4 | 153.3 | 解放战争时期 | |
| | | 大寺塘 | 1102 | 73.46 | 50.26 | | |
| | 承平 | 塘角 | 925 | 54.5 | 23.3 | | |
| | 白木 | 石满埇 | 927 | 43.1 | 44.6 | | |
| | 五龙 | 分界 | 855 | 43.7 | 18.3 | | |
| | | 护塘 | 804 | 47 | 25 | | |
| | | 新灶口 | 767 | 39.8 | 43.1 | | |
| | 水塘 | 水河 | 180 | 8 | 3.3 | 第二次国内革命战争时期 | 平台水河村迁来 |
| | 榄塘 | 虾山 | 130 | 2.9 | 100 | 解放战争时期 | |
| | | 沙子岭 | 100 | 0.26 | 46.6 | | 原属榄塘村 |
| | | 九塘口 | 90 | 0.53 | 66.7 | | |
| | | 庞鹿 | 28 | 0.73 | 33.3 | | |
| | | 榄塘 | 500 | 5.53 | 233.3 | | |
| | | 杭三 | 194 | | 133.3 | | 原虾山村 |
| | | 氮肥厂脚 | 98 | 2 | 33.3 | | |

（续上表）

| 镇别 | 行政村 | 老区村名称 | 人口（人） | 耕地（公顷） | 山地（公顷） | 类型 | 备注 |
|---|---|---|---|---|---|---|---|
| 平台 | 大地 | 大屋地 | 280 | 18.4 | 114.8 | 第二次国内革命战争时期 | |
| | | 坭田 | 133 | 6.97 | 54.53 | | |
| | | 替豆 | 152 | 8.33 | 62.32 | | |
| | | 富力 | 168 | 16.07 | 68.88 | | |
| | | 雅口 | 188 | 16.87 | 77 | | |
| | | 新寨 | 583 | 39.8 | 239 | | |
| | | 新塘 | 371 | 35.67 | 152.11 | | |
| | | 大岭头 | 119 | 9.2 | 48.8 | | 原大地村 |
| | | 冲口咀 | 62 | 4.67 | 25.4 | | |
| | 中村 | 大河 | 842 | 8.93 | 352 | | |
| | | 中村 | 428 | 27 | 179 | | |
| | | 罗替 | 265 | 17.98 | 110.77 | | |
| | | 大圳口 | 134 | 8.24 | 56 | | |
| | | 木朗 | 398 | 23.03 | 166.36 | | |
| | | 河田 | 406 | 23 | 169.7 | | |
| | | 白虎 | 79 | 20.08 | 33 | | 原属中村 |
| | | 新村 | 59 | 2.63 | 24.6 | | |
| | 平台 | 麻地 | 1047 | 50.87 | 229.3 | | 原属显村 |
| | | 双加 | 379 | 22.33 | 83 | | |
| | | 双村 | | | | | 已并入双加村 |

（续上表）

| 镇别 | 行政村 | 老区村名称 | 人口（人） | 耕地（公顷） | 山地（公顷） | 类型 | 备注 |
|---|---|---|---|---|---|---|---|
| 平台 | 平台 | 显村 | 231 | 12.07 | 50.6 | 第二次国内革命战争时期 | |
| | | 下村 | 350 | 25.33 | 54.7 | | |
| | | 上埌 | 472 | 32.4 | 103.4 | | |
| | | 杉田 | 51 | 3.27 | 11.2 | | |
| | 石台 | 白社 | 346 | 43.33 | 196.8 | | |
| | | 古勿塘 | 256 | 21.33 | 145.7 | | |
| | | 新屋 | 229 | 15.33 | 130 | | |
| | | 大桥头 | 147 | 13.4 | 83.6 | | |
| | | 代村 | 178 | 11.2 | 181.3 | | |
| | | 冲沙 | 217 | 13.87 | 123 | | |
| | | 岔口 | 68 | 11.33 | 38.6 | | 原属白社村 |
| | 在田 | 冲赖 | 240 | 15.48 | 72 | | |
| | | 在田 | 642 | 47.63 | 192.6 | | |
| | | 埌所 | 568 | 41.6 | 170.4 | | |
| | 新乐 | 凤尾 | 183 | 11.53 | 54.9 | | |
| | | 石塘 | 468 | 29.5 | 171.3 | | |
| | | 次灰 | 195 | 17.27 | 71.4 | | |
| | | 四外 | 601 | 51.37 | 220 | | |
| | | 埌江 | 182 | 11.33 | 66.6 | | |
| | | 西村 | 374 | 21.57 | 136.9 | | |
| | | 古园 | 130 | 8.8 | 47.6 | | |

（续上表）

| 镇别 | 行政村 | 老区村名称 | 人口（人） | 耕地（公顷） | 山地（公顷） | 类型 | 备注 |
|---|---|---|---|---|---|---|---|
| 平台 | 新乐 | 冲月 | 196 | 10.5 | 71.7 | 第二次国内革命战争时期 | |
| | | 皮旦 | 168 | 8.13 | 61.4 | | |
| | | 凤凰 | 432 | 22.5 | 158 | | |
| | 妙门 | 古隆 | 180 | 14.87 | 98.3 | | |
| | | 妙门 | 764 | 70 | 417 | | |
| | | 练村 | 642 | 50.25 | 350 | | |
| | 赐步 | 次步 | 815 | 52.33 | 259.2 | | |
| | | 罗埌 | 519 | 40.23 | 165 | | |
| | | 竹山 | 125 | 13.8 | 39.8 | | |
| | 水台 | 平村 | 636 | 52.93 | 584.5 | | 原属平村 |
| | | 水台 | 293 | 19.4 | 269 | | |
| | | 深厚洞 | 331 | 21.73 | 304 | | |
| | | 厂上 | 80 | 8 | 73 | | |
| | | 厂下 | 91 | 2.87 | 83.6 | | |
| | | 虎头旁 | 52 | 3.67 | 47.7 | | |
| | 古勉 | 古勉 | 200 | 16.07 | 90.4 | | |
| | | 顺真 | 335 | 24.73 | 150.9 | | |
| | | 顺咀 | 117 | 7.6 | 52.9 | | |
| | | 杉木埌 | 70 | 5.67 | 31.6 | | |
| | | 周埌 | 78 | 5.33 | 35.3 | | |
| | | 新胜 | 172 | 14 | 77.7 | | |
| | 康顺 | 石头步 | 249 | 18.16 | 136.9 | | |
| | | 康顺 | 305 | 27.56 | 16.8 | | |

（续上表）

| 镇别 | 行政村 | 老区村名称 | 人口（人） | 耕地（公顷） | 山地（公顷） | 类型 | 备注 |
|---|---|---|---|---|---|---|---|
| 平台 | 康顺 | 罗坦 | 140 | 9.44 | 77 | 第二次国内革命战争时期 | |
| | | 和同 | 157 | 10.6 | 86.3 | | |
| | | 冲路 | 405 | 30.3 | 222.7 | | |
| | 万洞 | 大田埌 | 185 | 12.46 | 80.6 | | |
| | | 冲约 | 76 | 9.89 | 33.1 | | |
| | | 石井 | 285 | 11.2 | 124.2 | | |
| | | 万洞 | 858 | 51.33 | 374 | | |
| | | 塘角 | 412 | 20.17 | 179.6 | | |
| | | 田边 | 499 | 29.87 | 217.6 | | |
| | 古同 | 福留 | 561 | 45 | 157.6 | | |
| | | 埌田咀 | 207 | 12.67 | 58.2 | | 原属古同村 |
| | | 古同 | 910 | 45.07 | 255.7 | | |
| 建城 | 车滘 | 上滘 | 600 | 35 | 346.87 | 解放战争时期 | |
| | | 冲火 | 126 | 6 | 88.33 | | 原属上滘村 |
| | | 水松根 | 268 | 13.73 | 141 | | |
| | 合村 | 大水 | 79 | 2.2 | 65.33 | | 原属担水坑村 |
| | | 顺威 | 72 | 2.33 | 70 | | |
| | | 石板面 | 188 | 4.73 | 132 | | |
| | | 大坑尾 | 65 | 1.67 | 83.33 | | |
| | | 担水坑 | 35 | 0.73 | 4.33 | | |
| | 沙隆 | 蓝坪 | 203 | 46.67 | 80 | | |

（续上表）

| 镇别 | 行政村 | 老区村名称 | 人口（人） | 耕地（公顷） | 山地（公顷） | 类型 | 备注 |
|---|---|---|---|---|---|---|---|
| 建城 | 沙隆 | 合水 | 171 | 30 | 13.33 | 解放战争时期 | 原属蓝坪村 |
| | | 三亩 | 68 | 20 | 33.33 | | |
| | 白天 | 根竹坪 | 82 | 4.67 | 66.67 | | 原天马山村 |
| | | 三幅山 | 31 | 12.67 | 35.33 | | |
| | | 对面山 | 35 | 3 | 42 | | |
| | | 茶山 | 34 | 1.67 | 40 | | |
| | | 小坑 | 138 | 8.33 | 86.67 | | |
| | | 牛仔坑 | 46 | 1.2 | 42 | | |
| | | 新开 | 143 | 4.53 | 80 | | |
| | 西圳 | 黄龙 | 265 | 33.3 | 10 | 抗日战争时期 | |
| | | 八亩 | 298 | 26.67 | 16.67 | | |
| | | 沙头 | 181 | 8.67 | 42.47 | | |
| | | 五里 | 353 | 20.73 | 101.6 | | |
| | | 两头 | 120 | 5.73 | 28.06 | | |
| | 东一 | 东组 | 672 | 16 | 12 | | |
| | | 南组 | 889 | 16.67 | 14.67 | | |
| | | 西组 | 334 | 8.33 | 4 | | |
| | | 北组 | 726 | 15 | 9.33 | | |
| | | 朱屋 | 401 | 12.13 | 13.33 | | |
| | | 内迳 | 376 | 13.14 | 16.67 | | |
| | 东坑 | 周屋 | 68 | 2.8 | 9.33 | | |
| | 大历 | 坑口 | 86 | 2.1 | 6 | 解放战争时期 | |

（续上表）

| 镇别 | 行政村 | 老区村名称 | 人口（人） | 耕地（公顷） | 山地（公顷） | 类型 | 备注 |
|---|---|---|---|---|---|---|---|
| 建城 | 地心 | 二村 | 135 | 2.1 | 7.33 | 解放战争时期 | 原地心村 |
| | | 四村一 | 157 | 2.8 | 7.4 | | |
| | | 四村二 | 157 | 2.8 | 6.7 | | |
| | | 五村 | 170 | 3.4 | 3.4 | | |
| | | 六村 | 200 | 4 | 6.7 | | |
| | | 七村 | 190 | 4 | 9.4 | | |
| | | 白沙 | 190 | 5.6 | 14.7 | | |
| 桂圩 | 桂圩 | 桂圩 | 499 | 40 | 45.3 | 抗日战争时期 | |
| | | 龙岗 | 949 | 46.6 | 56.8 | | |
| | | 麦村 | 290 | 15 | 16.39 | | |
| | | 社村 | 626 | 43 | 43 | | |
| | 金旺 | 金螺 | 797 | 52.36 | 461.3 | | |
| | 岗罗 | 栗子岗 | 242 | 17.06 | 83.06 | 解放战争时期 | |
| | | 兴盛 | 857 | 606 | 60.85 | | |
| | | 大邦 | 587 | 38.86 | 27.86 | | |
| | 平全 | 平全 | 321 | 14.46 | 25 | | |
| | | 旱河 | 426 | 24.8 | 105 | | |
| | | 黎冲 | 233 | 12.3 | 300 | | |
| | | 古争 | 304 | 15 | 72 | | |
| | | 瓮咀 | 63 | 4 | 206 | | |
| | | 八田 | 181 | 6.86 | 156 | | |
| | | 珠肚 | 136 | 6 | 10.3 | | |

（续上表）

| 镇别 | 行政村 | 老区村名称 | 人口（人） | 耕地（公顷） | 山地（公顷） | 类型 | 备注 |
|---|---|---|---|---|---|---|---|
| 桂圩 | 勿坦 | 勿村 | 737 | 39 | 360 | 解放战争时期 | |
| | | 上岗 | 266 | 15.2 | 138 | | |
| | | 下岗 | 308 | 15.6 | 142.5 | | |
| | | 上担 | 275 | 12.7 | 116 | | |
| | 桂连 | 旧圩 | 469 | 47 | 71 | | |
| | | 西岸 | 119 | 12 | 17.7 | | |
| | | 百担 | 115 | 8.31 | 25.66 | 抗日战争时期 | |
| | 菵口 | 平山 | 460 | 29.2 | 83.86 | 解放战争时期 | |
| | | 高寨 | 171 | 9.53 | 25.53 | | |
| | | 大埔 | 173 | 11.53 | 29.53 | | |
| | | 魁塘 | 299 | 14.13 | 84.73 | | |
| | | 赤坭 | 360 | 19.53 | 54 | | |
| | | 龙田 | 112 | 12.86 | 20.2 | | |
| | 古田 | 大角 | 420 | 21.53 | 52.91 | | |
| | | 太平 | 362 | 14.33 | 50.44 | | |
| | | 古村 | 632 | 37.05 | 99.12 | | |
| | 木薳 | 木薳 | 903 | 59.13 | 599.53 | | |
| | | 龙状 | 359 | 36.93 | 382.23 | | |
| | | 山塘 | 643 | 22 | 213.33 | | |

（续上表）

| 镇别 | 行政村 | 老区村名称 | 人口（人） | 耕地（公顷） | 山地（公顷） | 类型 | 备注 |
|---|---|---|---|---|---|---|---|
| 桂圩 | 勿坦 | 下担 | 226 | 10 | 892 | 解放战争时期 | |
| | | 富育 | 180 | 8.3 | 758 | | |
| | | 西州 | 376 | 18 | 16.4 | | |
| | | 观焦 | 142 | 12.6 | 11.05 | | |
| | 新塘 | 新寨 | 504 | 34.73 | 426.66 | | |
| | | 峡山 | 232 | 16.86 | 175.33 | | |
| | | 山和地 | 292 | 19.53 | 163.2 | | |
| | | 冲路 | 199 | 12.33 | 159 | | |
| | | 来路 | 225 | 11.53 | 106.83 | | |
| | | 葵扇 | 235 | 16.46 | 116.26 | | |
| | 图新 | 冲乐 | 626 | 42.26 | 170.26 | | |
| | | 地图 | 118 | 14.66 | 31.46 | | |
| | | 下新 | 185 | 12.33 | 49.33 | | |
| | | 冲波 | 284 | 7.86 | 75.73 | | |
| | | 上新 | 200 | 18.93 | 54.66 | | |
| | 桂连 | 河田 | 317 | 11 | 42.4 | | |
| | | 罗珠 | 385 | 38.5 | 51 | | |
| | | 富境 | 507 | 51 | 68.8 | | |
| | | 南埇 | 500 | 50 | 78.8 | | |
| | | 珠宝 | 243 | 34.3 | 36.6 | | |
| | 江咀 | 江咀 | 1276 | 53 | 430 | 抗日战争时期 | |
| | | 沙村 | 601 | 26 | 203 | | |

（续上表）

| 镇别 | 行政村 | 老区村名称 | 人口（人） | 耕地（公顷） | 山地（公顷） | 类型 | 备注 |
|---|---|---|---|---|---|---|---|
| 桂圩 | 丁村 | 丁村 | 1026 | 41 | 646 | 解放战争时期 | |
| | | 簪官 | 89 | 5 | 57 | | |
| | | 大片塘 | 94 | 5 | 59.2 | | |
| | 顺坦 | 顺坦 | 1812 | 86 | 619 | | |
| | 木林 | 木林 | 1465 | 92 | 597 | | |
| | 罗顺 | 罗顺 | 845 | 27 | 165 | | |
| | | 牛哇 | 81 | 4 | 15.3 | | |
| | | 乌抗口 | 116 | 4 | 22.5 | | |
| | 社廊 | 社廊 | 728 | 34 | 247 | | |
| | | 上宁 | 103 | 5 | 36.6 | | |
| | | 正洞 | 60 | 2 | 20.3 | | |
| | | 白石洞 | 101 | 7 | 35 | | |
| | | 两龙 | 87 | 6 | 29.4 | | |
| | 齐源 | 齐源 | 637 | 30 | 276.4 | | |
| | | 大麻 | 201 | 8 | 87 | | |
| | | 石脑 | 224 | 12 | 97 | | |
| | | 大车坦 | 78 | 4 | 33.9 | | |
| | 罗村 | 罗村 | 616 | 37 | 305 | | |
| | | 信务 | 106 | 5.4 | 53 | | |
| | | 大仆 | 100 | 10 | 94.2 | | |
| | 知备 | 知备 | 363 | 17 | 225 | | |
| | | 细寨 | 202 | 8 | 123 | | |
| | | 埇坪 | 162 | 6 | 99.3 | | |

（续上表）

| 镇别 | 行政村 | 老区村名称 | 人口（人） | 耕地（公顷） | 山地（公顷） | 类型 | 备注 |
|---|---|---|---|---|---|---|---|
| 桂圩 | 知备 | 巡检 | 354 | 17 | 217 | 第二次国内革命战争时期 | |
| 宝珠 | 宝珠 | 村心 | 1155 | 83.7 | 142.34 | 抗日战争时期 | |
| | | 宝珠 | 1416 | 347.07 | 598.14 | | |
| | | 兰迳 | 63 | 32.67 | 50 | | |
| | 庞寨 | 庞寨 | 1658 | 180.8 | 547.07 | | |
| | | 早禾垌 | 265 | 81.74 | 78.27 | | |
| | 大林 | 平村 | 1022 | 47.34 | 257.34 | 解放战争时期 | |
| | | 大林 | 517 | 35.47 | 215.14 | | |
| | | 石级 | 437 | 14.74 | 154.74 | | |
| | | 冲旁 | 349 | 22.67 | 421.34 | | |
| | | 冲旁坑 | 384 | 13.07 | 630 | | |
| | 大社 | 朱大口 | 134 | 4.74 | 101.94 | | |
| | | 莫屋 | 71 | 1.59 | 58.41 | | |
| | | 望田 | 57 | 1.72 | 69.96 | | |
| | | 林屋 | 75 | 2.84 | 103.83 | | |
| | | 田料 | 82 | 2.7 | 77.3 | | |
| | | 陶屋 | 69 | 3.04 | 90.26 | | |
| | | 松角 | 86 | 1.23 | 105.26 | | |
| | 大用 | 大用 | 596 | 23.2 | 223.34 | | |
| | | 大坪 | 184 | 6.34 | 66.67 | | |

（续上表）

| 镇别 | 行政村 | 老区村名称 | 人口（人） | 耕地（公顷） | 山地（公顷） | 类型 | 备注 |
|---|---|---|---|---|---|---|---|
| 宝珠 | 大用 | 鸡林洞 | 398 | 11 | 170.67 | 解放战争时期 | |
| | | 牛揾口 | 112 | 5.87 | 90 | | |
| | | 黎木根 | 97 | 2.87 | 53.34 | | |
| | | 塘面 | 371 | 8.14 | 292.66 | | |
| | | 麦竹 | 81 | 1.2 | 50 | | |
| | | 用口 | 170 | 2.8 | 173.34 | | |
| | | 马头营 | 414 | 14.74 | 366.67 | | |
| | | 三广 | 218 | 5.34 | 106.07 | | |
| 通门 | 街坊 | 黎木根 | 66 | 2.8 | 4.3 | 抗日战争时期 | |
| | | 竹古坑 | 43 | 1 | 30 | | |
| | | 白花 | 117 | 5.53 | 73 | | |
| | | 桥头 | 131 | 6.73 | 57 | | |
| | | 格江 | 183 | 7.93 | 74 | | |
| | | 东街 | 86 | 2.06 | 40 | | |
| | | 南街 | 121 | 4.66 | 37 | | |
| | | 西街 | 67 | 3.2 | 33 | | |
| | | 北街 | 64 | 2 | 37 | | |
| | | 坑塘 | 20 | 0.6 | 34 | | |
| | | 荷木坳 | 98 | 4.6 | 53 | | |
| | | 冲北 | 240 | 7.2 | 70 | | |
| | | 岭咀头 | 67 | 2.4 | 42 | | 从冲栋村分出 |
| | | 刘屋 | 67 | 2.8 | 42 | | |

（续上表）

| 镇别 | 行政村 | 老区村名称 | 人口（人） | 耕地（公顷） | 山地（公顷） | 类型 | 备注 |
|---|---|---|---|---|---|---|---|
| 通门 | 街坊 | 瓜布根 | 111 | 4.2 | 43 | 抗日战争时期 | 从冲栋村分出 |
| | | 坑口 | 68 | 1.6 | 47 | | |
| | | 高塱 | 84 | 2.93 | 50 | | 从高栋村分出 |
| | | 板仓 | 130 | 5.4 | 60 | | |
| | | 塘尾 | 158 | 5.8 | 73 | | 从思栗村分出 |
| | | 田屋坑 | 30 | 0.94 | 33 | | |
| | | 陈屋 | 54 | 0.93 | 33 | | |
| | | 水竹根 | 77 | 1.6 | 37 | | |
| | | 邓屋 | 93 | 2.87 | 47 | | |
| | | 叶屋 | 58 | 1.5 | 39 | | |
| | | 陆屋 | 101 | 2.2 | 50 | | |
| | | 黄茅坪一 | 65 | 1.79 | 87 | | |
| | | 黄茅坪二 | 77 | 1.77 | 87 | | |
| | | 四眼坪 | 17 | 0.7 | 35 | | |
| | | 香信坑 | 55 | 1.4 | 40 | | |
| | | 山塘围 | 53 | 1.93 | 106 | | |
| | | 曹对口 | 38 | 1.73 | 20 | | |
| | 罗沙 | 大石一 | 36 | 1.03 | 36.7 | | 从罗沙村分出 |
| | | 大石二 | 47 | 3.27 | 38 | | |
| | | 大石三 | 76 | 2.43 | 40 | | |
| | | 大石四 | 82 | 2.83 | 36.7 | | |

（续上表）

| 镇别 | 行政村 | 老区村名称 | 人口（人） | 耕地（公顷） | 山地（公顷） | 类型 | 备注 |
|------|--------|-----------|-----------|------------|------------|------|------|
| 通门 | 罗沙 | 大石五 | 54 | 2.81 | 42 | 抗日战争时期 | 从罗沙村分出 |
| | | 大石六 | 93 | 2.9 | 38.33 | | |
| | | 大田头 | 61 | 3 | 43.33 | | |
| | | 湾角 | 52 | 3.33 | 40 | | |
| | | 大社咀 | 75 | | 46.67 | | |
| | | 罗圳 | 103 | 4.03 | 39.66 | | |
| | | 公花 | 88 | 3.83 | 16.66 | | |
| | | 高塱 | 64 | 3.43 | 13.33 | | |
| | | 新城口 | 116 | 5.53 | 30.33 | | |
| | | 羊兰坑 | 32 | 1.81 | 6 | | |
| | | 大军垌 | 39 | 1.71 | 20.67 | | 从松柏村分出 |
| | | 天堂坪 | 25 | 1.1 | 26 | | |
| | | 新田 | 29 | 2.1 | 21.33 | | |
| | | 木成坑 | 51 | 2 | 23 | | |
| | | 东笋坑 | 76 | 3.03 | 51.3 | | |
| | | 塘湾 | 72 | 2.3 | 47.3 | | |
| | | 石头垌 | 53 | 2.23 | 32 | | |
| | | 大疔尾 | 64 | 3.3 | 40.66 | | |
| | | 浪荡口 | 49 | 2.2 | 34.66 | | 从云瑞村分出 |
| | | 中寨 | 103 | 3 | 67 | | |
| | | 上寨 | 47 | 2.06 | 54 | | |
| | | 塱一 | 115 | 4.1 | 66.6 | | |

（续上表）

| 镇别 | 行政村 | 老区村名称 | 人口（人） | 耕地（公顷） | 山地（公顷） | 类型 | 备注 |
|---|---|---|---|---|---|---|---|
| 通门 | 罗沙 | 塱二 | 86 | 3.8 | 59.8 | 抗日战争时期 | 从云瑞村分出 |
| | | 六亩仓 | 48 | 2.13 | 51.33 | | |
| | | 里龙 | 126 | 6.56 | 220 | | |
| | 顺塘 | 顺塘 | 260 | 13.3 | 30.4 | | 从顺塘村分出 |
| | | 郁秀 | 26 | 1.22 | 21.8 | | |
| | | 深水河 | 132 | 2.16 | 38.1 | | |
| | | 棉花坑 | 42 | 1.2 | 29.5 | | |
| | | 马骆塝 | 98 | 3.06 | 40.1 | | |
| | | 冲木岭 | 158 | 5.2 | 105 | | 从深水河分出 |
| | | 大山坪 | 75 | 2.4 | 60 | | |
| | | 大山坑 | 45 | 2.8 | 48 | | |
| | 鸡林 | 鹤咀坪 | 114 | 4.27 | 160 | 解放战争时期 | |
| | | 蕉迳 | 158 | 5.33 | 150 | | |
| | | 湾角 | 121 | 3.33 | 140 | | |
| | | 修凤 | 317 | 3.87 | 220 | | |
| | | 大忠 | 133 | 0.87 | 100 | | 从鸡林村分出 |
| | | 旺久 | 254 | 9.07 | 200 | | |
| | | 塘坑 | 287 | 5.2 | 160 | | |
| | | 蓝湖 | 242 | 6.27 | 200 | | |
| | | 街坊 | 219 | 1 | 140 | | |
| | | 塘垌 | 24 | 0.2 | 70 | | |
| | | 木连洞 | 61 | 0.2 | 70 | | |

（续上表）

| 镇别 | 行政村 | 老区村名称 | 人口（人） | 耕地（公顷） | 山地（公顷） | 类型 | 备注 |
|------|--------|-----------|-----------|------------|------------|------|------|
| 通门 | 鸡林 | 坑尾 | 87 | 3.47 | 130 | 解放战争时期 | |
| | | 木山迳 | 71 | 0.2 | 80 | | |
| | | 方田背 | 31 | | 60 | | |
| | | 小河坑 | 43 | 0.2 | 81.67 | | |
| | 冲台 | 冲台 | 335 | 14.5 | 24.5 | | |
| | | 大旱 | 121 | 7 | 8 | | |
| | 荷木 | 大旺坪 | 183 | 9.7 | 255.4 | | |
| | | 大寨 | 222 | 9.3 | 320 | | |
| | | 大湾 | 81 | 3.66 | 117 | | |
| | | 木栏 | 53 | 2.2 | 61.5 | | |
| | | 河口 | 96 | 4.1 | 152.3 | | |
| | | 沙埇 | 197 | 0.33 | 263.8 | | |
| | | 大坪 | 99 | 0.6 | 145.33 | | |
| | | 栗子根 | 129 | 0.2 | 218 | | |
| | | 圳埇尾 | 151 | 1.36 | 217.13 | | |
| | | 乌榄 | 41 | 0.8 | 163.33 | | |
| | | 麻塘 | 79 | 1.23 | 186.67 | | |
| | | 新一队 | 37 | 0.01 | 34.6 | | |
| | | 新二队 | 26 | 0.03 | 22.97 | | |
| | 大方 | 街边 | 362 | 19 | 161.67 | | |
| | | 中三 | 201 | 6.64 | 47.7 | | 原属街坊边村 |
| | | 中四 | 108 | 4.85 | 28 | | |
| | | 大方尾 | 251 | 12.4 | 112.1 | | |

（续上表）

| 镇别 | 行政村 | 老区村名称 | 人口（人） | 耕地（公顷） | 山地（公顷） | 类型 | 备注 |
|---|---|---|---|---|---|---|---|
| 通门 | 大方 | 大秧地 | 203 | 10.4 | 55.26 | 解放战争时期 | |
| | | 禾寮 | 114 | 5.9 | 43.53 | | |
| | | 蓉秀 | 420 | 15 | 247 | | |
| | | 龙凤 | 440 | 24.75 | 264.33 | | |
| | | 水湾 | 224 | 8.65 | 86.73 | | 原属龙凤村 |
| | 太平 | 金宝 | 453 | 14.53 | 9.5 | | |
| | | 兰卫 | 400 | 106.7 | 6.8 | | |
| | | 大圳口 | 358 | 11.9 | 7.5 | | 原属兰卫村 |
| | | 高塱 | 316 | 11.2 | 8.2 | | |
| | | 山心 | 161 | 8.53 | 7.3 | | |
| | 三和 | 社坑 | 204 | 9.47 | 10 | | |
| | | 八角 | 209 | 7.6 | 9.3 | | |
| | | 石容 | 139 | 4.9 | 8 | | |
| | | 石塘 | 28 | 1.6 | 5.3 | | 原属八角村 |
| | | 沙冲 | 139 | 4.3 | 8 | | |
| | | 陂肚 | 115 | 4.3 | 10 | | |
| | 大塘 | 三座 | 125 | 5 | 10 | | |
| | | 思敬 | 162 | 6.27 | 18 | | |
| | | 西塘 | 35 | 1.67 | 5 | | 原属三座村 |
| | | 新屋 | 107 | 3.57 | 13.5 | | |
| | | 围寨 | 255 | 10.2 | 20 | | |
| | | 湾队 | 160 | 64 | 16.7 | | |

（续上表）

| 镇别 | 行政村 | 老区村名称 | 人口（人） | 耕地（公顷） | 山地（公顷） | 类型 | 备注 |
|---|---|---|---|---|---|---|---|
| 通门 | 大塘 | 杨梅根 | 255 | 9.87 | 20.7 | 解放战争时期 | 原属三座村 |
| | | 安宁 | 264 | 8.8 | 21.5 | | |
| | 三和 | 办塘 | 106 | 4.2 | 10 | | |
| | | 石才 | 53 | 4 | 6.7 | | |
| 千官 | 联平 | 正仁塘 | 529 | 20.42 | 188.27 | 解放战争时期 | 原属高寨村 |
| | | 高寨 | 831 | 22.53 | 228 | | |
| | | 茂竹 | 525 | 16.09 | 189 | | |
| | | 塘虱底 | 455 | 20.8 | 189.4 | | |
| | 斯富 | 车仔 | 411 | 10.7 | 3.5 | | |
| | | 永高 | 402 | 12.5 | 4.2 | | |
| | | 斯富 | 419 | 17.7 | 7.2 | | |
| | 莲塘 | 七冲 | 673 | 13.8 | 50 | | |
| | | 莲塘 | 569 | 16.1 | 124.6 | | |
| | | 黄沙 | 755 | 24.7 | 192 | | |
| | 石大 | 葵塘 | 506 | 11.3 | 10.5 | | |
| | | 石大 | 545 | 14 | 10.1 | | |
| | | 石头坑 | 640 | 16.1 | 9.3 | | |
| 河口 | 绿化 | 木马 | 288 | 7 | 8 | 解放战争时期 | 原属木马村 |
| | | 新担塘 | 107 | 3.5 | 4 | | |
| | | 坡塘 | 124 | 4 | 3 | | |
| | | 对面山 | 185 | 4 | 4.5 | | |

（续上表）

| 镇别 | 行政村 | 老区村名称 | 人口（人） | 耕地（公顷） | 山地（公顷） | 类型 | 备注 |
|---|---|---|---|---|---|---|---|
| 河口 | 绿化 | 利敬塘 | 45 | 1.8 | 1.8 | 解放战争时期 | 原属木马村 |
| | | 塘背岭 | 183 | 4.3 | 5.5 | | |
| | | 百令塘 | 188 | 6 | 4.2 | | |
| | | 元排 | 174 | 5 | 4.5 | | |
| | | 塘尾 | 124 | 3 | 4 | | 原属木马村 |
| | | 替象 | 112 | 3.8 | 2.5 | | |
| | | 屯仔 | 129 | 3 | 5.5 | | |
| | | 深龙口 | 292 | 6 | 5 | | |
| | | 鹅鸭塘 | 179 | 6 | 5 | | 原属木马村 |
| | | 石屋 | 155 | 2.8 | 3 | | |
| | 河口寨 | 河口寨 | 344 | 14.5 | 3 | | |
| | | 白银前 | 390 | 13.6 | 4.5 | | |
| | | 新开芮 | 70 | 3 | 0.8 | | |
| | | 新屋坝 | 241 | 7.6 | 1.3 | | |
| | | 大木口 | 245 | 12.3 | 3 | | |
| | | 苦竹 | 53 | 1.7 | 0.5 | | |
| | 竹头围 | 竹头围 | 635 | 17 | 10 | | |
| | | 木树围 | 783 | 22 | 14 | | |
| | | 斋公围 | 1008 | 33 | 18 | | |
| | | 石脚围 | 249 | 10 | 8 | | |
| | | 木头坑 | 236 | 9 | 7 | | |

（续上表）

| 镇别 | 行政村 | 老区村名称 | 人口（人） | 耕地（公顷） | 山地（公顷） | 类型 | 备注 |
|---|---|---|---|---|---|---|---|
| 河口 | 南龙 | 黎垌 | 405 | 21 | 70 | 解放战争时期 | |
| | | 松柏 | 633 | 22 | 50 | | |
| | | 南龙 | 402 | 14 | 37.33 | | |
| | | 庙冲 | 267 | 11.3 | 25.33 | | |
| | | 东华 | 793 | 30.9 | 76.07 | | |
| | | 表洞 | 169 | 7.8 | 15.3 | | |
| | | 茂成塘 | 141 | 7.9 | 17.3 | | 原属牛成塘村 |
| | | 岭背 | 68 | 5.8 | 10.6 | | |
| | | 林屋 | 146 | 7.6 | 17.3 | | |
| | 油麻坑 | 学校 | 167 | 8.7 | 20.1 | | 原属牛成塘村 |
| | | 伯公排 | 139 | 7.9 | 17.3 | | |
| | | 山下 | 280 | 14.9 | 34 | | |
| | | 连塘 | 116 | 5.1 | 13 | | |
| | | 碑塘 | 110 | 6.6 | 14 | | |
| | | 白瓦屋 | 82 | 4.5 | 10 | | 原属牛成塘村 |
| | | 树坑 | 132 | 4.2 | 11 | | |
| | 回龙 | 德塘 | 70 | 3.2 | 4.6 | | 原属天井村 |
| | | 天井 | 340 | 16.7 | 22.7 | | |
| | | 宝鸭 | 98 | 4.7 | 6 | | |
| | | 岭咀 | 45 | 2.3 | 2.7 | | 原属天井村 |
| | | 伯公背 | 48 | 2.2 | 2.8 | | |

（续上表）

| 镇别 | 行政村 | 老区村名称 | 人口（人） | 耕地（公顷） | 山地（公顷） | 类型 | 备注 |
|---|---|---|---|---|---|---|---|
| 河口 | 回龙 | 卫洲 | 320 | 14 | 20 | 解放战争时期 | |
| | | 磨刀塘 | 68 | 3.5 | 5.3 | | 原属天井村 |
| | | 石桥 | 78 | 3.2 | 5.7 | | |
| | | 新围 | 95 | 3.7 | 5.7 | | |
| | | 留塘 | 142 | 8.2 | 10 | | |
| | | 麻子岭 | 41 | 2 | 3 | | 原属天井村 |
| | | 坟前 | 85 | 3.4 | 4.7 | | |
| | | 油草湾 | 84 | 3.9 | 5.4 | | |
| | | 李娇塘 | 62 | 2.5 | 4.7 | | |
| | 甘罗 | 官良 | 880 | 63.6 | 198.7 | | |
| | 和都 | 替栋 | 1146 | 15.7 | 86.7 | | |
| 连滩 | 高枧 | 范树头 | 38 | 1.13 | 0.26 | 解放战争时期 | |
| | | 围洲坪 | 96 | 2.86 | 0.65 | | |
| | | 高枧 | 554 | 16.48 | 3.72 | | |
| | | 全安 | 831 | 24.73 | 5.59 | | |
| | | 安宁 | 471 | 14.02 | 3.17 | | |
| 东坝 | 思磊 | 大迳 | 1953 | 93.6 | 210 | | |
| | | 双凤 | 1991 | 83.8 | 215 | | |
| | | 大山脚 | 483 | 41.6 | 120 | | |
| | | 曾屋 | 564 | 48.6 | 65 | | |
| | | 思磊 | 737 | 63.5 | 120 | | |
| | 沙埇 | 沙埇 | 508 | 17.7 | 65 | | |

（续上表）

| 镇别 | 行政村 | 老区村名称 | 人口（人） | 耕地（公顷） | 山地（公顷） | 类型 | 备注 |
|---|---|---|---|---|---|---|---|
| 东坝 | 沙埇 | 上坪 | 871 | 30.4 | 84 | 解放战争时期 | |
| | | 下坪 | 1023 | 36.3 | 90 | | |
| | | 冬瓜塘 | 757 | 24.5 | 70 | | |
| | | 郊东 | 861 | 27.1 | 105 | | |
| | 龙塘 | 龙塘 | 1740 | 60 | 150 | | |
| | | 上围 | 1275 | 63.3 | 165 | | |
| | | 三片 | 925 | 40 | 120 | | |
| 宋桂 | 宁波 | 伍屋 | 159 | 3.8 | 30.8 | 解放战争时期 | |
| | | 树下 | 166 | 6.2 | 29 | | |
| | | 井头围 | 339 | 11.8 | 27 | | |
| | | 佛子 | 133 | 4.8 | 27 | | |
| | 车岗 | 小茆 | 234 | 9.5 | 44.1 | | |
| | | 高坎 | 514 | 19.3 | 44.9 | | |
| | | 公和石 | 435 | 19.2 | 39.2 | | |
| | | 灯脊 | 524 | 16.9 | 40.2 | | |
| | | 车岗 | 362 | 14.4 | 39.6 | | |
| | | 吉村 | 192 | 9.5 | 42.8 | | |
| | 宁波 | 楠木坑 | 501 | 18.6 | 33 | | |
| | | 荔枝洞 | 306 | 31 | 35 | | |
| 历洞 | 沙木 | 沙木 | 594 | 46.5 | 184 | 解放战争时期 | |
| | | 东塘 | 545 | 44 | 148 | | |
| | | 望天 | 523 | 40.5 | 144 | | |

（续上表）

| 镇别 | 行政村 | 老区村名称 | 人口（人） | 耕地（公顷） | 山地（公顷） | 类型 | 备注 |
|------|--------|-----------|-----------|-------------|-------------|------|------|
| 历洞 | 沙木 | 林塘 | 635 | 49 | 194 | 解放战争时期 | |
|      |      | 大洞 | 683 | 56 | 179 |            | |
| 南江口 | 下咀 | 响水 | 848 | 25.4 | 88.66 | 解放战争时期 | |
|       |      | 沤塘 | 811 | 15.3 | 186.1 |            | 原属响水村 |

## 新民主主义革命时期郁南县中共党组织机构沿革表

| | |
|---|---|
| **大革命和土地革命时期** | 早期党员活动及郁南党组织的建立<br>（1925年5月至1927年4月） |
| | 中共郁南县委（1927年11月至1928年11月） |
| **抗日战争时期** | 中共郁南县中心支部<br>（1938年11月至1940年6月） |
| | 中共郁南县特派员<br>（1940年6月至1942年10月） |
| | 党组织因粤北事件停止组织活动期<br>（1942年11月至1944年11月） |
| | 中共郁南县特派员（1944年1月至1946年7月） |
| **解放战争时期** | 中共郁南县特派员（1946年7月至1948年4月） |
| | 郁南四一八起义后地方党组织与部队统一领导<br>（1948年5月至1949年4月） |
| | 中共郁南县工委（1949年4月至1949年10月） |

### 新民主主义革命时期郁南县中共党组织历任主要领导人名录

| 姓名 | 职务 | 任职时间 |
|------|------|---------|
| 钟炳枢 | 县委书记 | 1927年11月至1928年11月 |
| 吴子熹 | 中心支部书记 | 1938年11月至1939年9月 |
| 刘铭标 | 中心支部书记 | 1939年9月至1940年6月 |
| 黄子彬 | 特派员 | 1940年6月至1944年11月 |
| 潘祖岳 | 特派员 | 1944年11月至1946年7月 |
| 吴子熹 | 副特派员 | 1944年11月至1946年5月 |
| 黎百松 | 特派员、县工委书记 | 1946年7月至1949年4月任特派员，1949年4月至1949年6月任县工委书记 |
| 李保纯 | 副特派员 | 1948年2月至1949年1月 |
| 李荣欣 | 县工委书记 | 1949年6月至1949年10月 |

### 新民主主义革命时期郁南县中共党员人数统计表

| 时间 | 党员人数（人） | 备注 |
|------|------|------|
| 1924年 | 3 | |
| 1925年 | 5 | 此外，郁南籍党员还有在郁南南部大湾的张礼冶和由中国共产党直接领导的第一支革命武装的前身"建国陆海军大元帅府铁甲车队"的莫奇标等两名党员 |
| 1926年 | 6 | |
| 1927年 | 11 | |
| 1928年 | 21 | 1928年冬党组织停止活动 |
| 1938年11月 | 9 | 1938年11月重建党组织 |

（续上表）

| 时间 | 党员人数（人） | 备注 |
|---|---|---|
| 1939年初 | 18 | |
| 1939年9月 | 32 | |
| 1940年6月 | 36 | 7月后建立5个支部 |
| 1942年7月 | 68 | 1942年11月后党组织停止活动 |
| 1944年11月—1946年7月 | 73 | 1944年11月恢复党组织活动 |
| 1946年7月—1948年4月 | 69 | |
| 1949年11月 | 98 | |
| 备注 | 四一八起义后，除连城支部、都城支部留下4名党员外，其余党员回到部队，实行"地武合一" | |

郁南人民"四一八"武装起义示意图

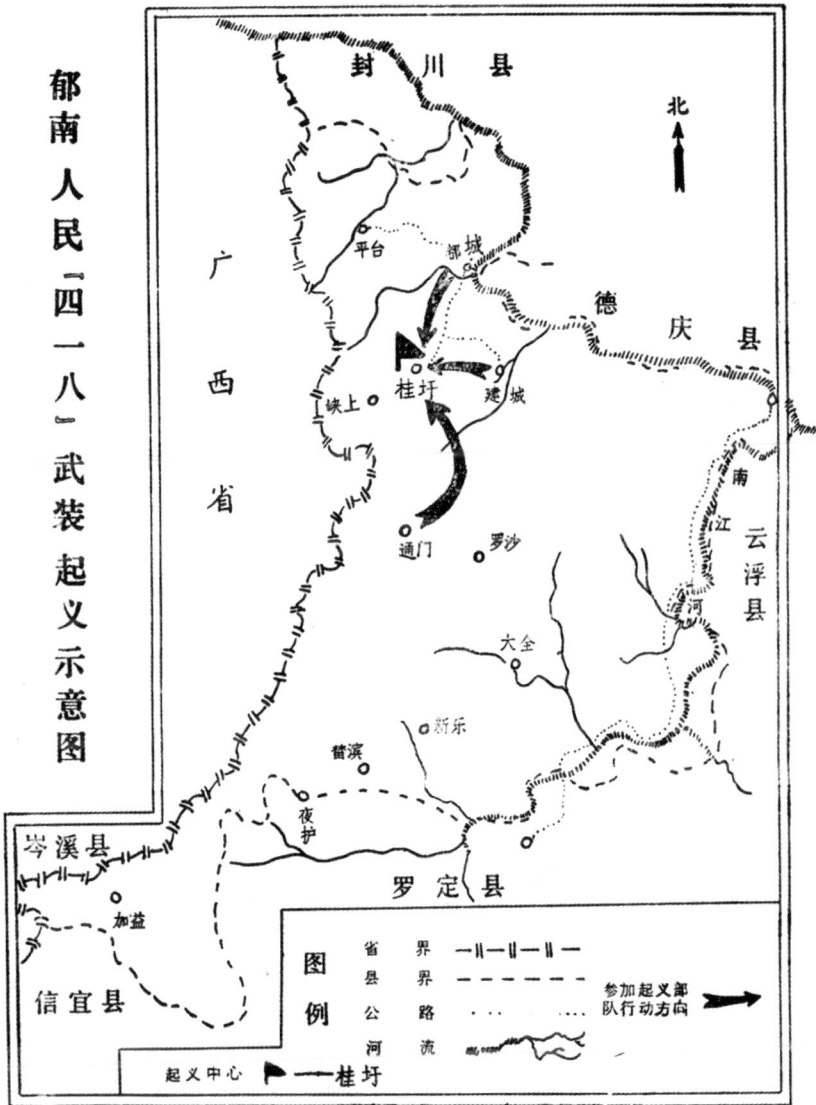

郁南人民「四一八」武装起义示意图

封 川 县

北

广 西 省

平台　郁城

德 庆 县

峡上　桂圩　建城

南江　云浮县

通门　罗沙

河

大全

新乐

蒲滨　夜护

岑溪县

罗 定 县

加益

信宜县

图例

省　界　—‖—‖—‖—
县　界　— — —
公　路　‥‥‥‥
河　流

参加起义部队行动方向

起义中心　▲　桂圩

## 解放战争时期郁南人民武装主要活动地区图

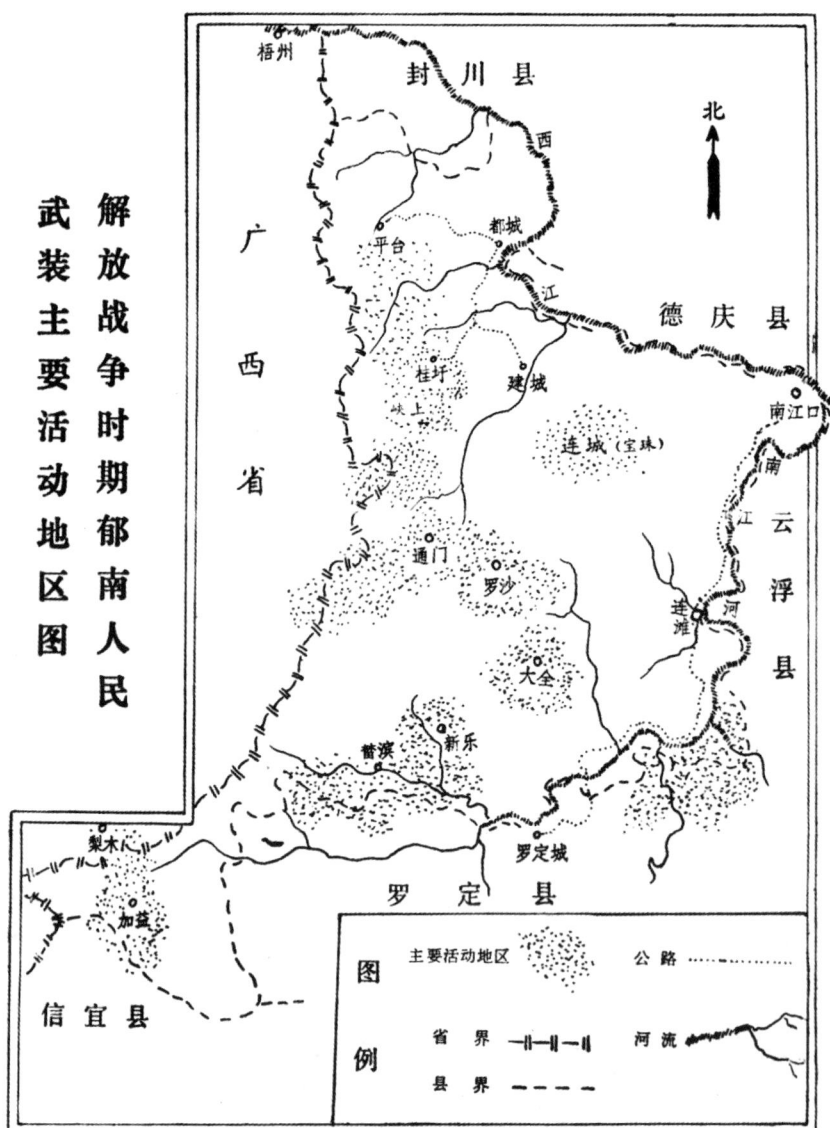

中国人民解放军粤中纵队第四支队第十一团主要战斗示意图

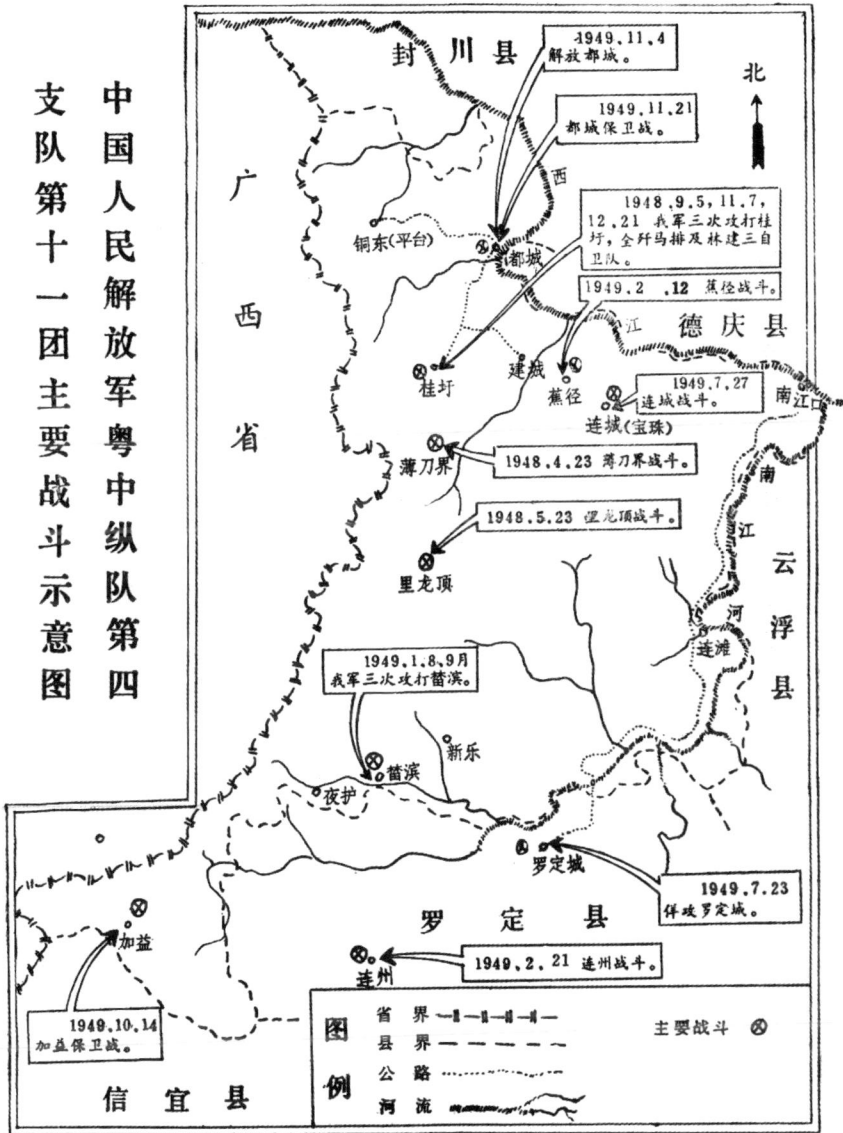

支队第十一团主要战斗示意图

中国人民解放军粤中纵队第四

封 川 县

北

1949.11.4
解放都城。

1949.11.21
都城保卫战。

西

1948.9.5,11.7,
12.21 我军三次攻打桂
圩,全歼马排及林建三自
卫队。

1949.2.12 莫径战斗。

铜东(平台)

都城

广

西

省

桂圩

建成

蕉径

江 德庆县

连城战斗。

1949.7.27

南江口

连城(宝珠)

薄刀界

南

江

县

1948.4.23 薄刀界战斗。

1948.5.23 涅龙顶战斗。

里龙顶

云

浮

县

河

连滩

1949.1.8、9月
我军三次攻打箬滨。

箬滨

新乐

夜护

罗定城

1949.7.23
伴攻罗定城。

罗 定 县

加益

连州

1949.2.21 连州战斗。

1949.10.14
加益保卫战。

图

例

省 界 —■—■—■—■—

县 界 ————

公 路 ————

河 流 ————

主要战斗 ⊗

信 宜 县

271

# 郁南县民众武力指挥部战斗序列表
## （1944年11月至1945年10月）

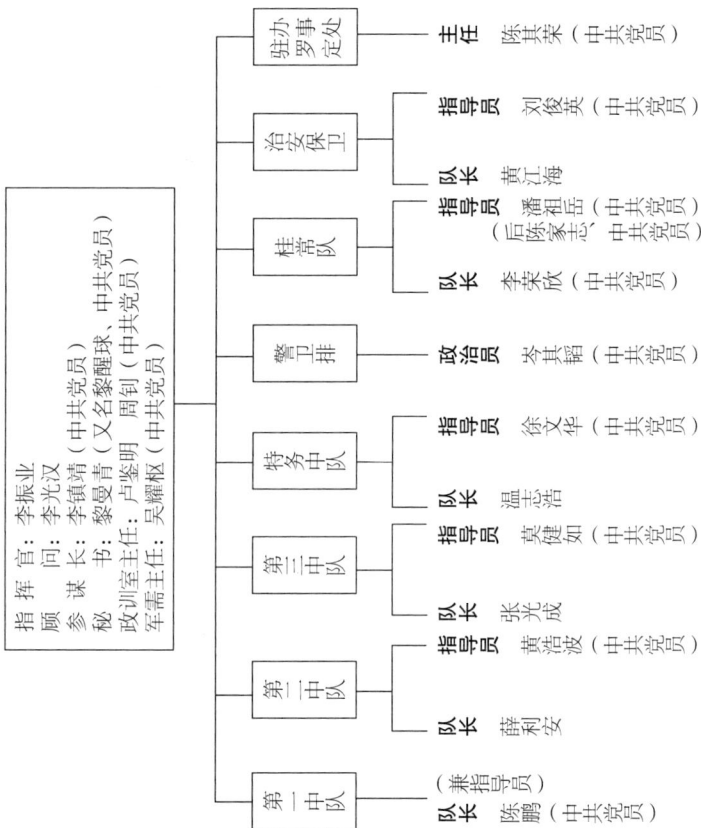

指 挥 官：李振业
顾 问：李光汉
参 谋 长：李镇靖（中共党员）
秘 书：黎曼青（又名黎醒球，中共党员）
政训室主任：卢坚明 周钊（中共党员）
军需室主任：吴耀枢（中共党员）

- 驻办罗定事处 —— 主任 陈其荣（中共党员）
- 治安保卫
  - 指导员 刘俊英（中共党员）
  - 队长 黄江海
- 桂营队
  - 指导员 潘祖岳（中共党员）（后陈家志 中共党员）
  - 队长 李荣欣（中共党员）
- 警卫排 —— 政治员 岑其韶（中共党员）
- 特务中队
  - 指导员 徐文华（中共党员）
  - 队长 温志浩
- 第三中队
  - 指导员 莫健如（中共党员）
  - 队长 张光成
- 第二中队
  - 指导员 黄浩波（中共党员）
  - 队长 薛利安
- 第一中队
  - （兼指导员）
  - 队长 陈鹏（中共党员）

　　《郁南县革命老区发展史》一书，经过一年时间的编写，现在终于与广大读者见面了。

　　该书在编写过程中，郁南县委、县政府主要领导高度重视，县委书记梁子财担任编委会主任，县委副书记、县长韩新锋担任编委会第一副主任，并把该书的编写工作列入县的重点项目，在人力、财力、物力上给予大力支持。同时还得到上级老区建设促进会的指导和帮助，本县各镇、各单位的大力支持和帮助，县委党史研究室、县地方志办、县统计局、县档案局等有关单位还提供了珍贵的历史资料，在此致以衷心感谢和崇高的敬意！

　　编写该书时，编委会先后多次召开编写工作会议，认真部署人员培训及组稿工作。县老区建设促进会、县委宣传部、县委党史研究室等单位通力合作，安排人员组成编辑部，还聘请熟悉了解县党史的现职干部和退休干部组成执行编写工作班子，使该项工作顺利进行。在编纂过程中，先后多次召开编纂人员会议、审稿成员会议，交由各有关单位审阅、修改，最后由审核小组认真审核后定稿，送交出版社出版。但由于编写的时间短，涉及年限长，加上编写水平有限，难免有收集资料不全和出现错漏等现象，敬请广大读者批评指正。

　　谨以此书向中华人民共和国成立70周年献礼！

《郁南县革命老区发展史》编委会

2019年12月